光辉曲折的编辑生涯

——戴文葆先生90诞辰纪念文集

人民出版社编

人 民 出 版 社

图书在版编目（CIP）数据

光辉曲折的编辑生涯：戴文葆先生90诞辰纪念文集／人民出版社编．
－北京：人民出版社，2012
ISBN 978-7-01-011238-1/
Ⅰ．①光… Ⅱ．①人… Ⅲ．①戴文葆
(1922~2008)-纪念文集 Ⅳ．①K825.42-53
中国版本图书馆 CIP 数据核字（2012）第 223573 号

光辉曲折的编辑生涯——戴文葆先生90诞辰纪念文集
GUANGHUI QUZHE DE BIANJISHENGYA——DAIWENBAOXIANSHENG 90 DANCHEN JINIANWENJI

编　　者：人民出版社
责任编辑：张秀平
特约编辑：柯　川
装帧设计：蔡立国　徐　晖

人民出版社 出版发行
地　　址：北京朝阳门内大街 166 号
邮政编码：100706　www．peoplepress．net
经　　销：新华书店总店北京发行所经销
印 刷 厂：北京昌平百善印刷厂
出版日期：2012 年 10 月第 1 版　2012 年 10 月第 1 次印刷
开　　本：787 毫米×1092 毫米　1/16
印　　张：29.25　　插页：1印张
字　　数：350 千字
书　　号：ISBN 978-7-01-011238-1/
定　　价：65.00 元

戴文葆先生（1922—2008）

信任关怀

2007年春节，中共中央政治局常委李长春看望戴文葆先生

柳斌杰署长看望戴文葆先生

左起：石宗源　宋木文　许力以　戴文葆

左起：刘 杲　戴文葆

友人同事

左起：戴文葆　季羡林

左起：王以铸　曾彦修　戴文葆

左起：爱泼斯坦　戴文葆

左起：张惠卿　戴文葆　范用

戴文葆先生参加在日本举办的第一届国际印刷出版文化学术会议

戴文葆先生参加在北京举行的第六届国际出版学研讨会

戴文葆先生在吉林

戴文葆先生在海南

戴文葆先生在新疆

坎坷人生

坎坷人生

坐拥书城

戴文葆先生在家中工作

戴文葆先生在书架前

风采依旧

2008年9月7日17时55分，戴文葆先生在北京305医院逝世，
戴文葆先生永远活在我们心中。

目　　录

编辑说明

　　著名编辑家、出版家、著作家戴文葆先生（1922—2008），江苏阜宁人。上世纪 40 年代初，还在大学时代，曾参加中共中央南方局青委领导下的地下革命工作。1945 年复旦大学毕业后在新闻出版岗位工作有 60 多年。1951 年以后，主要在图书编辑出版岗位，对人民出版社、生活·读书·新知三联书店的编辑工作有很大的贡献。1987 年获首届"韬奋出版奖"。1995 年 6 月在人民出版社离休后，仍参与重要书稿的选编与审稿工作，并在多方面继续为我国出版事业的改革和发展尽心竭力工作。他特别关注我国"编辑学"的学科建设，以他丰富的学识和经验来为培养年轻编辑人才编书、授课，得到文化出版界人士的尊敬与赞誉。他又积极参与创建非技术意义的"编辑学"这门学科，堪称为知识分子的楷模。

　　本书收有 51 篇纪念文章，内容包括戴文葆先生的工作业绩、著作编年，其中关于戴先生在"文革"中完成研究故乡人文历史地理的《射水纪闻》一书的评论和纪实文章，集中单列一组，可以看出戴先生在逆境中的精神与品格。

　　特别需要提到的是，书中收入曾彦修同志为本书新撰写的《"戴文葆事件"真相》专文，和殷国秀同志就同一事件写的专门复查文，是对上世纪 50 年代起极其困扰戴文葆先生的所谓反动历史问题的澄清经过，均有重要的、较详细的实证说明。

　　此外，本书还收有戴文葆先生有关编辑学的两篇文章：《关于编辑学的一些构想》和《我的业务自传》，我们真诚地推荐给编辑出版工作者一读。

　　我们觉得，戴文葆先生的追求真理、爱国赤诚与热爱人民，简称"爱国家、爱人民、爱真理"的程度，确已达到"虽九死而犹未悔"的程度。我们深觉，戴先生不仅是出版工作的一个忘我的大家，他的精神也应该是科学文化工作者都可以或应该参照与学习的榜样。

　　今年正值戴文葆先生诞辰 90 周年。我们特郑重地编辑出版这本纪念文集，是对这位有突出成就的编辑大家和中国知识分子的优秀人物代表之一的戴先生表示追思与怀念。承有关领导、专家、生前友好、本社同人，及戴先生的家属纷纷赐稿，使本书能多少反映出戴先生的一生，我们谨向各位作者致以深切的谢意。

　　我们相信，本书的出版会使得广大知识分子受益并得到他们的欢迎。

编　者
2012 年 10 月

从戴文葆写给我的信中想到的

宋木文

戴文葆写给我的信，需要办理的，当时就转给有关部门处理了。如 1995 年 5 月，他在韩国参加国际印刷出版文化学术会议时得知，韩国学者利用在庆州佛国寺释迦塔内发现一唐印本《无垢净光大陀罗尼经》（实为中国流传物），鼓吹韩国是最早发明雕版印刷术国家。回国后专就此事写信给我，我很重视，当即批送有关单位认真研究，写出有理有据、经得起历史检验的文章，予以澄清；并嘱有关单位注意事态发展，在相关外事活动中进行有理有节的工作。近闻此信似有人保存，不知能否找到？不过，需要在这里提及的是，戴文葆于 1997 年，在《出版科学》第二期发表《关于印刷术起源的论争》一文，回顾了中韩学术界论争的由来，介绍了我国学者张秀民、潘吉星、李致忠、启功以及旅美学者钱存训先后发表的印刷术起源于中国的极有说服力的文章，表明了他对这场论争的高度关注。现在，我手头保存戴文葆给我的信，还有三件。

1999 年信
追忆青春战斗岁月，着力传播真理火种

木文同志：

咽炎想已消除，甚念！我过去有咽炎又有喉炎，1982 年从广州回来，两地温差大，咽喉很难受，痛下决心戒烟，平时服些消炎药，至今尚无大患。

多年来您总是关照我，衷心感谢之至。关于最近编好的《胡愈之译文集》及瞿秋白、张闻天、沈雁冰译文集都已印好，胡绳同志在病中写了总序，将在人民日报发表。张闻天夫人刘瑛又请了江泽民主席题签，江苏方面甚为感谢。译林出版社觉得自身是个小社，业已由胡绳同志决定，将由中共党史研究室出面，在国庆后在京举行首发式，译林想扬扬名。届时一定会邀请您出席。

几年前，我发现有人写追悼 1945 年 12 月 1 日被国民党杀害的同学大会，在重庆很有影响，其中有我的身影，那时刚毕业几个月。翌年四月王若飞等同志蒙难，在重庆举行盛大追悼会，我们学生代表也参加念悼词。当时我们南方局青年组，常指派我们参加民盟的公开活动，如同大革命时共产党人替国民党办党部一样。今将该文奉呈，我们青年时代就是这样走过来的。

　　不赘。敬祝

康复！

戴文葆拜上

（1999 年）9 月 4 日

　　经综合考证，此信写于 1999 年。

　　信开头有"咽炎想已消除，甚念！"我 1991 年曾患此疾，住北京友谊医院手术治疗，还戒掉了从年轻时即沾染的吸烟积习，效果甚好，但也偶有嗓音异常，并无大碍。老友念我曾患有喉疾"前科"，关怀心切，问候之后，又向我传授他治疗咽炎及喉炎之体会。老友情真，深以为念！作为政府的"出版官"，能够得到资深编辑大家以真诚友情相待，实乃我平生之幸事！

　　信中向我通报了两件事。一件说起由他参与其事的《播火者译丛》。一件追忆他青年时代的革命活动。

　　我先说远的，再说近的。

　　远的是说，1945 年 12 月 1 日，昆明西南联大等校师生举行反对内战、呼吁民主团结大会，遭国民党军警特镇压，打死学生、教授 4 人，打伤数十人。信中说，为抗议此次震惊全国的"一二·一"血案，战时陪都重庆举行"重庆各界为昆明反内战死难师生追悼大会"，"在重庆很有影响，其中有我的身影"。他随信附送给我的《浩气震鬼魅　热血慰忠魂——民主斗争的片段回忆》一文，为重庆追悼大会司仪者、民盟成员胡静之所写。（戴文葆特注此文载于《我与民盟——中国民主同盟成立五十周年纪念文集》第 120—124 页，群言出版社 1991 年 8 月出版）据胡静之回忆：千余人参加的重庆"追悼大会由沈钧儒主祭，郭沫若宣读祭文，陶行知、罗隆基在大会上讲话，青年代表戴文葆朗读了悼念死者和控诉国民党反动派暴行的长诗"。这个回忆，让我们看到了当年热情、激进、为民主而战的戴文葆的身影。此时的戴文葆是中共中央南方局领导下的青年组成员和《中国学生导报》（由南方局青年组领导，1944 年创刊，1946 年停办，前后出版 37 期）编辑部负责人（一说曾任主编）。在抗战胜利前的各期，"由戴文葆撰写时事讲座专稿及其他评论文章，向学生们大力宣传国际民主力量战胜法西斯反动势力的必然趋势，揭露和抨击国民党反动派的倒行逆施，用来促进国内人民民主运动的高涨。"戴文葆受党的指派，"参加民盟的公开活动"，并以《中国学生导报》全部版面报道昆明、重庆等地青年学生争民主、反内战运动。在办报工作中，"经常受到反动学校当局的警告，受到被逮捕的威胁，看见刀光，听到枪声，但毫无畏惧"。47 年后，戴文葆在回顾这段革命斗争历程时深情地说："为实现自由、民主、平等的理想，为建立富强、繁荣、幸福的新中国，大家自愿地献身，奉献青春，奉献生命。时至今日，霜雪满头，还和年轻时代一样坚持自己的理想。"（以上引文出自戴文葆编《号角与火种——〈中国学生导报〉回忆录》，中国华侨出版公司 1991 年版第 10、15、22、24、395、399 页）

再讲近的，是说戴文葆信中向我通报有他参加由江苏译林出版社出版的《播火者译丛》各卷"都已印好"。这套由《瞿秋白译文集》、《张闻天译文集》、《沈雁冰译文集》、《胡愈之译文集》组成的译丛，是 4 位译者在"五四"运动前后到 30 年代中期的译作，将外国民主与科学的新思想引入中国，进而把马克思主义介绍到中国，以真理的火种播撒天下，燃烧自己，唤醒民众，故称之为《播火者译丛》。胡绳为这套译丛作序《真理的火种唤醒民众》（《人民日报》于 1999 年 9 月 7 日发表）强调指出："由于编者们的努力访寻、搜集、整理，今日终于产生了这个译丛。我可以想象编者们在浩如烟海的资料、文献中求索、考证的辛劳。这种填补空白的文化积累工作，其功绩是不言而喻的。"

戴文葆是这套译丛中《胡愈之译文集》编选、校刊的主要负责者。据责任编辑施梓云近日向我提供的专题资料中回忆："戴文葆先生是首提并坚决支持将胡愈之译文列入译丛的"，并且"数次利用出差机会到南京了解进展情况，与责任编辑共同讨论遇到的问题和解决办法"。戴文葆认为"胡愈之是最早的党的文艺家，并且是新中国第一位出版事业的领导者，与前三位并列，他当之无愧。"施梓云说："当时戴老负责的任务和事务尽管很多，但他对编辑《胡愈之译文集》付出了极大热情、极多劳动。因为原始材料的集辑、辨别、整理、校刊非常复杂艰难，从他稿纸上密密麻麻的注释和校订文字可见丰富的编辑工作含量，也可见到他对新中国出版事业及其前辈的深厚感情。译文集后的长篇后记更是体现了戴老对这一选题意义的深刻认识和对胡愈之等老一辈红色知识分子在中国革命文化中卓越贡献的历史评价。文中处处闪耀真知灼见。"

施梓云所说的长篇后记，是指附在书中由 11 个小题组成的《胡愈之的翻译事业》一文，此前我已经认真地读过当年《出版广角》转发的此文，并且认为是研究戴文葆者必读之文。戴文葆说"编辑二三十年代的这种译文集，绝不应是资料的堆砌，而首先应当作为一种研究工作来对待"，而他写的这篇《后记》实际上就是关于胡愈之从事翻译事业、文学事业、出版事业的综合研究力作。《后记》告诉我们：早在"五四"新文化思潮涌现之前，年轻的胡愈之即以翻译家身份登上文坛，成为翻译外国作品传播新思想新科学的播火者，又是中国文学走写实主义——现实主义道路的鼓吹者；胡愈之在翻译工作中继承了鲁迅以来的优良传统，"把介绍世界文学的重点放在被奴役民族和被压迫人民的痛苦、呼号和斗争上"；胡愈之对埃德加·斯诺《西行漫记》翻译出版的精心筹划与组织，从把他和二弟住处当作编校出版办公室到组织多种秘密渠道在国内外广泛发行，"正像划破了重重乌云的闪电，这本书使中国和世界人民预见到将出现在东方中国的黎明"；胡愈之以商务印书馆为落脚点和基地，从事翻译、文学、世界语和出版活动，主持《东方杂志》，"帮助和培养了一批新作家和社会学家"。掩卷思之，在戴文葆笔下，我看到了胡愈老这位出版界"佘太君"（周扬语）早年的光辉形象。

戴文葆在《后记》的第十一题（即最后部分），专门讲了他为什么要承担《胡愈之译文集》的编选工作以及是怎样完成的？这首先是出于一种自觉，一种思想和文化的自觉。他说："作为一种思想解放和文化变革运动，'五四'新文化运动中对外来思想的引进，'五四'精神的理解，经过八十年风云激荡的历史进程，仍然是需要我们认真研究、辨析和再认识的，从而思往事，念今朝，以供文化意义上的反思。"这种文化自觉，可以肯定地说，正是总结与反思"五四"的现实需要，对胡愈老个人的崇敬，中国编辑的社会历史责任，使戴文葆克服了编选工作中的重重困难。"首先是编集原始译文的困难。胡愈之一生关注为作家们、为广大读者出书，可是对他自己的译著却听任散佚，有些用笔名和未署名的文章更鲜为人知，不易查考"。他是怎样克服这些看似克服不了的困难，"尚能如约勉力献出这部选编的译文集来"的？靠的是自觉与坚持，仰仗各地好友的热情赐助："或展示原书，惠允出借；或将稀见版本，远道寄下；或检索期刊，代为影印复印，乃至竟亲为抄写；或在忙中接谈，促膝讨论；或则作函慰勉，提示要点"。他对所有提供帮助之人，"均在这里敬致谢忱"。蜗居京城"七月流火"中的戴文葆，编完译文集，写好《后记》，"心摇摇如悬旌，病躯又值酷暑"，"深有识力与时间均不从心之憾"，如从编辑业务上看，由于时间紧迫和客观困难，确实会有不足与缺憾，但在编选中所展现的这位编辑大家的思想、品格和智慧，却是永远值得我们学习与敬佩的。

译林出版社为向建国 50 周年和"五四"运动 80 周年献礼，于 1999 年 10 月 22 日，在北京人民大会堂举行出版座谈会，中共中央政治局原常委宋平、中央书记处原书记邓力群亲临会议祝贺，我因有戴文葆事先邀请，同梅益、王仿子、刘杲一道出席。与会者以胡绳在序言中的评价盛赞这套"《播火者译丛》的价值并不仅仅在为历史保存见证，更重要的还在为未来提供启示"。中央电视台、《光明日报》等媒体以《播火者译丛》"记录播火者足迹"、"弘扬革命前辈播火精神"为主题，对会议作了报道。

2001 年信
高度关注图书质量，切忌出版见利忘义

木文同志：

　　收到了您寄下的今年初元宵节人大会堂的合影，非常难得，非常高兴。

　　最近又拜读了您的大作《出版社是生产精神产品的出版企业》。先是在广西《出版广角》上刊出，大约是刘硕良同志抢先发表；现在又在武汉《出版科学》上刊出，副题添了"为《出版科学》而作"，大约是蔡学俭同志特意加的了。后来发表时，您又添写了一大段，这一段很重要，其中说到"出版社改革实际上是以国民经济一个产业和思想文化一种载体相统一的要求而进行的"。这个提法很重要的！这十多年来固然出版了不少好书，有些还能称为精品，应予肯定。不过从整体上看，很悲哀，有一种不好的势头越来越显著，卖书号（有时美称"赞助"），见利忘义，不注意质量，出版社分成好多营利单位，光想赚钱，上下不想认真读稿审稿，对工作人员缺少职业道德和政治责任心的教育，忘记了所出的书是"思想文化一种载体"了。您这个提醒十二万分重要！这十多年来，恕我不免苛求，并没有真正全面地实现向质量转移。有个别单位，反而转移到趋向下降了，更谈不上

孜孜以求开拓了。在经营管理上，没有查查一本帐是怎么样了？可说有个别单位没有审计，无自知之明，实际经不起公正切实的审计。（是我估计，可能有错的说法。）和十几年前相比，我敢肯定，是倒退了！甚至人心也涣散了。像林穗芳这样严肃认真的同志，可说有十分明白的理解，也不再说话了。我希望读到您的文章的人能醒悟。

这次见到 2001 年元宵节的相片，我想到于光远同志曾散发祝贺 2001 年和己巳新春的贺年信（第十五封）。他在那长信中说了一段话："2000 年我有两句座右铭：一句是'莫辜负了满头白发'，意思是我好不容易熬到这么大的岁数，就更应该做真人，说真话；还有一句：'世界真奇妙，后来才知道'，作为我的'活命哲学'。"

他大约有八十五、六岁了，向亲友们贺年信既报告了他本人一年内做了多少研究工作和社会观察，又勉励年高的同志"莫辜负了满头白发"，继续为党和人民做点力所能及的有益工作，是很有意义的贺年信。

现时平常不容易常见到您，就多说了话了。

敬祝

康吉！阖第安泰！

戴文葆拜上

（2001 年）4 月 9 日

从江泽民任总书记后，直到胡锦涛总书记的任期内，中共中央都在人民大会堂三层金色大厅举行元宵节联欢晚会，中央政治局常委们同知识界（文艺、科技、教育、理论、新闻、出版）知名人士欢度佳节（席位交谈，看节目，吃元宵）。我每次都应邀参加。戴文葆也多次应邀出席。我们每次都提前到达，借机与朋友问候谈心。此信开头所说"元宵节人大会堂的合影，非常难得，非常高兴"，即是 2001 年我与刘杲同他出席此次联欢活动的留影。

左戴文葆，右宋木文

2001 年，《出版广角》和《出版科学》先后发表拙作《出版社是生产精神产品的出版企业》一文，没想到会得到戴文葆的重视和厚爱，甚至连刘硕良、蔡学俭如何发表此稿的细节都说到了。我对这位编辑大家信中的肯定和评论非常珍视。但深入一想，这主要是以议论我的文章为由头，发表他对现实出版势态的看法。他是给我个人写信，并未也不必细心斟酌。所以我对此信以"高度关注图书质量，切忌出版见利忘义"立题。这也是我对此信主旨的领会。

戴文葆见到我寄送的元宵节合影深有所思，又以老领导、老学者于光远"莫辜负了满头白发"的贺年信激励自己和友人，可见他年迈志高、继续奉献的精神，是很值得我等尊重和学习的。

此外，作为《中国出版论丛》之一的《宋木文出版文集》1996 年出版后不久，我收到戴文葆写于 1997 年元月 5 日的来信（这是三封信中最早的一封），主要是讲他同意我在一篇文章中的看法，即 1995 年出版的《陈翰伯出版文集》过于单薄，"未出力搜求遗文，可憾之至"，并回顾了早年他同陈翰伯接触的一些情况，我以为有史料价值，收到 2007 年出版的拙著《亲历出版三十年》（下卷第 1050—1052 页）中了，这里不再重复刊出。

2012 年 6 月下旬写于北京寓所

（作者为国家新闻出版总署原署长）

一个认真做人做事做编辑做出版的长者

邬书林

2008 年 9 月 7 日中午，人民出版社社长黄书元打电话告诉我，戴先生（从 1983 年我认识戴文葆先生起，我一直这样称呼他）要约我谈谈一本书的出版事宜。戴先生患有小脑萎缩病，此前的数月中他几次来电话讲事情，已经不像以往那样利落和清晰。我知道脑萎缩患者往往记不得当下的事，对重要的往事则会不自觉地讲述。我真希望他能讲讲当下出版要坚持什么，讲讲他对出版工作的最后心愿和嘱托。

我赶到 305 医院时，戴先生深深地睡着。我不忍叫醒他，静静地等着。与戴先生交往的往事，一幕幕在我眼前闪过。

第二天，戴先生安静地走了。

戴先生是一个值得信赖的人

从第一次见戴先生到最后给他送别，戴先生在我的心目中始终是中国老一代知识分子、老一代文化人的形象。

记得 1983 年初次与戴先生打交道，我们一起在许力以同志领导下，组织编辑《中国大百科全书·新闻出版卷》。戴先生负责编辑学分支，我做日常通联工作和参与框架条目设计。在工作中，戴老给我印象最深的是，每次讨论工作、分配任务时，与别人不同，他总是要争取有较多的撰写时间，而且总是很固执、平和地坚持他的时间表。在快速发展的年代、变革的年代，许多事情讲的是只争朝夕，很少见到下属要求领导机关多给时间、宽限时间的，戴先生的这种做法开始让人有点不能理解。可是，在后来工作中，我发现戴先生不仅仅是按时地、高质量地完成他承担的任务，他出手的东西很少需要大改，而且对其他相关的工作也认真负责地提建议。他负责的编辑学部分，不仅把编辑工作的重要地位、重要作用，从理论和实践上讲得很清楚，而且把编辑过程、中国编辑经验等方面的内容也讲得很全面、很深刻。事实上，无论是他撰写的条目，还是审改审看的内容，都是上乘的、高质量的。他参与的这一部分内容成为《中国大百科全书·新闻出版卷》最重要的方面。许力以同志曾对我说过，只要是戴先生承诺了的事情就好办了，放心了。

在编撰过程中，戴先生不仅认真地撰写他承担的部分，还积极帮助解决遇到的其他问题。比如"五四运动"时期的期刊的有关条目，他建议我去请教中国社会科学院历史所所长刘大年同志。我去找刘先生，果然许多问题便顺利解决了。

戴先生是一个严谨认真的人

戴先生在出版界是人们尊敬的专家。因此，一些重要的出版评奖往往都请他参加。在重要奖项的评审过程中，戴先生总是提前认真看书，会上话不多，但讲出来的话很有分量，起了关键作用。这除了他的学识、经验之外，最重要的是他出于公心，不徇私情。他对那些华而不实、学术水准不严谨的图书，往往从学理上、编辑出版工作的规范等方面，作出权威的评价，进而得到专家们的赞同，保证评出来的图书的质量。有一次，他认为一本书达不到评奖标准，但是一时又说服不了其他评委，为此他给我讲了心中的遗憾。后来，在更大范围征求意见时，大家还是同意了戴先生的意见。

当下的社会风气，我总是想应该多一些像戴先生这样的专家，敢于坚持高标准、严要求，以此来提升出版评奖的权威，提升出版物的社会影响。

戴先生是一个关心年青人的长者

戴先生关心年青人，他有许多忘年交的朋友。我认识的出版界许多人都与戴老有交往。他的长者风范除了关心年青人、帮助年青人外，还在于他为年青人的成长进步着想。这里举一个例子。上世纪90年代，我在中宣部出版局工作期间，每年元宵节，中央领导同志请文化界的专家共度元宵佳节。有一年出版界推荐了戴先生。参加后，他自然很高兴、很兴奋。我送他回家时，他很郑重地告诉我，今天见到的几乎都是老人、名人，没有年青人。他建议明年出版界可以把工作突出、但是名不见经传的年青人推荐上去。第二年元宵节后，戴先生见到我时十分高兴地讲，尽管他此次没有参加，但他为他的建议受到重视、年青人参加元宵节活动，感到十分开心。

戴文葆在各地讲学时留影之一

在与戴先生的交往中，他没有一件事是忙自己的，而且他帮助别人做事，总是认认真真地去做。在文化大发展大繁荣的今天，出版界应该多一些像戴文葆先生这样的人，兢兢业业地工作，认认真真地做事，踏踏实实地做编辑做出版。

我们都要像戴先生那样做人做事做编辑做出版。

（作者为国家新闻出版总署副署长）

他是编辑工作的诠释者

桂晓风

参加戴文葆同志的追思会，心情很复杂。首先是非常沉痛，像张惠卿同志所说的，都不敢相信戴老已经逝世，另外，在心中由衷升起的更多的是对戴老的崇敬。戴老应该说是中国编辑界不可多得的一位具有代表性的人物，他为我们的职业作了注解，树立了榜样。今天在座的很多同志都是戴文葆同志的老同事和生前友好，跟他共事和相处多年，有的甚至跟他共事半个多世纪，对于他的为人、学识、实践非常了解。刚才曾彦修同志、张惠卿同志，还有其他同志，都讲述了他很多感人的事迹和精神，我非常受感动、也深受教育。

我对戴文葆同志早就仰慕，真正认识是在 1991 年的夏天。当时我在江西出版局任局长。那年春天，我们班子制定了一个"江西出版事业九十年代发展战略"，提出实现"两个提高，一个进入"的目标，即"提高出版队伍素质，提高出版物质量"，"经过十年努力，使江西出版事业进入地方出版行业先进行列"。我们

在新闻出版署高评委会议期间和戴先生合影（摄于涿州中央电视台影视基地）

当时意识到，要实现这一战略，一件非常重要的事情，是进行高水准的培训，这种培训不完全着眼于传授具体知识和技能，更应该在编辑人员中树立起一种高水平的职业榜样，激励他们开展新一轮的、更高层次的追求。为此我们打算连续举办三期编辑培训班，并聘请在全国有影响的、有权威的老编辑授课。当时遴选了好几位同志，其中就有在座的张惠卿同志、吴道弘同志，还有去世的戴文葆同志，他们都是韬奋出版奖的早期获得者，还请了当时担任新闻出版署图书司司长的杨牧之同志。那次庐山培训对江西出版事业产生了久远的影响，给全体学员留下的印象非常深刻，我后来几次去江西，许多同志都满怀深情地回忆起这个庐山培训班。从那以后，我就跟戴文葆同志保持了友谊。

关于戴文葆同志，我想说四个字，另外说五点印象。

先说四个字。在我的感觉中，戴文葆同志的一生，可以用两个词四个字来形容，就是"奉献"和"燃烧"。

再说印象。

第一点印象，也是我觉得戴文葆同志最突出的特点，是终身热爱编辑工作。可以毫不夸大地说：他把一生所有的才智、心血、精力，无保留地献给了传播人类文明、传承文化的伟大的编辑事业，并始终以作一个编辑而自豪。在他许多讲话和文章中，总结自己一生的时候，都把自己看作是一个编辑，认为人生能够以编辑为职业，是非常好的事情。他早年就参加革命工作，刚才许多同志都说到，他的资格非常老，但他从来也没有当过"官"，而且压根儿没想过要当官。在从事革命文化工作的过程中，他曾遭受过非常不公正的待遇，历经了常人难以想象的磨难和坎坷。在庐山他跟我部分谈起过他的这段经历。我记得他有一段时间不得不用非常低层次的、非常艰难的体力劳动来养活自己。然而他从来没有后悔过青年时代的选择。他经历了那么多苦难，但对党、对革命事业从来没有怨言，一生心甘情愿地"为他人作嫁衣"，不仅无怨无悔，而且乐在其中，而且在职业生涯中表现出极其坚韧的毅力。我有时候望着戴文葆同志不禁惊奇——那么小的个子，竟有那样用之不竭的生命力。借用屈原的话，就是"九死而不悔"。戴文葆同志有很高的写作水平，也写出了很多非常有影响的著作，但他放在第一位的，始终是编辑工作，即对文化产品进行评价、选择、优化和推荐的工作，帮助他人（作者）提高文化产品的水平使之适合于传播和能够高水平地传播的工作。以至到离世，他个人还有好些已经作了充分准备的写作计划没有完成。

而我们有些编辑写出了一两本有一定影响的作品，常常就不愿意当编辑了。（好几个出版社的领导同志跟我说起过这类情况。）所以我特别佩服戴文葆同志一生就当普通编辑，当责任编辑。由此我还想到唐浩明同志。他当编辑当成了学者，由编辑《曾国藩全集》而成为曾国藩的权威研究者和清史的资深研究者，写出了《曾国藩》、《杨度》、《张之洞》等著名长篇小说，获得了国家图书奖等奖励，被选为湖南省作家协会主席。然而他的主要精力，仍然用在编辑工作上，他的名片上署的是"岳麓书社首席编辑"，连编审都没写。他把编辑看作是最光荣的称号。他和戴文葆同志的事例，证明了当编辑是可以当成大学者的，当了大学者，是可以继续当编辑的，而且可以更加出色地当编辑。我以为，在全党全国正按照十七大号召，推动文化建设大繁荣大发展的今天，像戴文葆、黄涛、巢峰、唐浩明，这样挚爱编辑工作，挚爱文化传播工作，有崇高职业追求、高度职业素养，把从事编辑工作视作终生幸事的编辑人，是特别值得赞颂和提倡的。我们有些人把编辑职业看作是谋生的手段，甚至看作是赚钱的工具，戴文葆、黄涛、巢峰、唐浩明等同志则是真正地把编辑工作看作是播送文明种子的工作。文化力的奥秘就在于"传"字，没有载体，没有传播，文化产品所蕴含的力量就不能发挥和持续，文化就不能交流和传承。而编辑，正是民族文明和人类文明火炬的传递者。我觉得，要搞好出版工作、编辑工作，第一个条件还不是责任心，也不是水平和能力，而是感情，或者说激情。如果你自己本身就不爱书，你何必到出版部门来工作？你又怎么可能做好出版工作和编辑工作呢？

我对戴文葆同志的第二点印象，是他一生追求工作和学术的高品位、高标准、高境界。他对编辑业务一丝不苟、精益求精，从来不在自己的书稿当中留下任何疑问。以他的博学和造诣，还经常去查阅大量的资料，为了编好某一本书，探究清楚某一个细节，他会到图书馆，到浩如烟海的资料中去寻找、去求证，所以经他编辑的书稿都让人放心。不管是多么复杂的稿件、多么疑难的稿件，他都能够担当，大家也都觉得他是重要书稿最合适的责任编辑人选。所以他一生编了很多重要的书稿，像刚才有好几位同志说到的《宋庆龄文集》、《六十年来中国和日本》，我觉得没有他编不出来。可以说他的实践是编辑工作的典范。现在经常有同志痛心地谈到，在一些单位和同志中，存在"文化产品少文化，创意产业缺创意"的问题；部分编辑的工作中，编辑含量很低，学术含量很低；还有些编辑的"容错"能力特别强，对差错视而不见，友好相处，他们经手的出版物中，知识出错、语言失范、逻辑混乱的问题比比皆是。戴文葆同志正相反，他的工作有很高的文化含量、很高的学术含量、很高的编辑含量。他可以说是真正地视质量为生命，视差错为仇敌。中国古代有一句出版术语叫"校错如校仇"，这一优良传统在戴文葆同志身上有充分和鲜明的体现。

我对戴文葆同志的第三点印象，是终身勤奋好学。他已经有公认的非常渊博的学识，无论文化、哲学、历史，甚至自然科学等等知识，都有涉猎和研究，几乎是一部百科全书，你向他提各种专业问题，都可以期望得到指点。但他仍然勤奋地学习，到耄耋之年还在不倦学习。当年在庐山办编辑培训班期间，我陪同戴文葆、张惠卿、吴道弘等同志去考察山上一些人文景观，去寻访陶渊明、慧远、李白、白居易、苏轼等先贤的遗迹，路过一些旧别墅，我们走过就走过了，戴文葆同志却到处东张西望，不断探寻。回来讲课的时候，他会说道：哪处别墅是国民党某位名人住过的，此人在历史上又有过什么值得注意之处，有关情况说明了什么，等等。好多东西我到庐山去过十多次都不知道，他在山上几

在江西庐山讲学时留影。从左到右：桂晓风，张惠卿，戴文葆

天就能结合实地实物，如数家珍，让我再次深深体会到"处处留心皆学问"的道理。他不但学而不倦，还勤于思考，因而对许多事情有准确的判断力。他对中国历史，尤其是近代史、现代史非常了解，刚才曾彦修同志说，戴文葆同志把《史记》看过十遍，真是难以想象！我想起另外一个也是经历很坎坷的著名作家李国文，《汉语大词典》的前五卷的每一页他都读过。所以，深厚的学术功底从哪里来，看看这些大家的实践就可以得到答案。不下真功夫苦功夫哪有可能获得？都说戴文葆同志有才，其实光靠聪明是远远不够的，聪明必须上升到智慧，智慧还要上升成为睿智，这就不光要有知识，还要有丰富的人生阅历，还要有历史素养，有悟性，诸多因素结合在一起，能够由此及彼，由表及里，融会

贯通，举一反三，才谈得上学问。

我对戴文葆同志的第四点印象，是一生谦虚，与人为善，待人以诚，胸怀坦荡。而且他特别关心青年人，关心编辑事业的未来。他非常重视友谊，我有一年春节去看望他，在他房间里看到像万国旗一样挂着朋友们寄给他的大量贺年片。他给许多不熟悉的青年，包括《中国编辑》的编辑写过回信。戴文葆同志还是在大学建立编辑出版专业的早期提倡者和推动者之一。他亲自到北大、南开等高校去帮助设计课程，并亲任教授。他主编的《编辑工作基础教程》，是中国最早的编辑教材之一。除大学之外，他还不辞劳苦，不顾年事已高，到许许多多培训班去讲课，足迹遍及大江南北，长城内外。他还走出国门去讲学和进行学术交流。他讲课独具特色，旁征博引，风趣横生，常常忽发奇想，给人以意外的启迪。娓娓讲述中，不仅有编辑工作的真谛，还有人生的宝贵感悟。我记得在庐山讲课的时候，他用与青年编辑谈心的方式诚恳地谈了应该怎样正确理解党的政策、怎么把握出版方针，取得了很好的效果。因为他有很高的威望和很深的学问，所以他的讲课特别受欢迎，感召力和影响力也特别大，跟我们这些人去讲的效果大不一样。当时我请戴文葆、张惠卿、吴道弘同志去庐山为江西出版系统的第一期编辑培训班讲课，第二期、第三期培训不好意思再麻烦他们，准备放录音。后来后两期的学员提出，这样第一期占了便宜，三位老先生就主动提出，留下来继续讲，而且连续讲了三期，一分钱讲课费也不肯收，怎么劝说也不肯妥协。这是 17 年前的事情，现在回想起来，还那么清晰，恍若昨日。

　　第五点印象是他非常重视，并身体力行推进编辑学的理论研究。编辑学我觉得是一门应用科学，有很强的实践性，不是理论科学，不是像数学、物理学、化学、生物学、天文学、地学那样的基础科学。但编辑学绝对需要思想，需要理论指导。戴文葆同志不仅长期呕心沥血地从事编辑工作，而且非常重视总结编辑工作的经验，把它系统化、条理化，上升为理论。在编辑学创立与研究方面，他是先行者。他是成立中国编辑学会的倡议人之一，并且是中国编辑学会的第一届、第二届、第三届、第四届顾问，为中国编辑学会作出了很大贡献。20 世纪 80 年代以后，他结合总结自己几十年编辑工作的体会，先后出版了《新颖的课题》、《寻觅与审视》等论著，还撰写了 30 多万字的《编辑家列传》，为从孔夫子到章学诚 30 多位编辑家立传。他是个典型的学者型编辑和杂家。

　　我觉得，今天我们这些戴文葆同志生前的同事、朋友、后辈纪念他，最重要的是要继承他的事业，总结他的实践，发扬他的精神。我建议人民出版社把今天大家的发言汇编起来，加以补充，出版戴文葆纪念文集，还建议在研究的基础上，撰写出版《戴文葆评传》。出版工作是一个需要人才而且能够产生人才的工作，新世纪新阶段出版繁荣，第一资源是人才，首先是编辑人才。现在我们亟须从编辑人才理论和编辑人物两方面加强对编辑人才学的研究。编辑有两个概念，一个是动词，说的是编辑行为，一个是名词，说的是编辑人。行为是人做出来的，所以比较而言，名词比动词更重要。戴文葆同志说得好："有书籍就有编辑，有编辑才有编辑思想和编辑事业。"我国现阶段编辑领域还缺少世人熟知的大家，还没有中国科学院院士、工程院院士和社会科学院哲学社会科学学部委员这样的人物。这有两个原因，第一个原因是我们编辑队伍中，像邹韬奋、茅盾、陈翰伯、陈原、周振甫、戴文葆、巢峰、唐浩明这样的学者型编辑还偏少，部分出版单位中还有一种全体编辑非学者化的错误倾向（我并不主张所有的编辑都成为学者，但至少部分编辑应该是学者，所有的编辑都应该有学术素养）；另外一个原因是我们自己宣传不够。像黄涛、戴文葆、巢峰这样的编辑大家，做个学部委员是完全够格的，他们给中国人民的文化作出了多大的贡献啊！但是我们很少宣传，因此社会上了解很不够。所以我觉得我们在更好地宣传各行各业的先进人物的同时，也要加强对本行业先进人物的宣传和研究，首先是要加强对杰出和卓越编辑人物的研究和宣传（因为编辑工作是出版工作的中心环节，出版物的方向和质量，主要在编辑环节决定），并且将这种研究成果，作为提升出版工作品位和水平的重要资源，在行业中广为传播和应用，使之不断增值。

（作者为国家新闻出版总署原副署长）

追忆远去的戴文葆同志

方厚枢

我与戴文葆同志相识于 20 世纪 60 年代初，当时我在文化部出版局，和他虽不在同一单位工作，但也有机会见面。到了 80 年代初至 21 世纪初，我们之间有了更加紧密的联系，随着时间的推移，我从各方面对他的学识、人品逐渐加深了解。并成为共同为我国出版事业努力的好伙伴。仅举出几件往事加以说明。

一、共同为两部出版百科全书的编撰出力

编纂出版大部头的百科全书是衡量一个国家和一个时代科学文化发展水平的重要标志。我国从近代以来，不少有识之士以及新中国成立之后的出版领导部门，曾经考虑出版中国的百科全书，1958 年还提出开展这项工作的计划，但都未能实现。

"文革"中，原中央编译局副局长姜椿芳受"四人帮"迫害，被投入秦城监狱达 7 年之久。他久怀编纂百科全书之志，在身陷

囹圄，双目几近失明的情况下，仍在构思日后编纂中国百科全书的蓝图。他于 1975 年 4 月重获自由后，为实现梦寐以求的愿望，仍时刻苦苦思索，未尝稍懈。1978 年 1 月 27 日，姜椿芳在中国社会科学院规划办公室编印的内部刊物《情况和建议》第 2 期上，发表了八千言书——《关于出版〈中国大百科全书〉的建议》，立即引起多方面同志的注意。

1978 年 4 月，胡乔木向邓小平提出编辑出版中国百科全书的建议，立刻得到积极的支持。邓小平说，要快点出，最好趁老专家还健在的时候撰写，这是为了抢救一批人才，抢救一批财富。胡乔木让国家出版局局长王匡去找姜椿芳写正式的倡议书。国家出版局联合中国科学院、中国社会科学院，以三家党组的名义于 1978 年 5 月 21 日向中央提出编纂《中国大百科全书》的请示报告。中央宣传部出版局局长边春光见到报告后，在上面签批了拟请姜椿芳、朱语今、曾彦修等为筹备人员尽速筹备此事。报告最后经中央常委李先念等同意。中央批准的文件发到出版局等主管单位后，经过研究，决定成立一个出版社，配备三四百人的编辑和工作人员，随后成立了以胡乔木为主任的总编辑委员会领导此事；姜椿芳被任命为中国大百科全书出版社的总编辑，中国的百科全书事业从此开始起步。

《中国大百科全书》第一版原计划出版 80 卷，后压缩为 74 卷。其中有一卷"新闻出版卷"内分新闻学科和出版学科两部分，各自成立了编辑委员会。"出版学科"由许力以担任编委会主任，倪子明和戴文葆为副主任。编委会委员共 17 人，戴文葆和我都是编委之一，戴还兼任"编辑学"分支学科编写组副主任，并撰写了《编辑》和《编辑学》的长条目；我分工担任"中国出版史"分支学科的主编，并撰写了《中国出版史》的长条目1.1万字。

出版学科编委会成立后，差不多一两个星期就开一次编委会，首先制定框架设置和具体的条目，以及讨论在编写条目中的重要事项，接着进入撰写阶段。当时参加编辑工作的人员逐渐增加，大家都未参加过百科全书的编辑工作，缺乏经验，写出的条目初稿大多不能符合出版社的要求。后来经过出版社编辑的说明，遵照出版社提出的编写统一规定，通过一段长时期的努力，各编写组的稿件先后交稿，经过编委会主要负责人审阅后送出版社全部用打字机打出，再经出版社审阅定稿，最后全部稿件和新闻学科合并。《新闻出版卷》从1980年初开始启动，直到1990年12月由中国大百科全书出版社出版，整整花了10年时间，前后参加撰写稿件和审定校阅等工作的不下300人。

《中国大百科全书·新闻出版卷》全书150多万字，出版学科只有80多万字。许力以说，这本书我们自己感觉内容少了，读者也反映词条应更加充实一些。他向原编委会的人员建议重新再编一本，书名就叫《中国出版百科全书》，各编委都赞成，于是大家一鼓作气，重新开始了新的战斗。

新的出版百科全书，基本上是原编委会的原班人马承担工作，编委会人员略加调整，除了原来的主编、副主编以外，增加副主编高明光和吴道弘、周文熙，编委新增加邬书林和郑德琛、杨寿松等。各个分支编写人员和原来的相同，内容插图则比原来增加很多，全书篇幅达160万字。这本书从1991年初进入编筹阶段，直到 1997 年 12 月才由山西的书海出版社出版。

戴文葆和我在这两部百科全书的编纂工作中，虽然不在同一个编写组，但在召开编委会会议以及休息时间内仍有较多见面的机会。在每次见面时，我都带着工作中遇到的疑难问题向戴老请教，他都给我很多帮助。我在《中国出版百科全书》的编辑工作中，曾向他组织古代人物的部分条目，他交来的每一页原稿中，不仅内容妥善、文字简炼，而且字面整洁，无一处修改涂墨之处，显示出一位资深老编辑认真、严谨的风范，令人敬佩。

二、在新闻出版署编辑系列高评委的日子

1992 年 3 月 20 日，戴文葆和我同被新闻出版署聘为署编辑专业高级职务评审委员会委员（聘期三年）；1995 年 3 月改名为全国出版系列高级职务任职资格评审委员会委员（聘期二年）（简称"高评委"）。在这 5 年中，先后在北京香山饭店、河北涿州、河北易县（清西陵）、天津等地召开多次高评委会议。每次会前，署高评委办公室都将北京前三年和全国后两年出版部门报送的申报材料送给每位评委审阅；在召开高评委会议时，对每位申报人材料评委们各抒己见评议，最后全体评委进行无记名投票，决定是否同意或否定。评委们在宾馆两人一间住宿，早晚还对申报人员的材料相互议论。在一次会议时，戴文葆和我合住一间，除议论白天评委讨论情况外，还对当前出版界的情况交换意见，戴老在说话中对一些现象表示喜悦，也有担忧，谈了一些真知灼见，使我很受启发。在这 5 年的评委工作中，我和他加深了友谊

和相互了解。

三、全国出版科学研究论文评奖中的一对好伙伴

1991 年 12 月，由中国出版科学研究所发起，和有关方面共同组织了首届全国出版科学研究论文评审委员会；1997 年 5 月，经新闻出版署批准，由全国科学研究论文奖评审委员会、中国出版科学研究奖励基金领导小组、中国出版科学研究所联合举行了第二届全国出版科学研究论文奖。以后陆续举办了第三届、第四届（2002 年 6 月举办第四届时曾加了中国出版协会为主办单位之一），这四届论文奖的举办，经出版各方面的专家组成的评委会评出了优秀论文数百篇，对推动全国出版界重视出版研究工作起了很好的作用。有许多省、市、自治区出版协会纷纷举办全省或几省联合的评奖会的热潮。

戴文葆和我都是全国出版科研评奖委员会的委员之一，评委会委员分成几个不同小组，我们两人负责出版史小组。开始，两届报来出版史方面的论文数量较多，后来就越来越少。无论数量多少，我们都同样认真的评选。戴老和我都以"好中选优"的标准认真对待每一篇论文，特别注意有无创新的论点，做到"论从史出"，不是随意的推论发挥评论；另外还重视发现比较年轻的作者经过努力写出有一定水平的论文。两人看过的论文还要互相交换再看，写出评审意见。对于有的论文有不同意见，则相互坦诚进行认真研究。有几次戴老对个别论文的看法在电话中谈不清楚，还从东城来到南城我的家中交流，直到取得一致意见。各小

组评论完毕后，在全体评委会议上汇报，最后经过无记名投票决定取舍结果，尽量做到公正、公平、透明。

我和戴文葆同志在共同参加上述活动后，还有过几次在电话中交流，之后见面的机会和电话都很少了。2007 年 4 月 25 日，我收到他托人送来一本他的著作《射水纪闻》，书前附有一张卡片，写有下列文字：

> 源于爱国敬乡之诚　出于里门桑梓之情
> 拙作奉呈　厚枢学兄指政　作者生平惭愧之至　非敢宣耀之意也

其实，这本书 2005 年 7 月由河北教育出版社出版后他已送给我一本，这次送书后，他还给我打来电话，一再表示他的书迟送深感歉意。从电话中的声音语气我感到他的健康情况已大不如前，而且讲话中也有重复颠倒之处，我不忍心打断他的话说我已收到过此书。想不到这次通话竟是我们之间的最后一次。一年后就传来他逝世的噩耗，使我十分悲痛。

戴老的《射水纪闻》以翔实的历史资料，叙述了他的敬乡怀旧之情。书中不仅追寻了众多历史人物的业绩，而且寻访抄录了若干已散失难觅的乡土文献，对研究我国近代史具有一定的参考价值。我已将他第一次送我的书连同其他出版史方面的图书于 2010 年 5 月一起捐献给出版博物馆永久保存。

四、为深切怀念文葆同志做的最后一件事

2007 年春，中国出版工作者协会学术工作委员会动议策划编

辑一套"书林守望丛书"，为弘扬优良的职业传统做点实事。我作为学术工作委员会委员之一，义不容辞地承担其中一本介绍我国著名编辑事迹的文集。我这本书如何编出新的特色。经过调研和思考，拟定了编辑计划：（1）根据丛书每本 20 万字左右的规定，选取已逝世的著名编辑家 20 人左右；（2）对每人的生平不作全面传记式的介绍，不论他们在出版界担任过任何高层领导，本书只着重介绍他们在书刊编辑工作中的突出成绩和主要经验；（3）选择最合适的作者撰写怀念文章。最后确定的书名为：《编辑之歌——怀念远去的英才》。选择已逝世的 20 位著名编辑家，他们是：叶圣陶、邹韬奋、冯雪峰、巴金、赵家璧、叶籁士、罗竹风、周振甫、姜椿芳、金灿然、陈翰伯、严文井、王子野、韦君宜、陈原、叶至善、王仰晨、宋原放、边春光、龙世辉。经反复研究选定了最合适的作者发出约稿信，他们在了解本书的编辑意图后都大力支持，陆续寄来稿件。难能可贵的是，为本书提供怀念文章的 18 位作者中，多数是高龄老人，其中 90 岁、86 岁、81 岁各 1 人，71 岁—78 岁 11 人，61 岁—68 岁 3 人。其中有多位同志曾分别担任过北

刘向 刘歆 刘氏父子是西汉经学家和编辑家。向（约前77—前6年）字子政，初名更生，沛（今江苏沛县）人。汉皇族楚元王（高祖少弟刘交）四世孙。歆（约前53—23年）字子骏，后改名秀字颖叔。成帝河平三年（前26年），刘向奉诏与任宏、尹咸、李柱国等专家整理编校皇家图书馆藏书。刘向去世后，哀帝使刘歆嗣其父领校群书。向校经传诸子诗赋的步骤是：广收众本，相互补充，修别篇章，校雠讹文脱简，决定书名。经战乱和秦火后，许多简策纷乱无序，经他们厘定后，编辑成书，并写出叙录。刘向手订的叙录内容有：著录书名、篇目，叙述编校经过，介绍著者生平，总说书名含义，辨别其书真伪，评说思想史实，叙述学术源流，评论其书价值。叙录附于各该书后，随书奏上。另抄一份，编

戴文葆为《中国出版百科全书》撰写的古代出版人物词条手迹一页

京、上海几家著名出版社的正、副总编辑，或是全国著名期刊的正副主编，以及在出版社工作多年的老编辑。

这套丛书分为两辑共 20 册，承担出版任务的首都师范大学出版社负责丛书的编辑人员很少。由于多种原因，我的这本书从 2007 年初开始启动，经过组稿编辑、出版社审稿，排出清样、核对等程序，差不多用了近一年时间，到 2008 年 9 月初我才收到出版社发来的清样。我想这本书应该有一篇序文，最合适的作者是曾任新闻出版署副署长、中国编辑学会第一、二、三届会长，第四届名誉会长的刘杲同志。但听说他的健康情况不太好，能否愿

在新闻出版署编辑专业高级职务评审委员会议期间，（左起）张惠卿，戴文葆，方厚枢攀登香山最高峰"鬼见愁"峰顶合影。（1992 年 6 月 27 日于香山）

意承担此事。我抱着试试看的心情，将书稿清样送到他家说明来意，想不到他一口答应，说看过清样后再写。我高兴地回家等待。就在等的时间中传来戴文葆逝世的噩耗。我立刻想起应把他的事迹纳入其中，但又考虑本书稿件已经出版社审定排出清样、等待我退回后付型，这样的变动是否妥当？最后我决定请吴道弘同志提供一些怀念文章补入书中。不久刘杲同志亲自来到我家拿出打印好的序文问我有无修改之处。我看后非常满意，说只需加上戴文葆同志的名字，怀念文章已请吴道弘同志提供。刘杲同志对戴、吴两人非常了解，说补充的文章他不看了，他还表示将改正后的序文以电子邮件直接发给出版社的责任编辑。他如此热心周到的帮助，使我十分感动。但仔细想来，刘杲同志从 1956 年—1960 年先后在湖北省的《学习生活》和《七一》杂志做编辑，后来调

戴文葆在孙中山故居前留影

北京后长期和编辑工作结缘，也是一位老编辑了。所以他会乐于和我们一起，为编辑们共唱一曲赞歌。

刘杲同志写的序题名《编辑精神的嘹亮赞歌——〈编辑之歌〉序》。序文开头在列举包括戴文葆在内的 21 位著名编辑的名字后说："仰望这一排光辉的名字，谁不肃然起敬。他们的道德学问、睿智、文采、事业、贡献，已经载入出版史册。他们当之无愧是中国编辑的光荣代表，是中国编辑高扬的旗帜和学习的楷模。""他们的编辑思路和编辑实践各有独到之处。而作为编辑群体，他们共同铸就了高尚的编辑精神。这就是：崇尚文化的人文精神、服务读者的服务精神、'为人作嫁'的奉献精神、精益求精的敬业精神、与时俱进的创新精神。这是我们的民族精神和时代精神在编辑活动中的鲜明体现。如今编辑前辈已经谢世，他们铸就的高尚的编辑精神必将永葆青春，光照后代。"

2012 年 7 月 20 日

（作者为中国新闻出版研究院原编审）

奉献　认真　博学

曾彦修

　　文葆同志近几年病多，终于不幸去世了。我感到哀悼沉重，这个重大损失是无法挽回了，但是他留下的各种优良的品质、作风，却是应当永远被继承下来，而且应当得到更高的发展的。

　　戴文葆是一个只会付出、只会为他人做嫁衣裳的、很杰出的编辑出版家。

　　我认识他，是在 1954 年 4、5 月间。当时我初到人民出版社（兼用三联书店、世界知识出版社名义出书），在审稿意见中，我发现有几位是特别认真和水平高的，我像遇到了多少师长似的，其中特别突出的就是戴文葆。而且非常奇怪，他的审稿意见不管多

这是在 1950 年春天照的。照片背后自题：自以为活在梦里

长，竟完全是楷书，有错字不是修改，而是另剪小纸片贴上重写。我十分奇怪，一个智慧与严肃如此紧密结合的人，世间难找啊！于是我请他下楼来拜识了一下。从此，在知识上，他就是我工作中的师长之一了。

他工作上的认真严肃态度是一贯坚持下来的。我曾想劝他，错字就不必另行剪贴了，时间也要紧。但我始终未便启口。古诗有云，"古调方自爱，今人多不弹"，我又何必去干这种认真严肃的事情呢？

在得知文葆同志逝世时，我立即写下一幅挽联，文云：

送阜宁戴文葆先生西行

事事认真平生不作行书字

时时勤学十年九诵史迁书

1957年，在人民出版社我率先自报"右派"之后，全部反"右派"的事我就一无所知了。戴文葆好像是最后一个"右派"。以后，他被捕、劳改我全然不知。据说完全是九死一生地活下来的。

1978年夏，我从上海调回北京，参加大百科全书筹备小组的工作。但我本人不赞成编辑大百科全书，我认为诸多条件均未具备。但其中如有我做的事情去做一点当然可以。我曾向大百科领导人两次建议，把戴文葆调到大百科来（时戴在文物出版社），是业务上十分必需的。我和老戴二人可以负责一项专门工作，即抢救老专家和大师们撰写的一些辞条，趁现在还有"五四"以来的一批老专家健在，拜请他们留下一些辞条，就可为"大百科"增色不少。例如请郭沫若写"甲骨文"，请容庚写"金文"，请梁思成写"故宫",请岑仲勉写"黄河",请胡先骕写"水杉"……那真是由地上的星星来写天上的星星了。我说,我和老戴二人在两年内保证交出 3000 条来。也请戴文葆到"大百科"开过两次会。后来未办此事,老戴也就不去了。我之忙于建议调他去"大百科",也因为我怕什么"运动"一来,就要整他。而我对他的历史可负全责,是我负责审查的,也是我起草的结论,就应负责到底。因此,今天我还是要负全责。

我因不适合于在"大百科",人民出版社要我回来,我自然就乐于回来了。我记得,我回来不久后,范用同志就和我二人提出要调戴文葆回来,在会上通过了。记得原来没有同意老戴回来的同志还在会上做了"检讨"。

戴文葆在工作

文葆同志回来，一些较难的工作当然就要交与他了。于是，成立了一个"审读室"，以便特别优礼史枚、戴文葆几位大才，承担总编辑直接委托的任务，即"不管部长"了。我只记得清一件事，即原《大公报》王芸生 30 年代名著《六十年来中国与日本》，王先生在 80 年代又托人续成八卷。他人所成，讹误甚多，难于发稿。文葆反复与我商量，我也看了一些原稿，觉得是要重来才行，但只有老戴自己搞，我知道他搞，事半功倍，他也愿意，因为王芸生可算是他的恩师，老戴到《大公报》两年就出人头地，是同王芸生的赏识分不开的。

戴文葆在美国夏威夷留影

戴文葆在离休多年后，有单位要出版宋庆龄书信选，要他编，吃力非凡，要从英文书中去寻找。我知道书编成功后，即与真正的编者毫无关系了。但他还是拼命去做。总之，一切无利，而又特别麻烦、看来难于完成的，只要有益于国于民的，请他，他都拼命去干。

我认为，戴文葆同志的优点是非常突出的。归纳起来似可以集中在以下三个方面：

第一，是奉献。这可以说是他一生的盖棺定论，以文葆之学问与勤勉，自己要写一些象样的作品来，是毫不困难的。但他一生被交给他的艰难任务捆紧了，拿不出时间写自己的东西了。

第二，是认真。他一生凡事认真到底，决不拖泥带水，决不留下滥尾巴，叫别人去收拾。因此，凡是经过老戴之手发出的东西，一般均叫人比较放心。因此，他在出版界的声誉之隆，可以说是极少见的。

第三，是博学。文葆复旦政治系毕业，名师甚多。又兼一生用功勤学，无所不读，因此他的才识之丰，甚为少见。又兼大学时代即投身反蒋民主运动，遂具有多思善辩之才。

他告诉我，"文革"十年，自己想办法，自我流亡到家乡阜宁劳改。劳改之余，他弄到一套司马迁的《史记》，于是，困厄中便以此书遣闷。我挽联中"十年九诵史迁书"即指此事。在他读第十遍时，"江逆"被擒矣，全国再度解放。

一个全才而又专门为国为民服务的人民之子去了。让我们永远纪念他、学习他吧！

（作者为人民出版社原社长、总编辑）

愿悲剧不再重演

张惠卿

文葆同志走了，走得很突然。那时我正在上海，没有人告诉我，刚回到北京的那天，就接到社里老干部处打来的电话，要我第二天参加戴老的追思会。"什么追思会?!"我吃了一惊，以为听错了，问清楚以后，一时回不过神来，心情久久不能平静。

我完全没有想到文葆同志这么快就走了，因为我太熟悉他了，他的音容笑貌宛在眼前。一个鲜活的人，一位编辑大家，博古通今，学贯中西，我们出版界难得的英才难道就这样走了？想起他一生的悲惨遭遇，我无法抑制心中的哀痛。

近一年来，我知道他得病了，有生理上的病，也有心理上的病，时好时坏。其间，他给我打过几次电话，讲的时间特别长，我耐心地听着，吃惊地发现他的脑子不正常了。他反复地向我讲述他自己的一些历史经历和过程，絮絮叨叨，有些语无伦次。他给别人打的电话也是这样，讲个没完。后来我弄明白，他是心中太憋闷，要向人倾诉。医生说他患了小脑萎缩症，这是一种导致老年痴呆的可怕疾病，但一般人发展较慢，没有想到他不到一年就离开了人世。

我和文葆同志同事、共处、相知半个世纪，我非常钦佩他的才智和学识。我们两人彼此信任，可以相互倾谈，我把他看成是我的兄长。

我最早认识他是在 1950 年，那时我在上海华东新华书店编辑部工作，他则是上海《大公报》国际部的资深记者。我们单位曾请他为全体员工作过一个有关国际问题的报告，讲得非常精彩，深得大家好评。我负责接待工作，对他印象特别深刻，他只比我大两岁，能有这样成就，十分难得。

1953 年我调来人民出版社工作时，意外地发现文葆同志也在人民出版社。他当时是三联编辑部副主任，这个编辑部是三联书店和人民出版社合并、成为人民出版社的副牌后设立的。我后来知道，文葆同志是范用同志介绍来人民出版社工作的，他们在解放前就是好朋友。

文葆同志的工作一直十分出色，曾彦修同志 1954 年从华南调来人民出版社主持全社工作后，文葆同志是他最器重的一位中层领导。但是，自从 1955 年肃反运动开始以后，厄运就降临到了戴文葆同志身上。来自中宣部和文化部的上层领导一再向王子野和曾彦修同志和其他社领导提示，甚至施加压力，说戴文葆同志有严重政治历史问题，不得重用，应当调动他的工作。范用同志也因把戴引荐进社而受到批评指责。

文葆同志究竟有什么重大问题，竟会惊动上级领导如此三令五申地要处置他呢？人民出版社决定派人先作认真调查。据我后来知道，他的所谓严重政治历史问题是指他 1940 年初高中刚毕业时，曾经进过国民党一家什么情报机构工作了几个月，他后来发现这个单位不对头，给他大哥写了一封长信，谈了自己的困惑和想法，觉得自己误入了一个不该去的地方，决定立即离开。这以后他就自动离开了那里，再也没有和他们发生过什么关系。就是这么一个简单的经历。

左张惠卿，中戴文葆，右范用

接着他就考入了重庆的复旦大学，接受进步思想，投入抗日救亡运动。1943 年参加中共中央南方局领导下的"青委"工作，成了一名地下革命工作者，参与创办了《中国学生导报》，并担任《导报》的第一任总编辑。1945 年在复旦大学毕业后，就到上海《大公报》工作，直到建国后的 1951 年。

据说他是在建国后不久在《大公报》时被人诬告了，说他曾是国民党的特务分子，材料一直转到了中宣部，不过开始并未引起有关方面的重视。可是到了清查"胡风反革命集团"以后，反胡风的"三批材料"一公布，开了断章取义、任意曲解、无限上纲的恶劣先例。紧接着肃反运动开始，他当时参加国民党情报机构的这个事实就被上纲上线，不加分析，当成了一件了不得的大事。但是调查结果就如上述，人民出版社人事处负责调查的同志还好不容易找来了文葆同志当年写给他大哥那封信的原件，证明他自己的交待完全符合事实。

根据党的实事求是的原则，1956 年在曾彦修同志的主持下，为文葆同志作了一个公正的结论，说明事实已经查清，不存在什么问题。这件事本来也就应该了结了，谁知到了 1957 年反右运动时却又被重新翻腾了出来。

据说公安部门有一条规定，凡是在国民党或汪伪情报特务机构工作过的人，不论是什么职务，一律都是特务分子，也就是历史反革命。文葆同志的"反革命"罪就是这样来的。怪不得有人一再说"没有冤枉他。"

1957 年反右运动，在人民出版社是一场大灾难，来势凶猛，石破天惊。首先是社的第一把手、原是反右五人领导小组组长的曾彦修同志遭到了灭顶之灾，成了《人民日报》头版点名的党内大右派，该报那天一条醒目的大标题就是"党内也有右派"，曾是第一名。人民出版社的反右运动由文化部的领导直接掌控，一连揪出二十多个"右派"，真是风声鹤唳、惊心动魄，像吴道弘这样一位平时谦虚谨慎，只知勤奋工作的同志，当时既无言论也无行动，只因他是团支部书记，有几个团员成了"右派"，文化部那位领导说了一句，这个书记要负责，也有问题，吴就被打成了"右派"。文葆同志原本是在文化部挂过号的"反面人物"，当然备受注意。我只记得他只写过一张大字报，很简短，当时大家看了并不觉得有什么问题。大意是说，"三害"好像是党身上的"毒瘤"，这次整风运动一定要把这个"毒瘤"割掉，党才能健康前进，意思很清楚。谁知这"毒瘤"二字惹了大祸，竟被无限上纲，硬说他把党比作"毒瘤"，还要割掉它，这还得了，简直和葛佩琦的"杀共产党人"没有什么区别了，这是对党的恶毒攻击，于是对他进行了猛烈的批判。他百口莫辩，也不容他申辩。这个"毒瘤"事件，我相信当时在人民出版社工作的同志都不会忘记。现在看来当然是荒唐透顶，但是当时多少人的"冤狱"就是这样形成的。

戴文葆成了"极右分子"，加上原来是"混进革命队伍里的特务分子"，双料反革命，受到加倍处罚：开除公职，劳动教养。他被押去劳改农场，从此家庭破碎，成了一名罪犯。

一位早年就参加革命的优秀知识分子，平白无故地受到这样莫大的冤屈，过着暗无天日的日子，心灵上的伤痛和折磨可想而知，更不用说肉体上的摧残了。我不知他在劳改农场这些年是怎样度过的，只知道到了 1961 年或 1962 年，人民出版社突然接到农场发来的一个通知，说戴文葆病得快不行了，你们赶紧派人来把他接回去。

人事部门接到这个通知后十分犹豫，因为谁也不想去接。范用同志得知后，告知了文葆的夫人，他们两人悄悄地上路了。到了农场附近的一个县城里，文葆夫人身体不适，范用同志就一个人设法借了一辆平板车，赶到了农场，把奄奄一息的戴文葆放在平板车上，拉着他在崎岖的土路上，一路艰难地接到县城，然后和他夫人一起把他扶上火车，回到北京，立即送进医院抢救，文葆同志就这样活了下来。这个经过后来是范用同志告诉我的，听了实在叫人心酸。

不久，可怕的"文化大革命"开始了。文葆同志自知在劫难逃，他要求让他去家乡阜宁县城接受监督劳动。他以一个赎罪之身去了阜宁，在那里扫大街、掏大粪（打扫公共厕所），作为一个五类分子，尽管斯文扫地、颜面无存，但终于平安地度过了那些危难的岁月。后来，他在一家小单位里当了个采购员，可以到外面走走，日子过得稍为轻松一点。

1977年，他重返北京，1979年，他的冤案终于得到平反改正。开始他不愿意再回到人民出版社这个令他遭受多年屈辱的伤心地，去了文物出版社，后来经过彦修和其他几位同志一再恳请，他才回到人民出版社，重新焕发青春，充分发挥着他的聪明才智。这些年他在社内和出版界所作出的业绩和贡献是大家都知道的。可是他白白耽误浪费了二十多年的美好时光。不过，他也比有的人幸运，他终于活了下来，而且活到耄耋之年，并尽心竭力地把有生之年全部贡献给了我国的出版事业。

回顾建国以来的历次政治运动，一直到祸国殃民的"文化大革命"，在"以阶级斗争为纲"的错误路线折腾下，我们国家葬送了多少有用的人才，又有多少人蒙冤受屈，乃至家破人亡，真是不堪回首。

二十多年的沉冤，对文葆同志来说是刻骨铭心的。我曾经有两次和他一起出差，朝夕相处，有时还同住一室，可以促膝长谈。他详细地向我讲起他在劳改农场和在阜宁时的遭遇。有一次谈到在阜宁扫大街时偶然碰到了和他一样沦落在阜宁的恽逸群，他们虽是熟人，但开始不敢相认，后来就偷偷交往，互诉衷情，有时一起喝酒，苦中作乐。他也谈到恽逸群这位中国才子的一些趣事。我听得入了神，就说你的这些经历太感人了，应该完整地把它写下来，包括你遭受的这些苦难，让后人知道很有教益。他说他不想写，还要尽量把它忘掉。我当时就想到，毕竟他的创伤太深了，让它永远埋在心底也好，不要再去触动它。

文葆同志的一生是个悲剧，但愿这一类悲剧在我们祖国大地上永远不再重演，让它彻底消失！

文葆同志，我们永远怀念你，我要捧一束鲜花献给你，愿你安息！

（作者为人民出版社原总编辑）

在韬奋精神鼓舞下前进

吴道弘

党的十一届三中全会以后，全国上下解放思想，积极推进改革开放，社会主义建设迎来了万紫千红的春天，出版界也出现了欣欣向荣的局面。广大编辑出版工作者继承和发扬老一辈编辑出版工作者的优良传统，兢兢业业，埋头苦干，甘为他人作嫁衣。为纪念邹韬奋先生对我国出版事业的卓越贡献，表彰和鼓励长期以来坚守编辑出版工作岗位并作出重大贡献的编辑出版工作者，1987 年中国出版工作者协会特设立"韬奋出版奖"。王仰晨、陈元直、周振甫等 10 位有杰出贡献的编辑出版工作者成为首届韬奋出版奖获得者。编辑家戴文葆是其中之一。在 9 月 9 日的授奖大会上，文葆先生代表全体受奖人以《韬奋永远活在我们心中》为题致答词，其中说道：

从人民出版社成立的第一年起，我就是该社的政治书籍编辑，不久又是生活·读书·新知三联书店的编辑。"人民"和"三联"的同志们，特别是从党的十一届三中全会以来，

像其他兄弟出版社一样，做了大量的工作，我只是他们中间
的普通一员。我真实的理解，今天不过是代表人民出版社和
三联书店的同志们，来为他们拜领这份荣誉。

他的答词，话音刚落，就引起全场掌声。

一

新中国成立后，北京成为全国政治文化中心，也是出版中心。
1950 年 12 月成立的人民出版社，是党和国家的第一家政治书籍
出版社，它云集了编辑界学术界的许多专家学者，如臧克家、史
枚、何封、董秋斯、宋家修、梁纯夫、陈原、朱南铣、王以铸等，
文葆在这批才俊之士中，虽只有而立之年，但已是才华出众，饱
经磨砺。1954 年 3 月，在人民出版社内部正式成立"三联书店编
辑部"时，他被聘任副主任，协助陈原主任工作。其时编辑部的
主要任务是组织古典学术著作的翻译。为了做好这一工作，编辑
部曾集中力量开展相当深入的普查工作，制定了不同学科门类的
长期翻译规划，还有计划地整理、重印过去出版过的有价值的著
作。他们到全国各地访问学者教授，又分三批人马，分别到华东、
中南和东北等地了解著译力量，组稿出书。这是新中国成立以来
头一次大规模访问作者、展开组稿活动，当时形象地叫作"翻箱
倒柜"，发掘稿源。不久就出版了陈寅恪《隋唐制度渊源略论
稿》、张荫麟《中国史纲（上古篇）》、戈公振《中国报学史》、
夏曾佑《中国古代史》、漆树芬《经济侵略下之中国》、高明凯
《语言与思维》、陈登原《国史旧闻》等一大批有价值的著作，有

左吴道弘，右戴文葆

些至今仍在不断重印。文葆还亲自参加《世界知识年鉴》的设计和定稿，并协助范长江编辑新中国成立后第一部三卷本《韬奋文集》，同时写了《编者的几点说明》。1957 年的一场政治风暴，他被迫离开了不懈努力、为之奉献的工作岗位，但仍为中华书局、文物出版社做了大量卓有成效的编辑工作。

　　1962 年文葆在中华书局整理约有 300 万字的《朝鲜李朝实录中的中国史料》。这部由吴晗主编的 12 巨册史料集，在中华书局搁压十多年。文葆将吴晗稽抄的原稿与《李朝实录》原著一一核对，遇到疑难，就到北京图书馆善本室，悉心查考核定。这部史料集终于在 1980 年出版。作为该书责任编辑的他曾经情不自禁地说："此书编著如此艰苦，遭遇如此离奇，其价值又如此不同寻常，既体现中华书局一贯重视学术事业的本志，又表现吴晗治学严谨的风范。"（《吴晗和〈朝鲜李朝实录中的中国史料〉》）随后他又改编和校勘《谭嗣同全集》（增订本），还编辑了《严复集》。1964 年按照毛泽东主席的要求，人民出版社、中华书局等单位着手组织编辑《蒋介石言论集》，文葆也参加了这本书的编辑工作。

后来文葆在回忆这段难忘的岁月时就曾坦露了自己的内心世界：

> 那儿学术气氛的熏陶，使我经常感到自己的浅薄，无声地催促我去认真学习。那时物质条件和精神环境都很贫困，但是青灯黄卷，一编在手，宠辱皆忘。

这是一位忠诚于编辑出版事业的知识分子在特殊境遇下的心声，反映了编辑家矢志不渝的可贵品质。

20 世纪 90 年代，文葆被聘回到人民出版社以后，得到曾彦修总编辑的倚重。他一如既往地全身心投入编辑工作，审读重大稿件、解决稿件中的疑难问题；参加编辑《宋庆龄选集》和两卷本《宋庆龄书信集》，做了大量的工作；为了适应中等文化程度读者的需要，编选并注释两卷本《鲁迅选集》等。在此期间，还为三联书店编辑部审读和处理了许多稿件，并参与三联书店独立建制的一些工作，充分发挥了他的编辑家的才华和智慧。

二

在 20 世纪最后 20 年里，编辑出版界兴起了编辑学、出版学理论研究的热潮，同时也是为了回应"编辑无学"和"编辑是简单劳动"等偏见的需要，文葆曾潜心于编辑学和编辑史的研究，发表不少论文，如《编辑工作的重要意义》、《编辑学与编辑业务》、《中国编辑史初探》。他认为：有书籍就有编辑，有编辑才有编辑思想和编辑事业。孔子编订六经，刘向父子校理群书，以后历代治乱盛衰，编辑工作都有程度不等的发展，编辑理论也随之发展进步。他在《编辑家列传》中论述了徐光启、冯梦龙、顾炎武、黄宗羲、方苞、姚鼐、谭嗣同等历史人物的作用、贡献和局限，很有创见。这里仅就文棨对编辑出版《中国大百科全书》出版卷和《编辑工作基础教程》两书的贡献，作一点介绍。

1990 年出版的由许力以主编的《中国大百科全书》出版卷，是对编辑出版学科建设的一大贡献。文棨担任出版学科编辑委员会副主任、"编辑学"部分副主编，亲自撰写了《编辑》和《编辑学》长条目，从编辑学的含义、对象、研究范围等方面作了阐述。指出："编辑学是一门新兴学科"，是"研究编辑基础理论、编辑活动规律及编辑实践管理的综合性学科"。"编辑工作是现代出版事业的中心环节。"其中，有关古典编辑经验的总结和外来经验的引进，尤其吸引读者。

在此以前，文棨曾受中国版协的委托，就编辑工作各项重要业务问题，编写一部可供教学用的教材。经过三年多的辛苦工作，由他主编的《编辑工作基础教程》出版了。这本书总结了新中国近半个世纪的社会主义编辑出版工作经验，是在编辑出版理论研究取得初步成果的背景下完成的。作者都是富有经验的老编辑，内容兼顾文理编辑，而文棨先生在该书体例安排、标题设置、内容剪裁等方面做了尤富特色的策划、安排，使该书成为一部通体均衡的编辑基础教程。文棨为此书写了一篇详细的编后记，讲到全书的设计、组稿、体例、编排等问题，还情不自禁地抒发自己的内心独白：

> 有事业心和工作责任心的编辑同志们，都会有这样的心理历程：下班了，书稿已妥放在橱柜里，回家用晚饭后，原稿中存留的问题依然在脑海里反复盘旋着。初接触编辑工作的同志，一旦进入角色，就会觉得诸多重复的提醒绝不是多余的了。（《编辑工作基础教程》第 381 页）。

言真意切，语重心长。编辑工作是艰苦的脑力劳动，为了提高书刊质量，编辑多么需要"重复的提醒"呵！此刻我的脑海里不禁浮现文葆在编辑《胡愈之文集》时的那些日日夜夜，他像舞台上的演员，完全沉浸在自己的角色里，夜以继日地工作。为搜集材料而四处奔波，为分辑、加注而反复思考。正如他在书末的《说明与致谢》中说的：

> 选编一部文集，首先要了解作者思想发展的历程，必须搜求撰著译作成果，占有大量丰富材料，反复进行思考抉择，同时还须与学侣切磋研讨，并非适用数学中基本运算之一的数的加法所可济事的。这必须磋商释疑，解难补阙，回环求索，因而师友们的一切关怀帮助，出版单位的热忱关照，都是不能忘却的。（《胡愈之文集》第 579 页）

我记得文葆多次讲到：编辑一本专题文集，需要很用心的对待，也最容易看出编者的工作态度和水平。值得提到的是，文葆特别重视一本书的序跋文字和出版说明，他谈过：

　　序言跋语，出版说明，都是书籍一个重要的组成部分。我国古代作家在著作写成时，总要写一篇自序，置于书后。《吕氏春秋》的《序意》，放在《十二纪》之末，《八览》、《六论》之前，与司马迁所见的古本次序有所不同。司马迁《史记》、班固《汉书》以及东汉后期王符《潜夫论》的《叙录》等，都放在书末，详绎各篇主旨，以示读者。鲁迅的文集，都写前记、序言，或称题记；后记或称附记，其中都有精义，或有文献价值。他人所作序言，亦具评价意义，有助于读者认识该书。不过，此类序记，标榜攻讦，惹事生非，言过其实，审读中务必考察其分寸与风度。（《编辑工作二十讲》第75页）

　　我们从文葆亲自写作的序跋文字中，不难看出重视图书的序跋和出版说明是他编辑思想的组成部分。

三

　　文葆先生重新回到人民出版社的编辑岗位以后，除了完成繁重的审读、编书任务以外，还多次参加编辑出版的国际学术研讨，发表了精彩独到的演讲，促进了中外出版的交流与合作。

　　我国改革开放初期，人民出版社倡议，创办一个宣传、介绍人物的专业杂志。1980年1月《人物》杂志发刊，这是新时期较早的人物传记期刊，在国内外读者中产生强烈的反响。

　　1988年4月底，文葆受《人物》杂志的指派，出席了在美国夏威夷举行的"东西方传记讨论会"。参加会议的有中国、日本、

印度、印度尼西亚、美国、加拿大、朝鲜、联邦德国、菲律宾等
国代表。文葆以《最近十年来的中国人物传记》为题作了发言，
着重介绍了我国人物传记的编辑出版情况，提出"不少传记质量
不高的主要原因，在于钻研史料浅尝辄止，写作基本功不过硬，
'左'的流毒和影响未肃清"。文葆以友好热诚的态度，充满信心
地展望：

> 我们的国家正处在改革与开放的新时期。在澎湃的改革
> 潮流中，人的才智和活力将会得到尽情的发挥，文学艺术也
> 将获得相应的发展，可以预期英才辈出，人物涌起，为传记
> 创作的兴旺和丰产准备了有利条件。

> 我们《人物》杂志非常高兴与美国及到会的各地朋友们

戴文葆在日本访问时留影

交往和谈心，使我们获得研究和借鉴的机会，对于促进我国的人物传记创作是十分有益的。我们乐意保持和发展这种学术联系。（发言的英文本收入《东西方传记》一书）

这篇发言给与会代表留下深刻的印象。1988 年 12 月，"在太平洋时代促进东亚各国的协作"国际讨论会在日本东京举行，会议邀请中国、朝鲜和日本的教授们参加。文葆作为中国代表在日本问题分组会上作了题为《近代世界史上日本的东亚政策及其未来》的发言。

时间过去不到一年，1989 年 10 月，文葆再次应邀赴日本东京出席"出版科学国际论坛"第四届年会。这时日本出版学会跟我国编辑出版界开始有所交往。也就在这次会议期间，文葆结识了时任韩国出版学会会长的安春根教授与韩国出版界及大学出版、新闻学科的先生们。安春根还将其著作《杂志出版论》一书赠送给文葆先生。十分遗憾的是，《杂志出版论》由朝文翻译家张明惠女士译成中文在 1993 年 4 月出版时，作者安春根先生已经在两个月前不幸逝世了。他为该书译本写下的《致中国读者》，竟成为他的绝笔！这是促使中韩出版界友好联系的直接端绪。

最近几年，中韩两国出版界的文化交流合作、图书版权贸易及出版理论研讨更加频繁。由文葆参与编辑、写序的韩国著名出版家尹炯斗的日记《一位韩国出版家的中国之旅》中文本出版后，荣获亚太出版商联盟颁发的"2007 年度亚太图书奖"金奖。著者通过这本书见证了中韩两国出版的交流与合作。

四

文葆先生是博学多才的编辑家，也是勤奋严谨的著作家。早在 20 世纪 40 年代，他的第一本短论文集《中国走在前面》，是由巴金先生亲自责编的。他说，我的这些短篇文字，有劳巴金先生认真校阅、检查清样，至今想来十分不安。他的谦逊与自省可见一斑。在我的藏书中，有文葆相赠的书评集《新颖的课题》（1986 年）、论文集《寻觅与审视》（1990 年）、《板桥杂记》和《射水纪闻》（2005 年）。特别是《射水纪闻》一书，充满文葆对故乡的深深眷恋，是他在特殊年代里写出的历史研究著作。

1922 年文葆出生于江苏阜宁一个知书识礼的大家庭里，自幼天资聪颖，敬老爱幼，好学上进，做事认真，得到全家的钟爱和族里长辈们的青睐。他热爱家乡，对乡贤怀有仰慕之情。这种感情即使几十年以后，仍然会时时流露出来。有时他与朋友闲谈，偶尔会半开玩笑地用上海话说："阿拉是江北人。"

在文葆的著作里，会找到他回忆故乡的文字：

我在少年时代，在黄海之滨一个冷僻的县城里，刚读完高一的时候，便开始接触了编辑工作。这完全是很意外很意外的遭遇。我哪里能想到，这次偶然的接触，竟然决定了我大半生的"天路历程"，使我饱尝了"知识之树"上的苦涩的果子……邻居是一家承印民办小报的印刷所，有一部脚踏的四开机，按二十四盘序列上架的排字房。这个商报的主持人出身于本地诗书之家，不事生产，以书法清丽得名于桑梓。

他的报社只有两个工作人员。……原有的一位内勤编辑，不久前随着上海来的抗战演剧队北去淮海了。报社的社长和印刷所主人是我的父执，他们要我去暂时顶替那编辑的空缺。我居然做起编辑来了。

他还对那时的一段编辑生涯有清晰而深情的记述。其实，文葆那时才 15 岁，无意中竟和编辑这种行业结缘了。

"文革"期间，文葆身处逆境，被迫回到老家，乡人识与不识都对他同情与善待，暗中给予照顾；直到晚年文葆离休以后，

戴文葆与吴道弘在哈尔滨萧红纪念馆

还经常收到家乡的年轻人的信件，问暖嘘寒，或是请教各种问题。那时，文葆白天劳动以后，追忆往昔，思前想后，内心的活动是十分活跃的。他说："窃思流离颠沛，志士仁人视为进德修业之良机，砺志发愤之正时，只须忘我忘家，切忌患得患失。"（《射水纪闻·自序》）在这种达观的精神和顽强意志支配下，他用文言体写出了三十多万字的乡邦文献历史研究著作——《射水纪闻》，实践了"博学于文，行己有耻"和"愿为国自爱，为吾桑梓自律"的诺言。

正如《射水纪闻》自序中说的：

> 洒扫之余，则以积习未除，闭户伏案，饰章句，采乡谈于毫端，编旧闻于楮墨。所记多属乡邦逸事、间史里乘；前人故事、地方利病，皆为昔日所见所闻，或前辈学长谭告。爰就人之所忽者聊记二三，以显微阐幽，纠缪正讹，不致贤者泯没，风流歇绝。或忆往日所读典籍，择其涉及吾江淮间旧事者，综合而述之，以印证予历年之闻见。所记虽微末之事，亦必细察而考之，必欲得其情实，始援笔书之，或可为郡邑志乘之助也。（《射水纪闻》第 2 页）

曲家源先生在《射水纪闻后叙》中是这样评价的：

> 读《射水绝闻》给人印象最深的，是作者把敬乡怀旧之心具体化为对家乡历史文物的珍重。爱国的感情，首先就表现为爱家乡的感情，爱家乡的一草一木，爱家乡的父老兄弟姐妹们和他们的创造。《纪闻》不仅追寻纪录了众多历史人物的业绩，而且寻访抄录了若干已经散失难觅的家乡文献，

如，《虾沟里乘》、《野叟联语》、《湖乡文献序跋》等，这些都是了解地方历史，编写地方志难得的第一手资料。对研究中国近代史也有重要参考价值。这些都是依手稿抄写或据口传记录的，很能看出作者对家乡的拳拳之心。……要而言之，《射水纪闻》是一部恭记家乡人事的敬乡怀旧之作，一部存实证史之作，是一个正直知识分子在困境中不甘沉沦的发奋之作。（《射水纪闻》第358—360页）

2006年3月，国家图书馆为收藏《射水纪闻》而颁发给作者戴文葆的荣誉证书上写着：

　　您的赠品丰富了国家图书馆的馆藏，为读者提供了新的知识信息。特发此证，以资谢旌。

这既反映了《射水纪闻》的出版意义和价值，也从一个侧面展现了文葆先生的精神魅力。

（作者为人民出版社原副总编辑）

忆戴文葆先生二三事

林言椒

戴文葆先生于 2008 年 9 月 7 日在北京 305 医院仙逝，10 天后我才知道信息，这还是一个偶然的机会，张明礼在我家中叙谈时言及的。人民出版社没有通知过我，三联书店也没有告诉过我，一直没有及时赶到医院参加遗体告别，见戴先生最后一面，这是终生遗憾的事。

文葆先生年长我一轮，并是复旦前后同学，不过，一在重庆，一在上海江湾，也算得上是我学兄，抑或学长吧。参加工作后，在人民出版社、三联书店共事过 20 年，成为亦师亦友的知己，50 年代我尚称之为戴老师或同志，到了 80 年代后便改口称之为戴公了。

上世纪 50 年代初我大学毕业，分配到人民出版社任校对，这时戴公刚 30 出头，在人民出版社任三联编辑室主任，评为五级编辑，这在当时一百多位编辑中，真可谓凤毛麟角，算下来，也只有中史室的大牌编辑朱南铣先生可与之伯仲，我等小辈，也只能是望其项背而已。特别是在出版界、新闻界戴公早已是颇具影响力的知名人士了。

50 年代，也就是我刚进社之初，为响应党提出的年轻人向科学进军走又红又专道路的号召，校对科一些年轻人自发组织了学习小组，好像是朱凡或吕涛牵头，在业余时间请一些学有成就、业务优秀的编辑讲课，以提高学识、开阔眼界。记得请朱南铣先生讲过"如何查考文献"，陈逸园先生讲过"中国史"，戴文葆先生讲的则是"国际问题"。当时人民出版社有很多一流教授级的国际问题研究专家，如张明养、冯宾符、梁纯夫等先生，但我们年轻人却请了戴文葆先生，也许是大家觉得戴年轻，更能了解青年的思想。戴公果然不负重望，不用讲稿，有资料、有分析、生动活泼、滔滔不绝地讲了两个多小时。如今已时隔五十多年，当初还年轻的我们也都到了古稀之年，早已是白发苍苍，对戴公所讲内容已经全然忘记，但他在讲台上口若悬河、娓娓动听的音容笑貌、挺拔潇洒的肢体形象却如昨天刚刚经历过的一样，历历在目，令人久久难以忘怀。

60 年代初，社领导提出编辑要搞点专业研究，以文会友，我与青谷合作了一本《袁世凯》，初稿拿出来时，我们自认为还很不成熟，心里期盼着能有高人予以指点。凭着过去在听课时留下的良好印象，猛然间我想到了戴文葆先生。可这时戴公由于受到不公正对待，在天津劳改农场，因患病刚由范用同志接回北京休养，没有上班。记得那是 1962 年夏天的一个晚上，我到东四四条戴公家中，印象中他好像是住在一个大四合院的偏房中，仅有一间不大的屋子，这里既是卧室，又是客厅、餐厅，戴公当时正与一位中学生模样的孩子（应该是他的儿子杨进）一起喝玉米粥，我忽然觉得，先生当年意气风发、孤傲自负的大家风范已是荡然无存，写在他脸上的只有疲惫和沧桑、谦诚和虚弱，我心里不由得泛起许多同情和敬重。说明来意后，戴公欣然地接受了我的请求。一星期后，我便接到了他约我谈稿件的意见的邀请。见面后，当然首先听到的是肯定和表扬，最后戴公还是明了地指出了文稿最大的不足之处，就是画龙未曾点睛。戴公诚恳地指出，任何文章不仅要叙述清楚、条理分明、文字通顺，更重要的是在关键处一定要有分析，要展开，要讲透，要能给读者以启发，这对我后来的审稿、编书过程中，一直获益匪浅，受用不尽。

这之后，再次与戴公见面已是"文革"以后了。70 年代末，我根据当时史学界的需要，策划编辑了《中国历史学年鉴》。我知道戴公曾参加过《世界知识年鉴》的设计和定稿，故再次特意登门求教。这时戴公受文物出版社之聘刚回京不久。这次见面依稀记得是在故宫武英殿附近的一间小平房内找到他，久别重逢，感慨万千，坐在那里开始了长时间的交谈。至于他对《年鉴》的编辑设想提了什么意见，我早已是记不清了，但他向我讲述的"文革"坎坷遭遇，却让我记忆犹新。他说："文革"开始不久，便离京到一家小厂打工，先干杂工和清洁工，后经厂方信任，提拔为推销员、采购员，经常外出去推销产品，洽购材料。四处奔波，虽然有些辛苦，但是没有受皮肉之痛和被人歧视为另类那已是万幸，而且还顺便观览了祖国壮丽河山，比照一些同辈人被关进牛棚，劳动改造，受批判、挨打骂，受到人格侮辱要强得多。这可值得算得上是因祸得福啊！

90 年代，我从人民社调到三联书店，这时戴公也在三联，好像是担任编委会委员，不上班，没有具体任务，类似顾问的性质吧。当时三联书店从人民社刚分出不久，以出版西方先进的学术文化译著为主，我则想策划一些传统文化的著作，以其占三联一席之地。因而又到西总布胡同戴公寓所做过一次长谈。一个月后，戴公交给我一份 30 多页的稿纸约 1 万字的文稿，这是一篇 1949 年前商务、中华、开明等社出版的国学著作、国学丛书的调

戴文葆 2002 年访问咸宁"五七"干校时顺考通山县九宫山李自成之墓留影

查报告，很详尽。有材料、有分析、有建议，好像沈昌文、董秀玉都传阅过，限于当时资金短缺，无力投入，这个方案不了了之。这份报告一直留在我手边，戴公去世后，我想找出这份材料或物归原主交给杨进，或交给有兴趣于此的单位，但几经翻找，就是不见踪迹，不知被我一时糊涂塞到哪个纸堆里去了，令我一直感到非常遗憾。

1995 年戴公离休后，编辑、写作、讲学始终不辍，成为了一个比离休前更忙的大忙人，但他居然对湖北咸宁向阳湖文化部五

戴文葆"文革"时的留影

七干校情有独钟。2002 年以 80 高龄仍与庄浦明、吴道弘等人民出版社老"五七战士"结伴返校，重睹当年人民出版社 200 多名干部锻炼的"炼人之狱"——汀泗桥凤凰山下的文化部"五七干校"十三连旧址。回京后，竟写出了《怅望向阳湖》思考文章。从学术上说，这可以算得上是一篇硕士或博士论文题目了，从内容上说，应属于历史地理的范畴，是一个考据学的偏题。戴公专业不在此，竟也做出了一篇言之有理、述之有据的学术论文。文中引经据典，分析透彻，从云梦泽—斧头湖—西凉湖（西良湖）——向阳湖，洋洋数千言，条分缕析，得出令人信服的结论。为此他读了顾祖禹的《读史方舆纪要》，谭其骧、刘炳森、刘岚山的有关著作，走访了庄浦明、党力文等，翻阅了多种地图，可谓功力匪浅，是非一般人所能够做到的。

戴公已逝，但他对出版事业的卓越贡献，编辑工作的精益求精的态度，早已深深印在我们的心里，戴公精神永垂！

2008 年 10 月 22 日于北京望京寓中

（作者为三联书店原副总编辑）

和戴文葆同志一起重返咸宁"五七"干校

庄浦明

　　我认识戴文葆同志在"文革"之后，他从原籍江苏阜宁回来，住在北京朝内大街 166 号人民出版社三楼办公室，由于同是江苏人，虽然一南一北，但由于抗日战争后期我在皖南屯溪江苏省立临时中学读过高中，同班同学中有阜宁籍同学，对于他家乡的情况并不陌生。戴兄和我又"同是天涯沦落人"，头上戴过"紧箍咒"，当过"反面教员"，见面后很快就熟悉了。

　　其实，我早就听到过两位复旦学长，即邓蜀生同志和程宜同志，窃窃私谈过"范用义救老戴"的故事。戴、邓、程都是同年生人，同在重庆学习和工作过，而我比他们小 5 岁，抗战中期在皖南黟县读过复旦附中（初中）。这个学校系贴牌"山寨版"，它是复旦校友所办，为了招收沦陷区来的公费生，经重庆校方同意核准。每星期一都在大礼堂举行纪念周集会，校务主任谢小鲁先生先领着大家唱"三民主义，吾党所宗……"，然后再领大家再

左李城外，中庄浦明，右戴文葆

唱校歌"复旦复旦旦复旦，巍巍学府文章焕……"。总之，我与复旦人还多少有点儿血缘关系。

老戴的人生经历可歌可泣，如果写成文艺作品，一定会很动人的。"四人帮"被粉碎以后，拨乱反正，九九归一，老戴苦尽甜来，终于成为一代名编辑，荣获全国第一届编辑出版最高荣誉韬奋奖。他受之无愧，凡做人做事，编书写作，可以说都是一流的。总之，永远是我崇拜的偶象。他曾经说过：

我是一个编辑。

编辑是一种很严酷的职业，需要经过艰苦的学习和培养。这种繁重的脑力劳动很辛苦，对于有志之士，乐亦在其中。我们既然选择了这个职业，就应该像马克思在《政治经济学批判》的序言中引用但丁的诗句所说"这是必须杜绝一切犹豫，这里一切怯懦都无济于事。"（转引自杨进：《我是一个编辑——戴文葆的编辑生活》。载人民出版社《往事真情》第 187—210 页，2011 年版）

他是这样说的，也是这样做的。作为老编辑，有些人只编不作，自己从不写书，而老戴呢？上下古今，知识面宽，再加上认真细微的作风，既能审读书稿，又能写书，是货真价实的双料货。他拿出来的作品不多，送给我的《射水纪闻》是"文革"中回乡后，一个人在凄孤的灯光下所写，是泪水的结晶，既像是司马迁写《史记》时的真实记录，而又有新的研究成果。许多文化人去过湖北咸宁文化部"五七"干校，但并没有人像他那样认真地论证过向阳湖就是先秦的云梦泽。他作了详尽的考察。对历史地理学作出了新的贡献。《射水纪闻》是由河北教育出版社 2005 年出版的。该社独具慧眼，在本书封底刊出了实事求是的《内容简介》：

> 本书以翔实的历史资料，深度叙述了射阳河（今江苏阜宁，首见于司马迁《史记》的射阳河）古今的地理变迁、历史人物、文物古迹以及家乡风俗等。虽为盐阜一代人和事，但作者将其置于宏观的大范围来考察，就使之具有了特殊意义。作者的学力在这里得到了充分发挥。他叙述了盐阜人民自古迄今的生产创业、拼搏奋斗、人事沉浮。旁征博引，依经据典，泛采诗词。作者把敬乡怀旧之心具体化为对家乡历史地理的珍重。不仅追寻了众多历史人物的业绩，而且寻访抄录了若干已经散失难觅的乡土文献，对研究中国近代史具有重要的参考价值。

还有一点让我钦佩得五体投地。他作为编辑，基本功非常扎实，只要他拿出示人的文字，一定是一笔一画，清清楚楚，可与季羡林、钱学森等名家的原稿媲美，让看稿的人得到一种享受。我从 21 岁进入新闻出版业，由于写字歪歪扭扭，经常受到长者的批评，但"江山易改，本性难移"，进入耄耋之年后，提笔手抖，更是每况愈下了。

老戴在《射水纪闻》一书中，收入《怅望向阳湖》一文（原载《向阳情结》（下）李城外编，人民文学出版社出版），纠正了我原来以为他是被遣返回乡的错觉。他在文中叙述了"文革"初期的情况，还是引其原文为好：

> 说起向阳湖，我的思绪颇为迷茫，不免带着羞愧与怅惘。……原来我只是在两个单位做工的"员外郎"（所谓两个单位，是指在人民出版社和中华书局；"员外郎"是指编制之外的临时工，当时正奉命参加编辑蒋介石、赫鲁晓夫二人的言论集，以助亚、非、拉人民认清敌人面目及其反革命两手策略，云云。）连在泥潭中服苦役和被批判的合法程序资格也不具备啊！
>
> ……甲辰、乙巳（1964—1965）年间，并不平静……我辈埋头编书，按钦定方针办。不过，耳边已屡闻高处不胜寒……三年人为灾害过去不久，人们才吃上两年饱饭，冰冷而锋利的目光，又首先落在书报、小说、演艺上找岔子了，看来又要有什么大动作了吧，只是莫名其奥妙罢了。
>
> ……那时我想起顾炎武《日知录》中总结历朝动乱自保的一条："小乱居城，大乱居乡。"……天街已不是我辈立足

之地，及早离去为妙……我终于获准辞别帝京，离家南下……

　　我到了大运河东侧一家小厂当杂工，先干清洁工，打扫两个厕所，收拾下脚料和破损的工具等，不久就进了保管室，坐班当保管员的下手。后来跟厂长出差销货，以后便经常外出商订合同，推销产品，洽购材料，成为采购员了。……（《射水纪闻》366—370页）

老戴在"文革"中没有去过咸宁"五七"干校，为什么他对向阳湖那么关切呢？而且还投入很大力量来考证向阳湖的历史呢？为什么我们重返干校探访时，他也报名参加呢？我终于在《射水纪闻》中找到了答案：

　　整个"文革"期间，离京南下，我厉行自我封闭，划清界限，就像杜甫晚年漂泊湖南，《登岳阳楼》诗所说，"亲朋无一字"。至于向阳湖嘛，我的小女儿跟她母亲虽去咸宁，先在城内读小学，后到四顾茫茫荒野的"五七"战士子弟学校读了半年书，可是在四届人大前便回京了。他们到1974年还说不清当时自己所在的地理位置。（《射水纪闻》第371页）

随着老戴研究考证向阳湖的前世今生，他和我的友谊也与日俱增，经常找我聊天，海阔天空，但万变不离其宗，总是离不开向阳湖、咸宁、李城外……他在《射水纪闻》中也有记载：

　　在"文革"中开始出名的"向阳"之湖，论威名远远不如索尔仁尼琴笔下所写的古拉格群岛，但仍值得去追寻一番。

于是我向《新华文摘》前主编庄浦明请教。他是关心研究周围环境的人，他立即回答道：向阳湖原来是西凉湖。（《射水纪闻》372—376 页）

他正找对了人，我是十三连，也可能是全校数千人唯一由西凉湖坐小船到过汀泗桥的人。我由于从甘棠去专家湾买鱼，渔业队队长刘新芳带我去湖上购鱼，并由他代雇小船沿湖汊在浅水中前进，有时船家还要下水推一下。公路通汽车后，水路早已废弃，很少有船只通行了。

此后，他又找了制图专家党力文小姐，读了顾祖禹的《读史方舆纪要》有关条词，以及五七战士刘岚山、刘炳森、萧乾、张光年、许觉民，张惠卿、王仿子、王士菁、李琦……等多人关于向阳湖的回忆文字，还有当地向阳湖文化研究会会长李城外所编、所写的文字。

他终于找到了向阳湖，在兴奋与惆怅的交织中写道：

西凉湖水与斧头湖水本来相通，连成一片，这样我寻寻觅觅，终于根据诸家所云，古今一致，摸到了向阳湖边了。至于"文革"中命名为向阳湖，确实大有讲究。……忠君之诚，就像葵花的向太阳一般，因而干校在此命名，也就含有敬忠、效忠、献忠之诚的深意。（《射水纪闻》第 372—376 页）

2002 年 10 月 21 日，我和戴文葆、吴道弘、金敏之、蒋曙晨、张慎趋、李忠海等 7 人重返向阳湖、汀泗桥，去探访"五七"干校旧址。这次老戴真正是"员外郎"，因为就他一人没有去过文化部咸宁"五七"干校的，但他与研究向阳湖文化而出名的李城外最熟悉，书信来往作文字之交，已结下很深的交情，我们重访向阳湖，一路上都是与他同行的。我们住在咸宁地委所在地温泉镇"桂园"，先到咸安区（即咸宁旧城）"咸高"，这里已成为咸宁师范学院，是当地唯一的高等学府。十三连到咸宁之后，主要任务是开山烧石灰，由于尚未完成选址工作，只好先在当时已停课闹革命的"咸高"临时住宿。在"文革"中，此校就被文化部"五七"干校占用，十三连开赴驻地汀泗桥凤凰山之后，它就被改成校部人与物的"中转站"，后又办了所谓吸收干部子女的共产主义学校，一直到干校结束后才物归原主。

　　我们7人由李城外同志全程陪同，告别"咸高"后先到向阳湖农场，参观向阳湖文化展，然后去五七桥、红旗桥。在奶牛场

从左到右：戴文葆，张慎趋，吴道弘，蒋曙晨，金敏之

吃午餐，老戴和道弘同志还分别题词："浩劫十年铭记勿忘"、"艰苦劳动岁月 寻找向阳文化"。下午去汀泗桥，然后到凤凰山，看长满青草的石灰窑旧址，当年"五七"战士盖的红砖房、朱南铣同志殉难的水塘……然后去徐家湾。道弘同志也圆了自己的梦，当时他和夫人朱虹、儿子吴宁、吴冈全家都在这里住过，朱虹已去天国，两个儿子都在国外，学有所成。道弘同志见到了当年的房东大娘，她做梦也没有想到千里之外竟有故人前来探望，不胜欣喜。此后，我们就去彭碑、古田、花纹……在暮色苍茫之中在回程的路边，古田大队党支部书记不知从什么渠道得讯后正在路边等待呢，为的就是要见我们一面，送上乡亲们的慰问之意。

第二天，我们还去了九宫山麓的闯王陵——李自成墓，7 人中只有我是旧地重游，因为在十三连时曾随干校卡车队去通山煤矿拉过煤，闯王陵正好挨着煤矿。当年，从温泉出发，要翻过大岭、小岭两座大山，汽车走盘山路要用一整天，沿路人烟稀少。现在坐面包车，沿着新修的公路顺河谷前进，几个小时就到了。沿途所见已不是破茅房，而是依山而筑的农家红砖房，村景十分美丽动人。我拍的照片后来曾在《世纪行》（湖北政协所办刊物）作为封底发表。

为了减少当地的麻烦，尽量缩短行程，在温泉只待了两天。到武汉后，又承省、市新闻出版局热情接待，戴、吴二位还参加了编辑行业组织的活动，其他人参观了重修的黄鹤楼和武昌首义纪念馆。这时已结束"一桥飞架南北"的时代，因为武汉长江大桥已不是一座，二桥、三桥早就并驾齐驱了，武汉今后可能还会有更多的长江大桥。

这次重回咸宁文化部"五七"干校之行的感想，我们在返程的火车上，七嘴八舌说不完，恕我在此冒昧归纳为以下几点：

历史的车轮滚滚向前

温故而知新

忘记过去意味着背版

我们的明天会更美好

7人之中，只有老戴已去天国，其他人都还在，有啥意见可以给我打电话。现在我正想请航天员捎个信，问一问戴兄：您同意吗？

2012 年 7 月

（作者为人民出版社原副社长）

戴公的爱心和温暖

樊希安

我国著名编辑家、出版家、著作家戴文葆先生去世了，我心里很悲痛。

我是在戴公辞世的第二天早上得到这一消息的。当时我才上班，刚坐到办公桌前，接到这条短信，心里很茫然，呆呆地坐了半天。我就是这样，遇到这种事情，就这样呆呆地坐着。我的父母去世时，我也这样，呆呆地，人麻木了，似乎不知道悲痛和哭泣。过了两天，当我从麻木中苏醒，确认最疼我的那个人去了，才痛定思痛，悲从中来。现在当我确认戴公这个出版界最关心我的老者去了，我们再不能面对面地谈话交流，我的悲伤便从心底涌了上来。大约在 20 天前，我到他住的解放军三零五医院去看他。天正下着雨，天气凉爽，保姆说这是戴公几天来最清醒的一天，他认出了我。我们已不能进行交流，但在输液中的他依然顽强地表达爱心，一遍遍让儿子留我吃饭。握别时我感到他的手仍很有力，估计他近期不会有危险，没想到这竟是最后的握别，最后一次感受戴公的爱心和温暖。

　　我有幸认识戴公并结缘，是在 1992 年的秋天。新闻出版署在桂林举办第一期出版社编辑室主任培训班，业界号称"黄浦一期"，署里非常重视，交广西局承办，地点在桂林的七星岩风景区，更是配备了超强的师资力量。我是班里的一名学员，记得的同学有现贵州出版集团副总唐流德、辽宁教育出版社总编马芳等，戴文葆先生、吴道弘先生是我们的老师。我真的很荣幸，不仅聆听了两位先生的授课，而且作为学员的唯一代表，和广西人民社李志鹏社长夏永翔总编陪同两位先生到广西的北海、钦州、防城考察，还坐船越过北仑河到越南的芒街和北部湾参观。当时中越关系刚刚解冻，河两岸山上的地雷正在排除，越南境内的道路颠簸难行，北部湾一片竹寨在搞色情开发，这些都给我留下了很深印象。在几天愉快的旅行中，我和两位先生同吃同住密切接触，感到他们不仅课讲得好，引人入胜，而且极其平易近人，关心人，特别是关心年轻后生。戴公年近古稀，虽历经磨难（在"反右"、"文革"期间受到冲击和不公正待遇，1979 年予以平反改正），但依然性格开朗，思维活跃，谈锋犀利，对新事物极感兴趣，喜欢和年轻人交谈。我欣赏戴老的睿智，喜欢他的性格，愿意向他请教与交流。戴公知道我办过报、办过刊，现在做政治编辑室主任，喜爱编辑工作，也愿意向我赐教。几天下来，当我们在南宁明园宾馆作别时，已经是依依惜别，成了无话不谈的忘年交了。当时我以为是性格相投，又有办报办刊的相似经历，他才愿意帮助我指点我。后来知道，他对年轻人倾心帮助，从来如此。他去世后，"生平"有一段评价：

戴文葆同志热情地、不厌其烦的扶持青年编辑同志，为帮助他们提高编辑工作能力，他言传身教，多次在各地、各类编辑专业学习班授课。

戴公热心帮助过许多年轻编辑，我只是其中之一个。只是我那时已不怎么年轻，以后也没有成才。樗栎之材不堪造就，我是愧对戴公的。

自从结交之后，戴公对我的帮助和指教就没有停止过。我在外地工作时，我们大多通过书信交流。虽然我的岗位几经变化，但我们的联系一直保持着。我遇到问题向他请教，他总是耐心地给以回答，不顾年事已高，写工工整整的长信。我将我责编的图书和我写的书寄给他时，他都认真地读过，并直率地提出意见。

戴文葆在家中书房

他对我著的《总编辑手记》尤其给以关注，认为这是有意义的总结和开拓，同时也诚恳地指出存在的不足，并具体地告诉我应从哪几个方面去努力。戴公出生于江苏阜宁一个知书识礼的大家庭，自幼天资聪慧，好学上进，打下很深的国学基础，他对我的诗歌创作也提过很好的指导性意见，使我受益匪浅。2005年8月，我调到北京，在等待分配工作期间，去拜访戴公，我们整整聊了一个上午。他耐心地听了我的想法和打算，告诫我到新单位应注意哪些问题，在北京的出版界如何立足，还问房子怎麽解决，爱人孩子是否随迁，工作、学习是否妥善安排，使我这个初到异地举目无亲的人备感温暖。分别时，年届八旬的他，执手将我送下楼，送出小区，送到北二环北的护城河边，反复叮咛，迟迟不肯离去。他离去时，我看着他的背影，想起了我已去世的父亲。我父亲去世后，戴公是使我又一次得享父爱温暖的人。行笔至此，我禁不住潸然泪下。

到北京这几年，由于见面方便，当面聆听戴公教诲的机会多了，我常去拜访他。戴公既是编辑家，又是出版家、著作家，编辑、演讲、著述俱精，学富五车，见多识广，是我国新闻界出版界的活字典，听他谈话真是一种享受。既听到了经验，又增长了见识，还丰富了情感。一次闲聊到我国著名报人王芸生的奇闻轶事。戴公说，刚解放时，公家给王芸五定的月收入是八石小米，王说什麽也不要，问为什麽，王就是不吱声。最后逼急了，王才说：给我八石米，我不就成了王八石（蛋）了麽！这只是一个插趣，戴公知道的确实很多很多。戴公的去世，仅仅从我国新闻出版资料的收集来说，就是一个重大的损失。因此，诚如"悼词"上对其最后的评价所言：

> 戴文葆同志的逝世，既是其家人和朋友的损失，更是党和国家出版事业的重大损失。

戴公去世了，我心里很悲痛。为我自己，也为我们党和国家的出版事业。

（作者为三联书店总经理）

最后的贺卡

汪家明

我一直叫他戴先生。与在座的同志相比，我认识戴先生是比较晚的。那是十多年前，我还在山东画报出版社工作，在济南趵突泉公园门外的一家小餐馆里，几位山东文化人欢迎戴先生的聚会上。后来就与他通信了。他写信比我长，比我勤，关心我们出的书，也关心许多社会现象。从一开始，就体会到，与这位出版界前辈交往，不必怕打搅他。他其实比我更主动。他的这种主动，现在想来，备觉感动。

戴文葆在家中

那时我并不知道戴先生与三联书店的因缘，直到我进了三联，才知道，戴先生50年代曾在人民出版社担任三联书店编辑部副主任（主任是陈原），90年代，又一次在三联书店工作。三联人一直把他视为本店的前辈，亲热地称他为"戴公"。我知道，上世纪八九十年代，被如此称呼的，只有范公和戴公。我深知，我没资格这样称呼他，我一直称他为先生。

戴先生与我谈得最多的，是他经手的一本本一套套书的编辑和出版的过程，其中有许多艰辛、曲折和别人体会不到的意义。他一生编辑的文字已无法计算。我曾向他建议，把这些书的历史写下来，辑为一本书，由我做责任编辑，在三联书店出版。他高兴的答应了，却迟迟未动笔。总有许多出版社请他看稿子，而他几乎从不拒绝。我相信，这本书如果写出来，一定极为精彩，极有意义，极具史料价值。可惜这些故事被他老人家带走了。

作为一个编辑，我认为戴先生与我们现在理解的编辑大不一样——他做了大量带有作者性质的编辑工作，比如《六十年中国与日本》第八册、《宋庆龄文集》等等，都不是一般稿件的编发，而是大量资料的整理、选择、考订、编辑而成。这需要眼光、功力和工夫，需要非常的牺牲精神。所谓"为他人作嫁衣裳"，指的正是戴先生这样的编辑。与他相比，我们自诩为"编辑"显得多么轻率！"编辑"这个名词，在戴先生身上得到准确、丰富的阐释。

戴先生给我的信，大约有几十封，最后一封是今年春节前这张贺卡：

抄李白《将进酒》四句
人生得意须尽欢

> 莫使金樽空对月
>
> 天生我材必有用
>
> 千金散尽还复来
>
> 谢家明兄抄赠鲍照"弄禽雀"回敬
>
> 淮东"恣欢谑,与尔同消万古愁"
>
> 鼠年自嘲云尔

很惭愧,我寄给戴先生的贺年卡题句集自鲍照《拟行路难十八首》:

> 开帷对景弄禽雀,人生几时得为乐。

我实在不理解这位前辈啊。戴先生是有大才能、大抱负的,他从无"弄禽雀"之心。但我敢说,他的才能和抱负并未得到尽情施展。他离开这个世界,一定带着深深的遗憾和不甘。这最后的手迹就是证明。每念至此,我就悲从心中来。

（作者为人民美术出版社社长、党委书记）

老戴，我们想念你！

邵益文

我开始知道戴文葆这个名字是在 1983 年，那时正是"文革"以后，各出版社开始评高级职称，我当时在中国青年出版社工作，具体张罗这方面的事。人民出版社是出版界评高级职称的全国试点，文化部出版局主办的内部杂志《出版工作》又作了报道。为了更好掌握评审标准和具体做法，我和中青社人事处的同志，就去人民出版社"取经"，总编辑张惠卿和其他有关同志接待了我们，并向我们介绍了有关经验和情况。在谈到如何掌握编审这个标准时，他就谈了戴文葆同志，并且说，什么样的人可以评编审，他们就树立了戴老这个标杆，接着谈到了他的知识水平、编辑经历、工作成就，等等。我听了以后，肃然起敬，心里想这个标杆可能太高了。但当时正是评审工作全面推开的初期，上面的精神是从严掌握，后来《出版工作》刊登了戴老的材料，他实际上是我国出版界 1983 年评编审的样板，或者说是"标准"的具体化。这使他在我心目中留下了深刻的印象。

我和戴老真正接触，相知相识，还是在中国出版发行科学研究所草创之时。1984 年初，我奉调到文化部出版局工作，具体是负责筹建中国出版发行科学研究所（1989 年 8 月后改名中国出版科学研究所，即现在的中国新闻出版研究院）。这项工作是根据 1983 年 6 月《中共中央、国务院关于加强出版工作的决定》中的有关精神具体提出的。当时文化部和出版局的领导都很重视，出版局各部门的同志也很关心，局分党组除分工由刘杲副局长主管以外，还特请老领导，当时的顾问王益同志兼任筹备组组长。可是对我来说，从一个出版社转到出版局，不仅到了一个新单位，而且工作性质也不相同，所以不能不多方求教，寻求多方的支援。这样，戴老就自然而然地成了我难得的老师和许多事情的顾问。

1988 年 4 月经新闻出版署批准，成立了研究所学术委员会，戴老是委员会的副主任，是研究所社外力量的重要支柱，也确实为研究所的工作提出过许多好的意见。他曾就当时编辑出版的实际工作和学术研究的情况和趋势，做过认真的分析，提出过很好的建议，如怎样看待商品经济，商品经济条件下编辑出版工作的新动向，以及图书发行工作中的新问题等。同时，戴老还帮助研究所做了许多实际工作，如给编辑培训班讲课，应聘担任南开大学编辑学专业的兼职教授，在条件很差的情况下，每周不止一次地往返于京津之间，还有些工作听来甚至琐碎。

那是 1993 年 8 月，第六届国际出版学研讨会在北京召开，这是在我国首次轮值举办。依照惯例，与会的外国代表们需要去机场迎接。考虑到主要的代表都来自日本和韩国，因戴老和我曾去两国参加过前两届的研讨会，较为熟悉人头和情况，我就把他老人家请出来帮助去接机。戴老二话不说，第二天一早就和我们出发到机场。可是来的太早，加之飞机晚点，大家等了很长时间，而戴老一直都在那里耐心地等待，给大家留下了很深的印象。类似这样的工作，无论大大小小，戴老都做，都一样地上心、认真。这可以说是戴老对研究所成立以来的一种高兴、兴奋的情感流露；但是更多的，还是戴老一生对编辑、出版工作的热忱与执著。对我来说，无论是在研究所还是在编辑学会，与戴老共事时我都能深深地感受到他的热情关怀和大力支持。

作为中国编辑学会的发起人之一，戴老一直没有离开学会，从第一届到临终都是顾问，学会凡是需要他参加的会议，都请他出席，他也积极参与，提出各种建议。1994 年 9 月，我从中国出版科学研究所退下来，从事编辑学会的工作。在学会工作的这段时间，戴老寄送给我的两张贺年片弥足珍贵。其中一张寄于 2000 年元旦。当时，我们编辑队伍当中有的人存在严重的剽窃行为，将作者稿子中的内容、观点据为己有。这一苗头被戴老一针见血地指出，他在贺卡上写道："编辑学会教育我们学会编辑。编辑

队伍越来越发旺，各种人才都有，好得很！队伍庞大，免不了庞杂，我们管不着，不能、不应管，只'统'不'战'。终南山进士钟馗只管打鬼，不能打编辑。"这贺卡的背面，恰是一幅钟馗捉鬼图。戴老就是主张编辑学会要有钟馗，打击这些不道德的东西。后来，我根据戴老的这张明信片，在《新闻出版报》上发表过一篇短文，专门讲编辑的道德问题。

第二张贺卡寄于 2002 年元旦前夕，戴老希望我"多写点针对性文章，为中国编辑学会生辉"。那个时候，编辑学讨论刚刚兴起来，不同观点很多。我当时有一段时间集中整理这些不同观点，工作的重点集中在了学术方面，对当时的现实情况，比方说当前的编辑工作、出版工作到底有什么问题，注意得不够，戴老的提醒，对我有很大的教育意义。平时，戴老也对我十分关心，经常通过书信和我交流工作上的事情，我们之间的深厚情谊随着这些书信往来也愈发醇厚。可惜由于搬迁，这些书信都已流失，现在想来，十分懊悔。

我对戴老渊博的学识和丰富又坎坷的经历早有所闻，与他共事的经历中，有两件事让我对他的知识丰厚、博闻强记印象极深。

第一件事发生在 1991 年，我与戴老去韩国参加国际出版学研讨会。这是我与戴老第二次一起出国（第一次是 1989 年去日本）。当时去韩国需要从香港转机。到韩国后，行李没有随航班一同到达，而我们两人参会发言所需穿着的西装都还在行李里。我除了箱子里的一套，身上还穿着一套，可戴老随身只穿了一件普通茄克，西装在行李里还不知被托运到了哪里。

会议上，韩方安排我首先发言，之后未着正装的戴老从容上台，大家立刻对这位一身便装的老先生增添了几分好奇。戴老首先对大家表示了歉意，说明今天未穿正装，有失礼仪的原因。这对于经常往来于各国参加会议的代表们来说，托运行李发生问题是难免的事情，当然可以理解。戴老随后开始了他关于"中韩文化交流史"的发言。他在台上引经据典，讲到了中韩文化交流中很多不为人所熟知的内容，尤其是朝鲜李朝与我国明、清两朝在商贸、文化等方面交流的史实。戴老引用《朝鲜李朝实录·宣祖实录》，讲述朝鲜联合明朝两次挫败日本丰臣秀吉发动的侵朝战争，说明两国友好源远流长。又以李朝世宗李祹遣使到中国购求《资治通鉴》等典籍一事为引，大谈中韩文化交流史上的传奇，其中很多情况连韩国人，尤其是比较年轻的与会者都不知道，一些历史细节听也没有听说过。戴老以其丰富的学识，震撼了会场，整个发言过程中全场鸦雀无声。韩国人一下子觉得这位老先生了不起，会后一些学者纷纷找到戴老希望进一步交流。

原来，60年代戴老被摘去"右派"帽子之后，"编制"问题始终没有着落，时任中华书局总经理的金灿然派人到人民出版社借调戴老去编书。当时中华书局准备出版《朝鲜李朝实录中的中国史料》，戴老就承担起了整理修订的任务，被安排去核对《朝鲜李朝实录》。

朝鲜的李朝（1392—1910），相当我明、清两朝（1368—1911）。《朝鲜李朝实录》记载了由朝鲜王朝始祖太祖李成桂到哲宗的25代472年（1392—1863）间历史事实的年月日顺编年体汉文记录，加上最后两任君主高宗和纯宗的纪录，总共27代519年。戴老在《吴晗和〈朝鲜李朝实录〉》中曾写道，"日本吞并朝鲜后，汉城帝国大学法文学部于 1929 年筹划影印，主要采用太白山本，小部分系用江华岛本，至 1932 年完成，共印 30 部"。中国只有当时的北平图书馆藏有一部，从 1932 年开始，吴晗为补清修《明史》之缺，每天步行到北平图书馆去抄《朝鲜李朝实录》中有关明清的史料，连续几年，抄书笔记有 80 册之多。他认为，这些丰富的史料中记述了建州女真发展壮大的过程，其中包括朝鲜使臣到明朝和建州地区的工作报告，很具体、很可靠、对研究明朝历史有极大帮助。

在中华书局期间，戴老循着吴晗的足迹，每天到北京图书馆去查补史料和补抄遗漏的文字，使这部书稿得以完善成型。1980 年，十二巨册的《朝鲜李朝实录中的中国史料》最终出版，戴老成为《朝鲜李朝实录中的中国史料》的最后一名责任编辑。在这一过程中，戴老早已对《朝鲜李朝实录》的情况了然于心，对其中中韩关系的史料十分稔熟。因此，他去韩国时就专门讲中韩文化交流方面的内容，可以说无需准备，基于自己过去的了解就已经可以说准备得很充分了。戴老的学问如此丰富，以至于这件事今天想起，我仍记忆犹新。

第二件事是 2001 年 8 月，我们在哈尔滨召开中国编辑学会第六届年会。会议期间，哈尔滨方面安排我们参观索菲亚教堂。索菲亚教堂始建于 1907 年 3 月，原为沙俄东西伯利亚第四步兵师修建中东铁路的随军教堂，全木结构。1932 年 11 月 25 日落成，成为远东地区最大的东正教教堂，以其精美的建筑艺术和丰富的历史文化内涵享誉中外，是很珍贵的文化遗产。在我们去参观前，黑龙江省出版局曾经给有关方面打过招呼，说这次去参观的都是一些知识分子，他们中有的还是高级知识分子，讲解时要注意准确详细。

到达索菲亚教堂以后，对方为我们安排了一位大概四十多岁的资深讲解员。参观中，讲解员为我们进行了专业、详细的讲解，讲解员走在前面讲，大家跟在后面听，戴老呢，走在队伍中又给我们进行补充，补充一些有关的细节情况。补充讲解的声音虽然非常轻，可还是被讲解员听见了。

戴文葆在哈尔滨索菲亚教堂前留影

起先，讲解员以为大家有什么问题，询问过后大家不做声，便继续讲解下去。就这样，大家一路参观下去，有的同志默默地问戴老，戴老就慢慢地补充。待到参观完，那位讲解员已经知道了其中的缘由，就追了上来，非要把戴老留下来请教，我们只好回到车里等着。那位讲解员问了戴老许多问题，我们在车上望着两人交谈甚欢，忽觉有些不对头，原来两人在那里站着聊了半个钟头还多，就去催戴老上车。最后，那位讲解员把戴老的姓名、地址、电话都记下，说今后再遇到什么问题一定要向戴老请教。我当时就想，参观索菲亚教堂戴老事先又没有准备，但是他的补充讲解连这里的资深讲解员都很佩服，戴老可真是知识丰富。戴老参观中的这一"插曲"无疑为我们的索菲亚教堂之行增色不少，后来我请黑龙江教育出版社的编审张希玉同志给我整理了一个关于索菲亚教堂的材料，一直希望有机会把戴老的这件事整理记录下来。

戴老丰富的编辑、审读经历不仅反映在他百科全书般的知识储备上，还表现在他博采众长的学术造诣中。

戴老曾担任《中国大百科全书·新闻出版》卷出版分卷编委会副主任，主笔"编辑"与"编辑学"两个词条。当时，究竟如何定义"编辑"，学界并没有一个较为统一的观点。因此，戴老在编写"编辑"这一词条时将各家的观点都集中起来，再进行分析。正如他自己在"编辑学"条目最后所写道的，"中国正处在改革开放、百废待兴的新时期，编辑学理论处于创建过程中。在编辑出版事业需要革新的情况下，一时尚难出现成熟的编辑学理论体系。也正因为这样，在编辑学的理论建设中，由于人们踊跃提出各种设想和论见，突破框框，已表现出良好势头。将如章学诚所说：'后人之学胜于前人，乃后起之智虑所应尔。'对此，有理由怀抱着诚挚的期望。"

面对不同意见，性格宽厚的戴老从不跟别人争论什么，他常说"哎呀，七十多岁的人了，还跟三十多岁的人去争论什么呀"，即使观点是错误的，戴老也是耐心的劝服。记得是在 1987 年的 9 月中旬，研究所在新疆的乌鲁木齐组织了一次以图书编辑规律为主题的"图书编辑学研讨会"，由边春光同志主持。会上有一位年轻人，写了一篇文章，文中提出了一个新名词，叫"出版謄"，认为研究这个就是研究出版学，还生造了一个"謄"字。当然，大家都不太同意。上午的第一次讨论会上大家都没有就此发言，会下是有议论的。下午的会，戴老就坐在那位年轻人的身边，对他说，不要生造这种名词，这对学术研究是没有益处的。他们两人坐在那里整整谈了两个小时，那位同志最终被说服了，后来他自己也承认创造这种新名词是没有必要的。

然而，就是这么一位受人敬佩的良师益友，却永远地离开了我们。

那是 2008 年 9 月 8 日，我去总署听柳斌杰署长讲我国上半年形势、出版改革和机构"三定"等问题的讲话，结束后，听到有人说起戴老去世的消息，不觉心中一惊。因戴老临终前几年健康状况虽然不佳，还住了院，但走得这么快，实在有些意外。随后我就打电话给刘杲同志，果然得到证实，说是 9 月 7 日 17 时 55 分，戴老的心脏停止了跳动，我们在电话中不断叹惜，认为这是中国出版界的一个大损失……

回想起那年的 8 月 26 日，刘杲同志在电话中告诉我，说戴老病重住院，他去医院探望过，戴老已不认识人，平时是睡时多，醒时少。我得知这一情况后，心情十分沉重，即邀中国出版科学研究所的同志一起去解放军 305 医院探视。次日，研究所买了一个花篮，由沈菊芳等同志和我同行前往。我们进了病房以后，戴老正睡着，只见他骨瘦如柴，又不戴假牙，乍一看，我们已认不出是他了。看护人员把他呼醒，他瞪着两眼看我良久，但没有表情，我握着他的手，呼他问他，也毫无反应。不一会儿，他又睡着了。我们只好向看护人员了解一点情况，知道他还能吃点东西，也能吃药，但昏睡的时间较多。离开医院以后，我们曾议论这种状况也许还能维持一段时间，但要康复出院，就要看医治情况和他的运气了，想不到只过了十多天他就走了。

2007 年底到 2008 年初，为编辑"纪念边春光同志逝世二十周年"的文集，我打电话请戴老写稿，他一口承应。过了几天，他打电话来，说："老了，过去的事都记不清了，材料也找不到，怎么办？"我建议他，把边春光同志逝世时，他写的吊唁文章，做些修改，重新发表，他赞成。我把他当时写的文章《我的唁辞》寄给他，他把文章的标题改为《我的追念》。对内容，戴老也认认真真，逐字逐句地进行了修改。

文章寄回后，我发现戴老的文稿字迹清楚，改得很规范，连一个标点也不放过，显得一位老编辑的严谨，当想到这是在他经常头晕的情况下做的工作，令人深受感动。现在我想，这也许是他亲自动笔修改的最后一篇文章了。

2008 年 3 月初，戴老给我打电话，说他想给刘杲同志打个电

从左到右：邵益文，宋原放，戴文葆

话，但通讯录找不见了，也忘了刘呆同志家里的电话号码，要我告诉他；又说或者由我给刘呆同志打个电话，请刘给他回个电话。我当即把刘呆同志家的电话告诉他。但又想到戴老现在记忆力很差，有时同一句话可以反复说几遍，不如按他的第二种办法，即刻电告刘呆同志，请他给戴老打电话为好。刘呆同志后来说，他给戴老打了电话，但戴老也没说什么事。后来我想，也许时间一过，戴老把原来想说的事忘了。

隔了一天，戴老又来电话，说复旦大学葛兆光教授到他家做客，把一本葛著的新书忘在了他家里，他想寄还给他，但不知具体地址，要我把这件事转告给葛教授。我因不认识葛教授，有些为难，但因戴老所托，而且他又将此当作一件事情来办，我便一口应承，答应按他的要求办。即打电话给复旦大学出版社社长贺圣遂同志，请他转告葛教授，贺社长当即同意。同时，我又把贺社长的地址告诉戴老，请他把书寄给贺社长即可。但我心中认为，此书是葛教授送给戴老的，戴老也许没有听清，也许没有理解，以为是葛教授忘在他家的，所以要寄还给他。但我还是完成了戴老所托。这也是戴老打给我的最后一个电话，要我办的最后一件事。

通过这两件事，我意识到戴老的病情可能越来越重了，心中不禁黯然起来。又回想大概是2008年春天，戴老给我打电话，说"我现在住院啦"。我问他住哪个医院，他说"我不知道，这个医院是很高级的，有山有水，风景很好，但是路很远，我是他们开车把我送来的，我也不知道坐了多久的汽车才到这，好像在西山。"我问在西山什么地方。他说"你也不要问，也不要来。"

后来我得知，戴老那次住院与他临终住院是同一所医院，都是临近景山、北海的解放军 305 医院。历经大风大浪，始终乐观的戴老，面对生死他再次"幽了一默"。就像我和戴老的那次韩国之行，还是在香港机场，当时转去韩国的飞机已经没有了，我们要等到第二天。我心里是有一些急的，戴老却从自己的行李里拿出一条床单，铺在地上躺下来。我当时觉得非常有趣，就给他拍了张照，他笑着说这种留念是很难得很难得的……

这么多年以来，戴老的形象早已随着那一下快门，深深地印在我的脑海。

老戴，我们想念你！

（邵益文口述，马步匀整理；作者为中国出版科学研究所原副所长）

迟到的悼念

李冰封

（一）

戴文葆兄逝世已近 4 年，到现在，我才提笔写这一篇悼念文章，提笔时，心中难免愧疚不已。

当然，产生这种愧疚也有些客观原因，这就是：近年，在许多正规的舆论环境中，到处充满着套话、空话、废话和假话，而真话却越来越少。（附带说明：我已老朽无能，生活在这信息时代，却迄今不能上网，不能看到网上的文章。因此，外面的舆论状况，无法论及）。要是在这样的舆论环境中，专写一篇充满套话或空话的文章，用来纪念这么一位，对中国当前的出版工作有过重要贡献、获得第一届韬奋奖的人士，岂非对他是一种不敬和亵渎？于是，这事也就拖下来了。

早一向，人民出版社的张秀平同志在电话上向我催稿，我把这想法告诉了她。她说："我们还是要在当前能够得到允许的前提下，力求能讲点真话。您就这样看着办吧！"她这几句话启发了我，于是，我才下决心动笔。那么，就这样吧，在当前的舆论环境下，力求讲些可以讲讲的真话吧！

（二）

戴文葆兄是我在出版社工作中的第一位老师。

我在 1947 年秋天从上海奔赴冀察热辽解放区，在第二年秋天随军工作回到后方后，即分配到报社从事新闻工作。此后，前后在三个报社工作到 1957 年。1949 年秋，到湖南后，虽然也兼职做过通俗读物出版社的编审，但那只是挂名而已，实际上没有做什么具体的事。所以，我真正开始从事出版工作，事实上是在十一届三中全会以后。在这时，干出版这一行，面临着一个新的形势，即：在历史大转折的关头，在破除迷信、启迪民智、积累文化、宣扬民主和科学、给广大读者以新的精神力量和丰富的文化滋养的前提下，如何去开拓、发展广大的图书市场，从而充实和壮大整个出版行业，使它能在社会转型期中，发挥它应该发挥的作用，就成为一个首要的、必须研究的专题。这里面，包含了许多专业性质的思考。戴文葆兄正是在这历史转折的关头，引导和辅助我这个出版界的新手，去实践和思考一些重要的问题。所以，他是我的一位不折不扣、实名相符的老师。

（三）

根据我的理解，在这重要的历史转折的关头，戴文葆兄在出版工作中，首先要追求的是：如何实现出版的开放和自由。出版自由，这是马克思在他的革命实践中，首先要争取的第一件事。也是我们国家，在宪法上明文规定的、要保障的一种公民权利。在我同他有限的接触中，我觉得，他在这一方面，有些事，值得提出：

一、上世纪 90 年代初，他在积极活动，争取在人民出版社出版《李锐文集》。

1989 年 4 月，春秋出版社和湖南教育出版社联合出版了李锐在党史研究领域中的一本重要著作：《庐山会议实录》，暂定内部控制发行。这件事，在共产党的内部和全国高级知识分子阶层中，都引起了强烈的震动。此后不久，我见到他，他说：这本党史著作的出版，是一个重要的突破。因为，这表明，真实的党史战胜了"伪史"。过去，在这个领域，"伪史"太多了，这些"伪史"在阻碍着我们党和中国社会的进步。在改革开放中，应该多出版这类有所"突破"的著作。

在此后的 90 年代，他又告诉我，他正努力争取，在人民出版社出版《李锐文集》。其时，朱厚泽同志已经调离中宣部，在中宣部主管理论工作的副部长好像是龚育之同志。据说，龚育之同志已经同意这样做。但后来，不知道在哪一个环节卡了壳子，这件事就弄不成了。到 2002 年春，我去美国探亲以前，在北京，曾同戴文葆兄一起去看望过李锐同志，好像他们还在谈着这件事。

二、他为一套重要的丛书《社会主义初级阶段理论探索丛书》提出了一些重要的建议。

这套重要的丛书，在上世纪 80 年代末，是由于光远、李锐、黎澍、曾彦修 4 位党内思想界的元老策划提出的，由当时党中央的社会主义初级阶段理论研究联络小组具体研究、支持，而安排在湖南出版的。它原先分批出版六十种，第一批已出版 10 种。随后，就惨痛夭折。

这套丛书的第一次组稿座谈会，是 1988 年 2 月在北京召开。到会的除于光远、李锐、黎澍、曾彦修等 4 位发起的老同志外，还有 35 位省部级领导及各类型著名的专家、学者。他们是胡绩伟、朱厚泽、项南、宦乡、厉以宁以及中央联络小组的领导郑必坚、龚育之等。出版界出席这次座谈会的有 3 人：王子野、王仿子、戴文葆。

会后，在我回长沙前，到了西总布胡同戴兄的蜗居去看望他，感谢他参加这次组稿会。他谈起了这次座谈会，十分兴奋。他说：在这个会上，大家谈得很好。你们现在弄的这个工作，太重要了，这是抓住了"根本"，（记得曾彦修同志早先也这样说过），以后，整个国家的改革开放也就有了可供参考的"头绪"了。开始时，有一段时间，"摸着石头过河"当然不可避免，但总是"摸着石头"，多少总带有一些盲目性的吧。

接着，他就建议：这套丛书，除了要和"斯大林模式"彻底划清理论界限以外，希望还能在马克思主义内部，展开一些理论上的、学术上的争鸣。凡是学术，只有在自由论辩中才能不断发展。希望你们在组稿中，注意这个规律。此外，国外一些新的学说，希望我们也能探索着吸取他们的有益部分。他的这些重要建议，以后，我们在写信湖南省委的报告中，采用了。

三、也是在上世纪 80 年代后期，他坚决支持由著名学者王元化主编、由湖南教育出版社出版的《新启蒙丛刊》。

其实，这个丛刊所提出的启蒙，并不是指西方的那种提倡自由主义的启蒙（如康德所说的那样的启蒙），而是完全中国式的、现代的、提倡"科学和民主"的那种启蒙。也就是邵燕祥同志在"新启蒙笔谈"中提到的："思想文化的启蒙，意味着对原有结论的审视扬弃，过时的传统观念的更新，旧的思维模式的超越，重新认识历史和观念，中国和世界，封建主义，资本主义和社会主义，马克思主义、列宁主义以及毛泽东思想。"（见《新启蒙》丛刊第 4 期：《庐山会议的教训》第 16 页）

四、对《书屋》杂志的支持。

《书屋》杂志创办于上世纪 90 年代中期。在这以前的几年，湖南出版界因大受挫折，元气大伤，士气不振。《书屋》杂志的出现，无疑成为湖南出版界的一个新的亮点。当时，这份杂志的主编是周实兄。在他的主持下，它敢于面对现实，讲些应该讲的真话，并从理论的角度，使人认识到这些真话的重要性。比如，当时刊登了胡绩伟同志的文章，就引起各方面广泛的注意。又如，连续刊登了在美国的李南央女士的《我有这样一个母亲》的长文，并随后组织讨论，这就从家庭伦理道德的这个领域中，打开一个缺口，从而在这个缺口中，从历史角度认识到类似于皇权的"专政"和左倾机会主义对我们整个国家、民族的严重危害。这样一个刊物，当然备受读者的爱护和欢迎。而主编周实兄也正是背负了多种对他巨大的压力，才赢得了这种读者可贵的爱护和欢迎。早几天，周实兄当面告我：戴文葆兄一直在他困难时，从精神上支持着这个刊物，他已写了文章纪念戴文葆兄，那篇文章当有一些具体的记述，此处不赘。

（四）

戴文葆兄办事老成、稳重。他孜孜不倦、埋头苦干，不喜显山露水、大事张场。对一些重大事件，在某些人面前，或在某种场合上，尤其不想随便表态，显示出自己的见解。这就受到个别人莫名其妙的误解，有人背后说他胆小、怕事，过于圆滑、世故。我十分不赞同这种看法。

从左到右：戴文葆，李锐，李冰封，摄于 2002 年 3 月

他的前半生，走过了一段弯弯曲曲的、十分不平坦的道路。他的坎坷经历告诉他：凡事要了解、判断形势，避开锋镝，避免受到无谓的伤害；世间所有的邪恶势力，都要枪打对方的出头鸟。不到必要的时候，不要充当出头鸟，无疑也是正确的选择。

在这里，我写出我亲自感受的事例，说明他在关键时刻、关键问题上，是如何是非分明，正气凛然。

在这以后，我和戴文葆兄的通信中，曾多次提到这个问题。感谢他义正词严，也感谢他不断地向我做思想工作，他断断续续地在信中向我说明了：背负着沉重的封建包袱的我们国家，要走向"民主、科学和法治"这一目标，一定会经历一个艰难曲折的痛苦过程。不过，向这个目标前进，是世界性的潮流，也是全国多数人民的愿望。这个目标一定要达到。不达到，那就会出现更大的麻烦。希望中国不会出现这样更大的麻烦。因为，总的来说，我们这个民族，还是有这样选择和判断的智慧和能力的。应该有这样的信心。如今，我回忆起这些往事，确实应该感谢他给我的这些有力的启发。

（五）

在编辑工作中，戴文葆兄崇高的敬业精神和对工作绝对负责的态度，已经成为同行们公认的楷模。

可以证明这种精神和态度的事例很多，这里，只举两例。

一、在编辑出版《宋庆龄选集》时，他要把书中所有的译文，都找出原文，来对照着进行一次检查和校正。文集中的译文，数量很多；这些译文的译者，无疑都是名家，译文中显现的翻译功力，也应该都是第一流的。有必要再对照原文，做一次这样的检查和校正么？按照现在许多人编书的习惯，这一道工序是要省掉的。最多是看到译文有可疑之处后，再去查一查原文。但他不，他坚持每一篇都要这样做。这就增加了多大的工作量啊，为了保证这部文集的质量，他从头到尾，都这样做到了。

二、关于重新出版《性心理学》有关事宜。《性心理学》是一部重要的学术著作。它的作者霭理士（1859—1939），是 19 世纪末叶到 20 世纪上叶，美国著名的科学家、思想家、作家，一生著作等身。他在哲学、社会学、人类学、文学、医学和生物学等学术领域中，都有很大的贡献。当时被誉为"最文明的美国人"，这一部"性心理学"，在当时学术界，被公认是"性科学"和"性教育"研究领域中，奠定了科学基础的权威著作。

这部书的译者，是我国著名的社会学家和教育家潘光旦教授。潘先生从 1939 年到 1941 年，用了整整两年的时间，译注了这部权威著作。它的注释近十万字，被学术界公认是出色的学术著作。世界上许多国家，都有此书的译本，但没有一种译本，具备这样出色、详尽的注释。此书于 1946 年 4 月在重庆初版，印刷条件很差。现在已很难找到过去出版的版本了。

张中行先生认为：从"五四"时期算起，·中国出版了许多知名的译著，其中包括严复、林琴南等人的译著。如果以百分为满分，给以评分，该有一多半不能及格。而潘光旦先生译的这本书，应该会 125 分。这是因为：它除了达到四个评分条件的满分外，（四个条件是：1. 精通外文；2. 精通本国语文；3. 有足够的所译著作的这一门知识；4. 认真负责。）还有近十万字学术水平很高的注释。（张中行先生这个见解，见他的散文集《负暄续话》第257—262页）。

上世纪80年代中叶，三联书店顶着多种压力，重新出版了这部重要的学术著作，应该说，这也是当代中国出版史中的一件重要的事。新版的潘译《性心理学》，除了保存过去的全部注释外，还添加了潘先生的高足费孝通先生写的《后记》，潘先生的东床胡寿文教授写的《霭理士传略》，全书共40万字。而这部40万字大书的责任编辑，则是我们同行的楷模戴文葆兄。

在上世纪80年代，此书的新版刚出版时，我就拜读过一遍，没有发现一点差错。前不久，因为写这篇文章，我又把它重读一遍，还是没有发现差错。北京三联书店的出书质量，在全国，一般说来，名列前茅。而戴兄当责任编辑的这部书，它的质量，可能就可列入前茅中的前茅了。

（六）

我就用这样一些多年积累的零星记忆，写成本文，纪念可尊敬的戴文葆兄。这是一篇迟到的悼文。戴兄在天之灵，当会原谅我的迟到。

2012年8月28日晚写毕

（作者为湖南省新闻出版局原局长）

我和戴文葆

蔡学俭

　　我和戴文葆兄的相识和相交，似乎有一种机缘。1983 年 6 月，《出版工作》第 6 期刊登了他申请编审职称的业务自传，带有肯定示范性质。当时我正在申请正高职称，他的业务自传中展

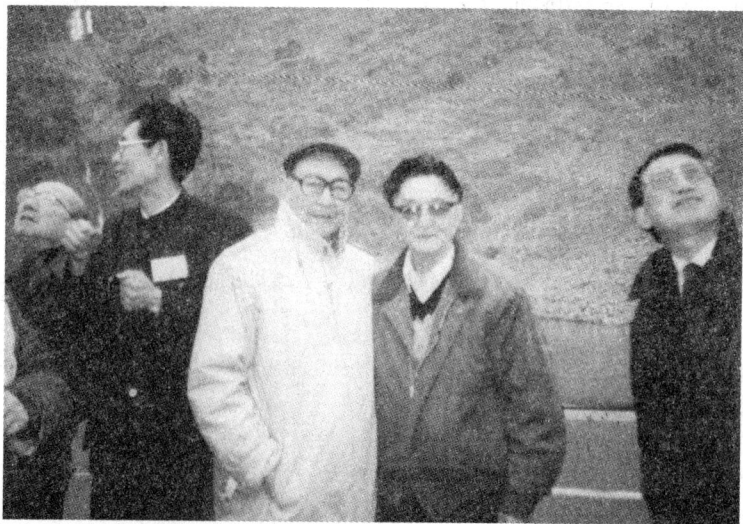

1992 年考察三峡时与电影导演谢添合影

现的博学多识和丰富的编辑工作实践深深吸引了我。不仅给予我写作业务自传以重大帮助，同时对我的工作起了鞭策作用。此后很长时间无缘相见，直到 9 年后的 1992 年 2 月，他随国务院科教文卫体三峡考察团来湖北，19 日在武汉活动，他同王强华、林穗芳等到湖北省新闻出版局座谈，这才得以一见。第二天，我要参加一个会议，但仍然陪他和老林去湖北人民出版社访问。他问我为何不去开会而要陪他们？我答这比开会更重要。据以后他告诉我，这次陪伴使他对我产生好感，觉得我这人可交，因为他生平不愿与"官"作伴，而我在他看来却没有多少"官"气。从这次相识至今十有六年。这一年他 70 岁，我 63 岁，论年龄他是兄长；论学识，他是师长。我们从相识、相知到相交，都十分珍惜这迟到的却是难得的友谊。1997 年元旦他在给我的信中说：

> 我们相见以来，不但私人接近，也为公家做了点事，对您有深刻理解……我们公谊私情，君子之交，是值得纪念的。现在社会状况，可谈的朋友越来越少了。

这些年，我去北京，他来武汉，必促膝长谈，信函和电话中也常相互倾吐心事。1995 年 12 月，他到湖北参加英山毕昇墓碑研讨会回京不久，于 1996 年 1 月 12 日深夜、13 日清晨 4 点半给我写了一封 6 页长信谈研讨会事，他说："今天四点半睡不着了，起来给您写的拉杂的想法，绝不能对他人言。"写完信天已大亮，赶紧去邮局投邮。类似的事情还有许多，使我难以忘怀。我有许多好友，但是像文葆兄这样一见如故、赤诚相交的不多，在人生晚年能交一如此知己，不能不说是一大幸事。这十几年我和文葆兄虽然谈不上过从甚密，但交往未曾间断。1983 年至今，他是第一届至第四届中国编辑学会顾问，我是第一届、第二届副会长、第三届常务理事和第四届顾问，每年年会和重大会务活动大都能相聚。1993 年 6 月湖北省成立编辑学会，我任会长并主编会刊《出版科学》，为学会活动和会刊组稿写稿，他没有少操心，从出主意想办法具体到给日本、韩国出版界友人联系写稿寄刊物，给予我们许多支持，在我看来，他是一个没有顾问名义的顾问。1993 年 8 月，第六届国际出版学研讨会在北京举行，我因论文入选获准与会。文葆兄介绍我同日本出版学会前会长清水英夫和时任会长箕轮成男相识，向他们赠送《出版科学》并约稿，为此，两位日本友人在会议期间写了祝福湖北省编辑学会和《出版科学》的文稿。1995 年 5 月，韩国举行国际印刷出版文化会议，文葆兄与会并宣读论文，同时介绍了湖北英山发现活字印刷术发明者毕昇墓碑的情况，并将墓碑、墓地照片及我写的《我国研究毕昇情况和观点综述》赠送给韩国出版学会和清州市古印刷博物馆，以加强两国出版文化交流。1966 年，韩国庆州佛国寺释迦塔发现了一卷《陀罗尼经》印本，韩国有些学者由此提出"印刷术起源于韩国"说，引起中外学者的关注和评论。时隔 30 年，此说仍有市场。1997 年 5 月，文葆兄为《出版科学》写了《关于印刷术起源的论争》的专文，广征博引，有理有据，实事求是地和鲜明地表明了自己的观点。他希望《出版科学》继续组织论文，参加讨论，同时要求论文要摆事实讲道理，以事实论据服人，不要把学术论争上升到"主权之争"。依照他的嘱咐，《出版科学》接着组织发表了潘吉星、肖东发等专家的论文，时间持续到 2003 年。

　　在文葆兄为《出版科学》写作的诸多论文中，使我深受教益的不仅是文章的立论鲜明，逻辑严谨，而且遣词造句，一字不苟。他不会使用电脑，但文稿字字清晰，修改处剪纸贴上，引用时间准确，引文无误，充分体现了他作为资深编辑家的优良职业修养和精益求精的工作作风。《出版科学》1998年第2期曾刊发他评赵航著《选题论》的专文《选题策划是创造性思维活动》，文稿发排后正校对清样，他于4月26日来信要求修改几个字，"本世纪下叶"改为"本世纪中叶"，"强质产业"改为"强项产业"，"实现和发展"（因为紧随有实现二字为避免重复）改为"实践和发展"。他为此再三自责而要求必改。信中还说：

　　　　现在散漫地注重选题策划而忽略审稿加工，是个大问题。这直接与出版管理有关、经营体制和社会风气有关，问题严重……我还想写一篇《重视选题策划之后》，如七八月能写成，再送请审查。

　　此文以后虽然没有写出来，但还是要我们约庞家驹、周奇等几位专家写了关于审稿加工的论文。赵航继《选题论》又出版了《审稿论》。由于中国编辑学会组织和刘杲会长提倡，1996年就有了编写《图书编辑工作基本规程》这件事。作为执笔人，我开始接受任务时还不觉得有多难，后来越深入越感到力不从心。原因在于《规程》不可避免地带有个人色彩，但不能完全按个人观点来写，它必须博采众长，择善而从，既要规范，又要创新。征求意见稿写出已经数易其稿，反复征求了出版界老前辈、专家学者几十位的意见，吸收了许多论文、专著的观点，又经小范围的讨论，然后形成初稿。但在1996年8月大连年会讨论时，一百多人

晚年戴文葆在家中

"群起而攻之"，肯定者有之，否定者有之，斥为一文不值者也有之。我虽然笔手不停地虚心记述意见，心中滋味却难以言状，以至引发了刘杲会长"可怜的蔡学俭"这句贴心的同情话。会后同文葆兄谈起欲罢不能、进退两难的苦衷。他深知此中艰难，面谈和写信几次鼓励我硬着头皮坚持，千万不能打退堂鼓，就算是对刘杲会长个人负责也要下决心改好。出于刘杲和文葆兄等的支持，我还是勉为其难地完成了《规程》修改任务。从 1996 年执笔到 1998 年 2 月新闻出版署图书司转发，两年多时间的反复曲折，这其中友谊的力量、情义的力量对我起了很大作用。

在和文葆兄相处中，他很少谈到他个人的生活和经历的坎坷。1998 年 7 月中旬，中国编辑学会在西宁召开年会，一天晚上我同他散步至市内一座桥上，他伫立良久后对我说，"文革"中曾当采购员来此地，二十多年后重游不意发生如此大的变化。我不便多问，以后读他的《射水纪闻》，才知道"文革十年"他被迫离开家人一人回原籍江苏阜宁，在一家小厂当采购员，"文革"结束才回北京。比起"文革"中文化出版界人士下放咸宁向阳湖干校，他这种境况是更加等而下之了。他家原住东单西总布胡同，住房仄小，儿女都已自立，他基本上一人生活。以后迁到和平里南口，房子大了一些，但除了顶天立地无处不在的书，活动空间仍然很小，他就在这书丛中奋力地生活，读书、写作、编书、审稿怡然自得。毕竟七八十岁的老人了，疾病缠身，"内无应门五尺之童"，日常起居主要靠自己，总有些不便。我每次去他家都有些不安。最近几年，他身体越来越差，说话、行动比较费力，友人常常为他的健康担心。2008 年 3 月我向北京友人问及他的近况，答说还好，7 月中旬李频来汉知道他身心状况极差。9 月 12 日，见到《中国新闻出版报》刊发他 9 月 7 日去世的消息，内心为之一震，切切不能自己，想到未能在他病中探望问候，未能去京向遗体告别，深觉内疚。近年老友一位位先我而去，心中不禁升起一丝丝悲凉。

　　文葆兄去世后，我翻读了他多年的来信和寄赠的著作，特别是读了山西师范大学曲家源教授为文葆兄所著《射水纪闻》写的《后叙》。《射水纪闻》是文葆兄"文革"中谪居家乡从事体力劳动之余，披星戴月，访旧搜轶之作，洋洋数十万言。曲教授是《射水纪闻》的整理者。他在《后叙》中谈及：

　　　　凡是经历过"文革"的人，读文葆先生的这些古诗文序跋，都不能不为他的沉心潜志、坚忍不拔的意志所感动！

　　要而言之，《射水纪闻》是一部恭记家乡人事的敬乡怀旧之作。一部存实证史之作，是一个正直知识分子在困境中不甘沉沦的发愤之作。

信哉斯言。回顾十多年相交，忆及文葆兄的为人为文，他虽然历经磨难困苦，从未消沉，他为直言所累从未止步并一直以讲真话相许，他赠书留墨多署"苦竹"，写作为文常名"郁进"。他是一位矢志报党报国不甘沉沦的正直的知识分子。他是我学习的楷模，我永远怀念他。

2008 年中秋

（作者为湖北省新闻出版局原局长）

老戴的背影

钟叔河

老戴对我示过好，帮过我的忙。但我怯于出行，拙于交往，三十年来，跟他的接触并不多，可是留下的印象并不少。如今他先我而去，同志们为他编纪念集，采及葑菲，自当勉作小文，以为惜别。

1981 年第 12 期的《读书》杂志，封面头条《关于〈走向世界丛书〉》，第一作者署名戴文葆，是为我和老戴接触之始。同期还刊有我的一篇，系《读书》两位负责人约我写的。料想戴文亦是命题作文，而"笔端多带感情"，有这么几句：

> 对编者钟叔河同志，素昧平生……（他）曾托危崖，餐风饮露，在无望中执著希望，当束手时不甘负手……生活如此绰约多姿，胜似学院寒窗青灯黄卷，石田里居然长出了惹人怜爱的花朵，成为那逝去的时代的小小的纪念。

读后深以其实难副为愧，"惹人怜爱"四字尤令我不安。因而揣想作者必是过来人，"在无望中执著希望，当束手时不甘负手"，也许半是夫子自道。故能言之真切，而且动了深情，却未必完全符合我的本心。虽然如此，素昧平生的我，对于他给予的这份感情，仍然应该珍重，并且表示感谢。

不久以后，便在长沙见到了老戴。那是省出版局（版协）邀请他和另一位老同志来湘讲学，正值都在为出版工作者争地位，极力提倡"编辑学者化"的时候，我在湖南人民出版社历史编辑室，忙着发稿看校样，实在无暇他顾。但老戴的演讲还是认认真真听了的，和大家一样佩服他的博学。从孔夫子、司马迁、刘向讲到魏源、曾国藩、梁启超，所有的大学问家差不多都是大编辑家，材料摆在这里，事实就是如此。很看得出，老戴是在为全行业同人操心出力。

第二天，局里专人专车导游张家界，老戴却放弃欣赏"世界自然遗产"的机会，独自一人往浏阳寻访谭嗣同墓去了。他说，他编过《谭嗣同集》，正在编《樊锥集》，想多了解些那一辈人的生活环境和身后的事。这种对自己从事的工作的坚持执著，这种对自己感兴趣的事物的不倦追求，更加使我佩服。等他从浏阳回来，便把他拉到家里，让朱纯做几样湖南菜，吃了餐晚饭。这餐饭并没能吃好，一是湖南菜不能不放辣椒，老戴却不吃辣；二是老戴只能喝黄酒，我们却只备了白酒，临时去买，买回的是啤酒，又拿不出啤酒杯，只能让他用饭碗喝。幸好帮他从图书馆借得《沅湘通艺录》和《翼教丛编》的原刻本，并且复印好了可以带走，才得稍微尽意。

吃饭时，谈到"编辑学者化"。见老戴平易近人，我不禁放肆起来，说："编辑能不能学者化，要不要学者化，我不晓得；

晓得的只有一点，我这个编辑是无法学者化的。"老戴不以为忤，反而大笑起来，连声"快人快语，快人快语"。大度包容，前辈老成，真不可及。

戴文葆在青海塔尔寺留影

1989 年秋后，岳麓书社一人一票选总编辑，我落选回了家，着手帮别的出版社编周作人。老戴为《传世藏书》编事到长沙，又枉驾到寒舍一回。不巧房子正在装修，十分凌乱，朱纯又到美国女儿家去了，正碰上"秋老虎"，两个人坐在书稿堆中，汗流浃背。我说周氏《儿童杂事诗》丰子恺插图原图找不着，原来又有三幅没有画。老戴立即表示，他可以向丰华瞻打听原图下落，找毕克官补画插图。很快便有了结果：原图确已不存，补画的三幅画则寄来用上了。

1993 年夏天，我到北京领"韬奋奖"，老戴则前两届便已领过，在版协的会上，我俩又相见了。王子野同志叫我重印亚东图书馆标点分段的古典白话小说，急切间找不到原本。老戴得知后，又自告奋勇帮着我找。先到朝内大街人文社图书室，找不到又经"北牌坊"（音）去范用家。我想叫出租车，他却说："不远，不远，一下便走到了。"结果书仍未能找得。但胡同中快步向前走的老戴，他那单瘦的背影，旧纺绸短袖衬衫后心见湿的背影，每当心中想起，仿佛仍在目前。因得小诗一首相赠：

人生如寄死如归，事本寻常不足悲。

记得当年寻小说，为君一哭到坟堆。

2011 年 4 月 8 日

（作者为岳麓书社原总编辑）

忆戴文葆兄

朱　正

戴文葆兄是 2008 年 9 月 7 日去世，两年多来，我一直想写这篇文字纪念他。现在张秀平女士在为他的纪念集征稿，我就发个

左张秀平，右朱正

狠，把他历年给我的信、赠我的书都找了出来，再重读中，恍惚觉得他就在眼前同我对谈一样。我想起了许多往事。

我同他的交往，是从他评论我的书开始的。他在 1982 年第 4 期《人物》杂志上发表了一篇《亲属与传记写作》，提到了我的《鲁迅回忆录正误》，说它对许广平的"正误"，是"有史料根据的充满说服力的"。第二年第 7 期的《读书》杂志上他又发表了《朱正和他的〈鲁迅传略〉》，承他过奖，许为"写出了一个真实的鲁迅"。这当然是好友的溢美之词。它缺点还真不少。后来我又重写了一遍，就是 2008 年在香港三联出版的《鲁迅传》（北京十月文艺出版社出的简体字本改名为《一个人的呐喊》）。

那时，我借调在人民文学出版社参加新版《鲁迅全集》的编注工作，住在朝内大街 166 号院后边那栋小楼里，办公室兼卧室。文葆兄那时也住在那大院前楼，也是办公室兼卧室。这样，我就常常晚上跑到他那里去聊天了。天南地北，什么都谈，我们有差不多的经历。年轻的时候都是左倾学生，中年以后又都是右派分子，所以特别谈得来吧。

1985 年我回原单位工作了，当然不能再促膝谈心，但是书信往来是不断的，今天重读这些信件，其中所涉及的事情虽说早已过去，而他那真挚深至的好友情依然令我感动不已。

1987 年初，我因为出版《查泰莱夫人的情人》一事，受到冲击，交卸了出版社的职务。在我自己，倒是塞翁失马，安知非福，从此时间都是自己的，更可以读书写东西了。文葆兄写信，既是安慰，又是勉励。1988 年 8 月 16 日的信中说：

> 你就努力读书、写作吧！现在比当年在农场受管教强千

从左到右：朱正，庄浦明，戴文葆，蓝英年，张秀平

倍，多么自在，多么丰富！你会自己号令自己的，自己喊："前进！一、二、一！，"不用刺股悬梁的。

我有个建议，魏源给龚自珍书，要他择人择地而谈，我想你看过这封信，再找出看看。

希望今冬明春大家平安！全国平安！

魏源的这封信我还真没有看过。于是找出来看。文葆兄指的是这一段：

再者，近闻兄酒席谭论，尚有未能择言者，有未能择人者。夫促膝之言，与广适异；密友之争，与酬酢异；苟不择地而施，则于明哲保身之义，深恐有失，不但德性之疵而已。承吾兄教爱，不啻手足，故率而诤之。然此事要须痛自惩创，不然，结习非一日可改，酒狂非醒后所及悔也。又白。

文葆兄知道我常常不择人不择地放言无忌，殊失明哲保身之道，才借魏源规劝龚自珍的这段话来规劝我，可见他知我之深、爱我之深。真也同当年的龚与魏一样："不啻手足。"

墙倒众人推。这时，社里就有喜欢兴风作浪的同事出来批判我编的《骆驼丛书》了。这丛书都是字数不多的小本，只看看作者的阵容也就可以了：杨绛、黎澍、舒芜、钟叔河、荒芜、曾彦修、李锐、林锴、刘宾雁、徐铸成、刘再复、周明、黄裳、戴晴、乐秀良、萧乾，就是这样一个档次的作者们。当年那些上纲上线的攻击，宣布了些怎样的罪状，我现在可是一点都不记得了。

不过在今年我社建社 60 周的庆祝会上，在历数 60 周年间的成绩的报告里，是把"朱正编写的《骆驼丛书》"算做一项成绩的，我坐在台下，听到这里，不禁有一点今昔之感。这是今年的话，在当年，那攻击的气势可是真够吓人的。我在当时的处境下，回不得嘴。文葆兄可是挺身而出，仗义执言了。他 1988 年 6 月 5 日给我的信说：

> 我在一个多月前写了两千一百字，可能由于我太不冷静，里面说了不少不恰当话，稿已退回，要我砍去三分之二，把三分之一扩大。这几天事繁人烦，写不出来。退稿题为《骆驼，非驴非马》。可能杂文气太浓，不宜于光明报，又没有黑暗报，暂时搁一搁，再效力。——这次不及格，殊愧！不登也好，免得不久抓我一下。感谢退稿。（戴晴同志是我好友，裁决她无权也）。

那时戴晴是《光明日报》记者。看来这篇稿子曾托她拿到《光明日报》去过，未被采用。后来是刊登在 1988 年 7 月 19 日

《人民日报》副刊上。刊出的才一千多字，可知删去了好几百字。
这篇文章对那些横加指摘的人说：

> 出书的路子何妨开阔，难道为了普希金去掐死柯南道尔，
> 为了西德尼·谢尔顿便去扼杀马克思·韦伯？要导读而不必
> 划地，只要不太出格，相信读书界有承受能力。

> 书籍的命运常常是一个民族命运的缩影。人人渴望的经
> 济上繁荣，迫切期待着智力的支撑。请看今日之宇内，文明
> 的断裂，腐蚀力在增长，不似鸦片，胜似鸦片！给宏观掌握
> 提出的问题何等严峻而尖锐！"赌徒""暗杀"畅销于摊头，
> "妖姬""巨骗"充斥于书市，希望头罩绯红光圈的理论家挥
> 戈跃马，大张挞伐。

显然，在文葆兄看来，应该受到批判抵制的，是那些充斥书
市的恶俗不堪的文化垃圾，绝不应该是《骆驼丛书》！他以《骆
驼丛书》的遭遇来映衬民族的命运，这话说得够重了。我这个丛
书的编者，读着这一篇，是很觉得宽慰的。

我写书，开始只是写鲁迅的传记和考证。这些以外，也写过
一些单篇的文章，可是没有想到把这些集印成书。我的第一个
"文集"《人和书》，就是文葆兄提议并且张罗出版的。他把这部
书稿推荐给书海出版社的负责人张安塞先生，自己来做责任编辑，
并且应我的请求写了一篇热情洋溢的序言，于1988年7月在山西
太原出版。他给我写的这篇序言，后来又收到他自己的文集《寻
觅与审视》中了。我这本书中的各篇，大都与书籍编辑的手艺有
关，因而文葆兄的序言也就编辑立论了。序言中有这样几句：

不学有术者流，至今还听不进尊重知识、尊重人才的教导。甚至有个别管理过意得沃罗基的人物，个别自称守一，不知有二的同志，不懂得劳动和人事的人，还认为编辑不过改几个标点符号，编辑、记者的工作是"简单的重复劳动"，只是一种行当罢了。

今天的读者大约不能完全看懂这几句了。我这个知情人应该说一点"本事"。那时，正在着手设置各个系列的专业技术职称，有一位从中宣部副部长调任劳动人事部部长的大干部发表了诸如此类的一些意见，以为编辑这一行不必设置高级职称，这一条"长官意志"虽说并没有落实，文葆兄以为只有这种见识的还不止是这一人，有必要公开提出来让大家来评判吧。

其实，在给我作序以前，他在文集《新颖的课题》的自序里也已经说到这人了。"自序"在畅论编辑工作在人类文明进步历史中的贡献之时，插上了这样一段：

> 如果有人只知守一，不知有二，双目不幸为云翳所遮，见不到这种社会历史现象，那么，近代和现代的历史老人会来指点。在西方是文艺复兴和和宗教改革以来的历史，在中国是反对鸦片侵略战争以来的历史，每一次推动历史前进的社会政治运动，都有编辑出版工作先行，作为发动机，作为火车头。

文葆兄一再提起这事，不是为编辑人员争职称，而是为编辑这一事业争得应有的历史定位。

文葆兄曾经给我看过一个抄本，那是他以右派分子之身在一家小工厂当采购员之时抄下的，抄的是鲁迅记录死者的几篇诗文。那时，在那样的高压和困顿之下，他只有从鲁迅这里求得一点支撑的力量了。后来我和孙郁兄（那时他是鲁迅博物馆的馆长）谈起，他认为这个抄本表明了鲁迅对于中国知识分子有着怎样大的鼓舞力量，表示博物馆愿意征集，就作为文物收藏在鲁迅博物馆了。关于这事的原委，我写过一篇《一个抄本》作了说明，这里就不多说了。

　　我写《一个抄本》原是为博物馆的藏品写个"说明书"。这文章应该怎么做？文葆兄两次来信提出了他的意见。2003 年 12 月 5 日得信中说：

> 　　恳求吾兄夸扬我为 T 为 M，做过什么。上世纪四、五十年代，不过是不识好歹的青年而已，吾兄当能知我谅我，今日也不过为一窃禄鼠辈。

28 日更追来一信：

正兄：

　　请不必讲我的什么革命经历，现在说来可叹可鄙，乃至可耻的。

　　当年"新四军事件"（按：1941 年 1 月的皖南事变）里，我是个当共产党员使用的进步青年，是周公命名的地下"据点"的成员。为老共做了一点事，编小报，上讲台，……（就是避免吹我呀！）

　　我知道，他这样说，并不是表示了他的谦德（文葆兄却是个谦逊的人），更是表示了他深刻的反思，对自己早年的作为历史

一个抄本

□ 朱 正

一天，同戴文葆兄谈往事，说着说着，他拿出一册线装书来，一看，原来是一个抄本。封面的题签是"为了忘却的记念"。里面抄写的是鲁迅的几篇诗文。目录是：

哀范君

记念刘和珍君

中国无产阶级革命文学和前驱的血

为了忘却的记念

这四题，都是鲁迅悼亡之作，分别悼念他就准备好纸笔，一字一句地来抄写鲁迅的这几篇诗文，以排遣心灵的无比沉重的寂寞。

这个抄本有一篇《抄后记》，记下了他抄写时的情景和心境：

……夜幕下垂，万籁俱静，每个夜晚却又不免寂寞得与死接近。在这灯昏人寂的夜气中，西邻年少偏爱吹弄起玉笛。那幽扬的韵调，呜呜戛戛，乍低更起，欲断还萦，拨动了我的心弦，使我烦恼，使

作用的反思。当然，我注意到了他的这个想法，着笔的时候是注意了分寸的。

在文葆兄的交游中，据我所知，他和曾彦修（严秀）先生和李锐先生两位的关系都是很好的。他曾经协助曾先生主编两卷集《鲁迅选集》（四川人民出版社 1983 年版）。一次和我谈起曾先生，他说："你知道吗？严秀是一位很好的杂文家，具有杂文家的一切特征；曾彦修是一位忠心耿耿的革命老干部，具有老干部的一切特征。"并且举出了具体实例为证，以说明人的复杂性。这话对我很有启发。后来我写反右派斗争史的时候，在写到曾先生的地方（以及写到徐懋庸的地方），都采用了文葆兄的这个观念，文字太长，就不摘引了。

文葆兄对李锐先生是很尊敬的，他 2003 年 12 月 5 日给我的信中说："李公实际为我学习党史的老师"，并且为他著作的出版

出力不少。李先生的《毛泽东的功过是非》一书，就是文葆兄介绍到香港天地图书有限公司出版的（1993）。他也把我的反右派斗争史介绍给他们，未被接受，后来是香港明报出版社出版的。

1997 年是李锐先生 80 整寿，一些朋友想到给他出个全集以为祝贺。文葆兄极赞成此事，力促由人民出版社出版。他 1996 年 3 月 18 日给我的信说：

> 冰封兄来信，说起怎么为李公祝八十华诞的事。印全集，财力难办，你看如何？最近我当去看他，进一步考虑。希望知道您的设想。

4 月 14 日信就谈的很具体了：

> 李公文集……候选题论证，完全用合法手续，请大家认可。先期已做一点工作，盼能通过，……另外，我去请李公筹款……

4 月 22 日晨的信告诉我：社里这一关已经通过：

> 李公著作出版事，我设法通过正式程序，不讲同志间交情，请人向选题论证会提出（我不参加），经各抒己见后通过，为"人民"用"东方"接纳。这事有了初步进展，"人民"胆小，即对已印之文恐怕还会提出意见的，不过同意我"不送审"建言。……这事，只是走进了第一关，以后还有关卡，甚至如为某方得知，一定从上降下压力，可能动议拒出。不是我畏惧，是我习惯了权势下生活，无人对我"赐无畏"也。所以，我已请大家守秘（选题论证已有多人参加，

众口难揞！）

人民出版社是把选题报上去了，终于不成功。11 月 4 日晚他无可奈何地写信告诉我：

> 李公书遇阻碍，主要是盯得紧；出版社又十分看重乌纱帽，口惠而不实。我已无能为力，做不了好事。

可以告慰文葆兄的是：沾了一国两制的光，精装 10 册的《李锐文集》已经于 2010 年在香港社会科学教育出版有限公司出版，而且比起当年他申报的选题还增加了《世纪留言》和《何时宪政大开张》这两卷扎扎实实的文章。我把文葆兄的来信摘录一些出来，可以让人们知道他曾经为了这部传世的大著费过不少心力。

（作者为湖南人民出版社原总编辑）

虚怀若谷的戴文葆先生

弘　征

与戴文葆先生原只久仰大名而不相识。因为自己所从事的是文艺书籍编辑，与以政经书籍为主的编辑大家很难有机会交往。最早知道他是上世纪 80 年代初从《读书》等报刊上读到他的书评，包括评当时我所在的湖南人民出版社同事钟叔河编的《走向世界丛书》、朱正著的《鲁迅传略》等。后来屡听到两位素所敬重的前辈王子野、曾彦修对他的交口称赞，又是当时被出版界极为看重的首届"韬奋奖"得主；没想到后来竟有幸成为他一本书的责任编辑。

时间是 1994 年的夏秋，时正在海南国际新闻出版中心任职、原是湖南去的青年作家张新奇偕同我社的文化编辑室主任张自文来我家找我，谈起他们在南京遇到戴文葆先生，得知他正在研究整理清余怀著的《板桥杂记》，同意脱稿后交由海南出版。因为这是一本属于古籍类的书，戴先生又是编辑出版界的名家，虑及编辑或处理不当，想邀请我当特约编辑，并且在约稿时已将此意告诉了戴先生，得到了戴先生的首肯。

实则，我虽自幼喜欢浏览一些文史杂书，亦偶尔胡诌几句旧体诗词之类，译析过一些古典诗论、诗歌，但并非专业的古籍编辑。除了曾经受命为湖南美术出版社责编过《钱刻鲁迅笔名印谱》之外，也从未应允过为外社署名编辑图书。但这次的书稿是素所敬重的出版界前辈戴先生的，而且二张已经将此意告诉了他，因之，立即就答应勉力为之了。

那时编辑们所面对的原稿都是手写的，不像现在几乎全是电脑打字。即使最认真的作家，其原稿亦时见有笔误、墨涂、勾上勾下，难得一清如水。而戴先生的这部书稿既属整理点校繁体字的原文，又兼手写的分则增注，加上选配有不少旧刻本与插图的复印剪贴，与通常著书立说的书稿更见繁难，但戴先生将其整理

戴文葆在日本留影

得有条有理，初读之后的第一印象就是：果然不愧是出自编辑名家之手。

戴先生在来信与面谈中一再自谦自己并非古籍整理者，此书不过是他老年消闲遣兴偶一为之；然而，读者只要一阅便可想知，他为此书所费的心力远非时下有些点校、注释的古籍图书可比，也证实他生平博览群书，腹笥丰厚。光是卷首那篇近万字的《前言》，将南京远溯至旧石器时代的历史、地理沿革，政治、文化、经济的变迁兴衰，世风与民俗的传承和嬗异……便是一篇极具特色的金陵史。切入《板桥杂记》，也不是以点染秦淮金粉、俊逸才人为旨，而是充分肯定了余怀所自慨的"虽曰传芳，实为垂戒"予以阐扬，真正做到了在文末所再次引用的王右军所云："后之览者，亦将有感于斯文也。"

"增注"是这部书的重头，实是余怀这本《杂记》的增广再造。戴先生原来只署为"整理"，"增注"这两个字是我定的。因为古籍的整理虽然含有校点、注释诸项，但我们通常所见的古诗文注释多为解释词语，①②③④⑤注码成排，代读者去查一般辞典，能像钱钟书先生《宋诗选注》那样精义纷出的注文是极少见的。戴先生之作恰是一反时下流行注释本的常规、而是他在精研原著后的精心创作。广征博引，或细叙源渊，或详征本事，或广采轶闻，或蒐集前人有关论著加以述评……其在《关于整理工作》的自述中有云："这里所作的整理工作，十分简单。先将原书三卷各条分段，标题标点，并从有关著述中，尤其是同时代人作品中，酌情抄撮一些资料，意在增广其内容，而非增补原著，不过稍起解说作用，岂敢妄言长人之学问，只是略省阅览者翻检之劳。至于不作文字上的注释，是感到这类书并非经典，毋需一一详究，不用考辨，不过聊供读者暇时随意翻阅，稍增见闻，或可怡情悦性而已。"

话说得十分平淡，绝无半点自炫，读者只有在读过这本书之后，才能体味到他为"增注"所付出的辛劳。例如中卷《丽品》中所涉及的佳丽，如顾媚（横波）、董小宛、李香君这些人，因为太有名了，有些涉猎面比较广的读者，在戴先生所作的"增注"所引用的有些资料中或曾留意过；而对有些并不著名的佳丽，如沙才、沙嫩，余怀的原文不过是："沙才，美而艳，丰而逸，骨体皆媚，天生尤物也。善弈棋，吹箫度曲，长而修容，留仙裙，石华广袖，衣被灿然。后携其妹曰嫩者，游吴郡，卜居半塘，一时名噪，人皆以二赵、二乔目之。惜也才以疮发，刓其半面；嫩归吒利，郁郁死。"全文不过八十余字，而戴先生在"增注"中告诉我们：

> 吴伟业《听女道士卞玉京弹琴歌》有句云："月明弦索更无声，山塘寂寞遭兵苦，十年同伴两三人，沙董朱颜尽黄土。""沙"为沙才，"董"为董白小宛，或言为先死之董年。小宛姐妹亦曾居吴门，与陈圆圆、卞玉京、沙才、沙嫩为当时著名佳丽。
>
> 本书作者言沙嫩郁郁死，《众香词》数集花丛"沙宛在"条，选宛在词江城子《哭姊》一阕；并附录曹溶秋岳之满庭芳《高澹游招同人集纪胜堂赠嫩儿》词，即指沙嫩。
>
> 《列朝诗集小传》闰集《沙宛在》条称："宛在，字嫩儿，自称桃叶女郎。有《蝶香集》闺情绝句一百首。"

王士祯《秦淮杂诗》中有一首云："傅寿清歌沙嫩萧，红牙紫玉夜相邀；而今明月空如水，不见清溪长板桥。"

傅寿字灵修，旧院妓。沙名宛在，字嫩儿，善吹箫度曲。

真的是读者凡读此书，特别是不能不读增注，不仅更添情趣，尤其增广见闻。限于篇幅，以上只择举一则短的便可见一斑。

作为责编应尽之责，在编校中，小建议是提过一些的，或亦曾订正过几处原稿中的偶然疏忽，戴先生无不欣然采纳，实在是未曾起过什么值得一提的作用。但戴先生却在跋中说："这里还应郑重表示的是，拙稿承出版社惠允采纳，幸蒙未曾谋面的弘征先生审核校阅。他费心查看三遍，使本书避免了一些错误。他还为我设计版式，检阅校样。在社会上讥讽'无错不成书'的今日，高谊隆情，我谨表深深地感谢！"令我感到十分惶恐，也感

戴文葆在各地讲学时留影之一

到一位名编辑家虚怀若谷的高风。

戴先生年长我 14 岁，更是属于我从事编辑工作的前辈，由于责编这本书的缘故，我们也就成了忘年交。未识荆前为了书的事书信频通，之后一直保持联系。戴先生不仅勤于作书，而且大多是长信，洋洋洒洒千言，有时还是一格一字地写在稿纸上的。不像我那样夹文夹白约略言之，只求达意而已。编书期间，他来过一次长沙，因得面聆雅教。之后我去京只要他未去外地必往候访，他知道我喜欢喝点酒，饷我以当时北京最贵的瓷坛绍兴陈酿。

2001 年元月，他常用的一方名章不知丢在哪里了，来信让我为他刻一方印备用，我当即复信遵命。不久他托人捎来一方较大的寿山石赠我，我便将它一併刻好寄呈。日前在检阅戴先生一些来信的同时，找到了当时拓存的印蜕，睹物思人，哲人其萎，戴先生谦逊的音容笑貌永远留在心头。

2011 年 6 月于长沙

（作者为湖南文艺出版社原社长兼总编辑、湖南省作家协会名誉主席、全国古籍整理出版规划领导小组成员，全名杨弘征）

"我是个悲观主义者"

刘 柯

　　我跟戴老师的接触非常有限，仅仅因为编书，在上个世纪90年代中期同他相处过几个月，但从那以后，只要在书刊和互联网上见到"戴文葆"这个名词，眼前就会浮现出老人可亲可敬笑眯眯的模样，耳边则会想起他对我说过不止一次的话："我是个悲观主义者。"

　　戴老师说自己悲观，并非担忧个人命运，更不是想让我们年轻后辈不开心，只要同他多谈几句，就明白他是在为这个国家的前途担心，是要激起青年人的忧患意识。20世纪90年代的中国，经济体制开始向市场化快速前进，而民主法制、公平正义的建设却远远没有跟上，连执政党的纲领性文件，也声称"效率优先，兼顾公平"，于是种种社会问题开始显现。基本道德被全面突破，钱成了衡量"成功"的主要标准。少数有权者借国企改革之机化公为私，贫富差距迅速拉大。假冒伪劣产品充斥市场，社会治安形势恶化，信用缺失，环境污染……。只要对这些情况稍有了解，就不难明了戴老师反复说他悲观实在是其来有自，用心良苦。这

戴文葆在各地讲学时留影之一

期间我还和戴老师到过一次海南，并曾同住一室。那时海南的房地产泡沫刚刚破灭，烂尾楼比比皆是，人心迷惘，偷扒抢骗频频发生，"黄色娘子军"闻名全国，戴老师认真地说，改革开放的结果不应该是这个样子，一定是我们的制度和政策出了问题。

戴老师同我谈的最多的话题，现在回想，还是"文化大革命"。话头大概是由我扯出来的。因为同在出版界，我便向戴老师请教"文革"题材图书的出版事宜，并且表示我实在难以理解，对这场已被中共中央《关于若干历史问题的决议》正式全面否定的民族灾难，为什么不可以研究反思、放手让人们回顾总结？戴老师并未直接回答，而是慢慢告诉我一些具体的事情，包括潘汉年、杨帆案件，恽逸群的蒙冤落难经历，人民出版社和三联书店的一些"文革"情况，等等，我觉得自己扎扎实实上了一大课。那时，已有少数地方开始热衷唱"样板戏"和一些以"左"为基调的老歌，而一部分人对"文化大革命"的巨大错误不仅没有深入认识，反而想掀起新一轮的个人崇拜。"文革"的社会基础犹存，加上一批"文革"的积极参与者并无反省忏悔而仍然在位，良知未泯的人怎能不忧心忡忡！我后来读到戴老的《月是故乡明》一书，他在题记中更痛切的表达出这种"悲观":"各种各样的笔,凭良知做点力所能及的正事,再不应成为放肆的欺哄百姓和粉饰丑恶的刷把与棍子,那些精心策划的出版物,不要化为迷魂汤和遮羞布啊!苍天在上,万目所视,如不灰飞烟灭,后世终会刨根问底,做一番严正的考据的呀!"

戴老是有名的出版家,编辑和整理过许多辉煌巨著,送给我的却是一本他增注的薄薄的小书《板桥杂记》。书中所记,只是明朝末年的秦淮旧事,戴老在扉页上写给我的话,也说自己"不过偶做怀旧与解乏的漫步罢了。"然而一百多面的书,戴老却写了44面的前言。他在寄书给我时附有一信,说之所以整理此书,"原因都在页四十四最后两段",那么我就把最后两段的主要文字摘录在这里吧:

> 今日秦淮河旅游带正扩建中,笙歌门巷,颓巢枯井,将换却旧貌,重现芳华。唯愿这座无烟工厂,再不污染环境与人心,真正成为东南文化娱乐圣地,为民造福,万民共享。前述郭、翦二文(按:指郭沫若《甲申三百年祭》、翦伯赞《桃花扇底看南朝》),仅愿束之高阁。这类煌煌高文,历史代价太大,读来惶惶不可终日,与繁荣、稳定不合,再不丢开,情何以堪!愿嗣厂公,乾恩荫从此敛迹,花好月圆人更美,再无人放悲声吟诵一套《哀江南》,不再让阅尽沧桑的秦淮水滔滔嘲笑!夜色苍茫中,我站立河埠头默默祈祷。

戴老,您到底是不是悲观主义者呢?

(作者为岳麓书社原工作人员)

高山仰止，景行行止

区向明

戴文葆先生是中国出版界德高望重的老前辈，是我仰慕的编辑名家。在与他不多的交往中，他丰富的学识和阅历，真诚地为人以及对出版事业的热爱给我留下了深深的印象。

左吴道弘，右戴文葆在广西人民出版社讲学

　　我初识戴文葆先生是在 1992 年，那一年，他到桂林参加新闻出版署举办的编辑学习班，任授课老师。学习班结束后，由时任广西人民出版社社长的夏永翔陪同到越南访问，并应邀到我社参观指导。我印象最深的是在我们出版社的会议室里，戴老与薛德震、吴道弘等三位先生与我社的编辑们一起进行了座谈，对民族地区的人民社如何振兴以及出版方面的问题进行了广泛的交谈，现场气氛十分热烈、融洽。据夏社长介绍，在越南期间，戴老等一边参观，还一边关心广西的出版工作，对广西人民社的出版情况、效益情况、编辑人员的待遇等问得十分具体。当时的越南，改革革新刚刚开始，出现了一些为了经济发展而放纵的不良现象（如妓女泛滥、赌博盛行等），戴老很动情地讲到在越南的所见所闻，为一些腐败肮脏现象流下了热泪。他认为，一个国家无论怎样穷，都不能走为了经济利益而牺牲社会基本道德准则的路。中国的改革开放之所以做得好，就是因为坚持了社会主义的基本原则，走了正确的路。我们应该珍惜现在的时光，为推进改革开放多出好书。戴老的一番话深深震撼着我们，从那以后，这位信仰笃真的老人就成为我仰慕的对象，而他对我们的关心和指导也就一直不断。

　　每到北京出差，只要有空，我都会去拜访戴老，聆听他的教诲。戴先生总是以他的热情、智慧以及对出版工作的高度负责，给予我们多方的指点和关照，使我们受益匪浅。特别是我们出了新书或重点书，都喜欢拿到北京请戴老指教。每一次，他都认真翻阅，提出自己的意见和看法。对于他看好的图书，他都尽可能地给予推荐，使我们边远地区的出版物能够争取到竞争国家级大奖的机会。不仅如此，他还十分关心年轻一代编辑的成长。一次，我向他讲起为了提高全社人员的业务素质，我们在全社范围发动了一次科研高潮，动员编辑及其他部门的同志撰写论文，结集出版。戴老听了非常高兴，说这是搞好出版社基本建设的关键一环，并一再叮咛书出了后一定要寄给他。戴老收到书后，专门给我写了一封信，认为这一做法值得提倡，书中的很多文章写得很好，表示要抽时间写书评。尽管由于时间的关系，写书评的愿望没能实现，但戴老的关心和鼓励，使我们对民族地区的出版事业增添了信心和希望。

戴老对人真诚，心存童趣，令人温暖。他一生坎坷，生活俭朴。我到过他原在人民出版社旧址的家，不大的房间堆满了书，连挪脚的地方都没有。后来搬了新家，新家没添多少家具，只有书依然重重叠叠。尽管老人对自己的生活无所求，但对朋友却愿馨尽所有。一次，我出差北京，到人民出版社办事。在东方编辑部主任张秀平的办公室偶遇到社里来取材料的戴先生。戴先生看见我们，十分高兴，关切地问起我们社的情况，出书的情况，兴致勃勃，一发而不可收拾。时间过得很快，眼看中午吃饭的时间已到，我冒昧地提出想请戴先生吃饭，他欣然答应。席间戴先生就出版、文化、市政等问题谈了自己的见解，对当前一些不良现象表达了自己的忧虑。一席话使我们忘记了时间。而当我起身结账时，服务员小姐却指着老先生说，账已经结了。看着我诧异的神情，戴老神秘地笑了，他拿出一个信封说，不是我请你们，是新闻出版总署和中宣部请你们。原来，戴老前天刚参加了一个评审会，得了一笔评审费。清贫的他认为这是飞来横财，直接把它当作交友的饭资了。老人的解释令我们一时无话可说。而他如此看轻身外之物，却关心出版事业，视友情如生命的心境则令人久久难以忘怀。

自认识戴先生以来，不时会收到戴先生寄来的新书，每年新春，还会收到戴老准时寄出的贺年卡，那工工整整的字迹，寥寥数语的问候，透着先生深深的情谊。每有受宠若惊的感觉，每有奋蹄直追的紧迫。现在，戴先生虽然已经离开我们了，但他的精神、他的事业依然与我们在一起。"'高山仰止，景行行止。'虽不能至，然心向往之。"我们唯一可以告慰先生的是：努力工作，好好做人，为中国的出版事业继续贡献力量。

2009 年 2 月 10 日

（作者为广西人民出版社原社长）

恩师戴文葆先生

徐学林

　　我将《中国疆域与政区变迁史》从头至尾删改一过后，又在案头堆满故纸黄卷，准备继续探索我的《徽州刻书史长编》。在金风习习的秋日里，我心神老是不定，无法进入写作状态，只得信步楼顶庭院去摆弄秋风摇曳下黄叶增多的蔬果，心中产生莫名的悲凉……楼下传来家荆紧急呼唤接吴道弘老先生的电话，惊悉我日夜挂念的出版界耆宿、我国著名的资深记者、编辑家、出版家、著作家戴文葆老先生不幸于2008年9月7日17时55分在中国人民解放军305医院驾鹤西去。在老泪纵横的蹒跚中，我翻出戴老近几年来给我的数十封情满意长的郢曲和馈赠新近出版的"源于敬乡之诚，出于桑梓之情"的《射水纪闻》和反映他叱咤风云的大学时代在中国共产党指导下在重庆主编公开发行的《中国学生导报》，参加迎接光明的政治斗争生涯诸种著述，戴老和我数十年的情谊一一浮现心头。

　　我与戴老的神交始于上个世纪80年代，我从城市建设岗位转入出版界后拜读他在《出版工作》（今改名为《中国出版》）上发表的纵横驰骋的出版史文字。一次，《出版工作》主编滕明道先生来合肥与吴旭同志及我组织安徽专版，滕老再次向我推荐了戴先生。此后，多次在全国性学术会上见面。1993 年 10 月，在武汉召开的抗战出版史座谈会上我们又见面了。会上，我作了呼吁要加强中国古代出版史研究的即兴

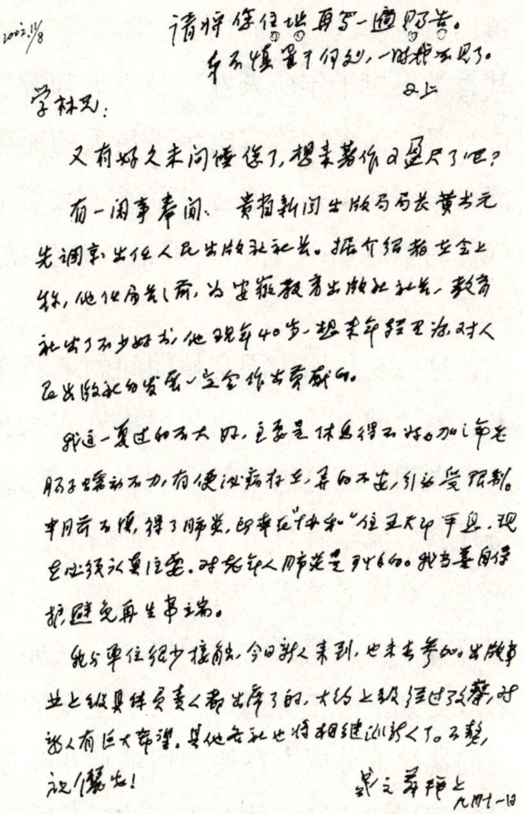
2002.11/8

请将你信址再写一遍[illegible]。本子[illegible]了何处，一时找不见了。又上

学林兄：

又有好久未问候你了，想来著作又丰收了吧？

有一闲事奉闻：贵省新闻出版局局长黄书元先调京出任人民出版社社长。据介绍者[illegible]称，他任局长以前，为安徽教育出版社社长，教育社出了不少好书，他现年40岁，想来今后[illegible]对人民出版社的发展一定会作出贡献的。

我这一夏过的不太好，主要是休息得不好。加之常年肠子蠕动不力，有便秘病存在，弄的不安，行动受限制。中月前不慎，得了肺炎，卧床在"协和"住了大[illegible]。现在必须认真注意，对老年人肺炎是[illegible]的。我当善自保护，避免再生事端。

我与单位很少接触，今日新人来到，也未去参加。出版事业上级具体负责人都出席了的，大约上级经过了考察，对新人有巨大希望。其他各社也将相继派新人了。专此，祝健康！

戴文葆拜上 九月十一日

发言，引起与会老出版家们的共鸣。自后，无论是在武汉东湖之滨，还是在武当山上，在济南、南京、温州出版史研究会上，在《中国出版通史》编纂会上及我每次去京的促膝交谈中，我们的中心话题是古代出版史和中国疆域史。因此，我们成了忘年交，他也成为我治学路上的良师。每次赴京，我都选择离戴老家近的国子监旁松梅宾馆。这固定的住处便于与在京的出版界耆宿交往、请教。一次，我留宿戴老，长谈彻夜。休息时，我才意识到这位精神矍铄的睿智老人太瘦骨嶙峋了，从此，再也不敢留宿他了。通过交谈获悉戴老祖籍全国状元县安徽休宁叫隆阜的地方（现属

黄山市屯溪区），与"前清学者第一人，其考证学集一代人成就，其哲学发二千年所未发"朴学大师戴震是同宗。其先人常提及这位乡贤，他多次流露出生平最大的愿望是想去隆阜认祖归根，弄清与戴震的关系。他通过审读《戴震全集》后表示，准备给这位族贤写点研究性著作。可惜，晚年疾患缠身，使戴老带着遗憾走了。

这位在新旧中国交替期间的老新闻工作者一直是光明的传播者。解放前，他在《世界晨报》、《大公报》任职期间，发表不少追求光明、驱赶黑暗的犀利文字，充分显示出他卓绝的才干，深得社会名流学者赞赏，他的证婚人就是《大公报》总经理胡政之先生。在戴老充满神奇与坎坷的一生中，他对夫人充满情谊，他们曾有个令人羡慕的幸福家庭。在那不堪回首的非常年代里，戴老遭受到不公正待遇后，为了子女的前途，在人生的青壮年时期他们就被迫分居。在他独居的后半生中，他对老夫人一直怀有深厚的感情和关爱。他在 2007 年 11 月 9 日给我的信中说：

> 我的妻子为两个孩子，也为我生活，大半生十分忙碌。晚年住医院，饮食不合宜，进食少，营养品不足，最后吃得少，不适合，侍候不周到。男孩不了解，只以为她后来进食不多。其实是劝告、帮助不够。我回北京又迟，是我照顾不够，成为我终生遗憾。

戴老不仅是个充满大爱的人，更是一个血气刚强的饱学学者和凛然正气的炎黄子孙。当中国人民解放军以排山倒海之势涤荡蒋家王朝、新中国的曙光已在广阔的地平线上冉冉升起的前夜，蒋介石的后台美国驻中国大使司徒雷登溜出中国大陆时，整个中

右起：徐学林夫人，徐学林，方厚枢，刘杲，戴文葆

国新闻界除由毛泽东主席亲撰的《别了，司徒雷登》这篇浩气长存的激扬文字外，在当时的新闻界还留下《大公报》社评委员戴文葆先生亲撰的《大公报》社论。

戴老宽厚待人、奖掖后进，关心别人无微不至。在我的治学道上，不得不提起他对我疆域史和出版史研究领域的指导、帮助和鼓励。上个世纪80年代，国家出版局老局长、国家出版委员会主任王子野先生曾要我认真总结安徽出版史，尤其是徽州出版史。王老逝世后，戴老每次见到我，都十分关切地询问徽州出版史研究进度。一次在他家，他从书橱中取出用纸包裹的我的涂鸦文字——《徽州刻书》说，为了怕弄丢、弄脏，他特地用纸包起来。在称赞后，要我克服一切困难，完成子野先生生前给我出的研究徽州出版史课题。数十年来，我在病态的环境中，作为出版

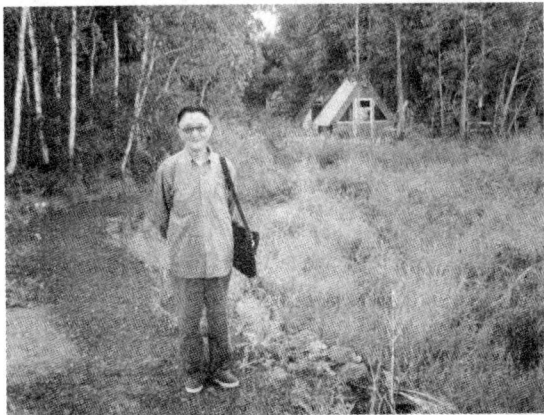

史研究的"地下工作者"，为了不负先辈嘱托，现已将《徽州刻书史长编》扩充至 350 余万言，并收集了以彩色为主 400 余幅图片。他曾在与黄山学院《戴震全集》的编纂者之一方利山先生通信中

戴文葆在各地讲学时留影之一

说："看到徽刻精美绝伦，为中国出版史增光。每次研讨会上，见到徐学林编审大声为徽州出版呼号，收到了效果，为国人所赞佩。"在我因出版问题而烦恼时，戴老曾语重心长地对我说："一个人面对困境妥协，甚至轻言放弃就是懦夫，逆境往往会与成功变成孪生兄弟。"在 2003 年 4 月 21 日的信中，他还鼓励我："不要灰心丧气，仍应该读书研究与写作。您是学者，著作将会登录石渠，嘉惠士林。"同年 11 月 13 日，他还在信中说："您是学者，读书人，一贯清高，埋头治学，不计名利，可以修鳞养望，将来水到渠成。"对于戴老的过誉和期望，时时令我汗颜不已。但戴老执著的治学精神及体现在他身上的追求卓越、甘于奉献、鞠躬尽瘁的韬奋精神是我自强不息的精神支柱。在老一辈出版家们的鞭策下，我也不悔在出版史研究的艰辛道上的多年上下求索。上个世纪 90 年代初始，我出版了《中国历代行政区划》小册子，戴老总是把它收藏在他浩如书海的书橱中显眼的地方。当时，人民出版社分管史地等专业的老总吴道弘先生也要我扩充（实际上

是恢复加强在那特殊年代里删去的讳莫如深的边疆史部分）内容，修订后由人民出版社出版，我因与原出版单位领导沟通时他未表态，加上当时工作忙，写作任务重，没有完成任务。此后，

戴文葆在五大连池留影

应中共安徽省委宣传部和安徽省社会科学院领导之约，要我写一本《中国行政区划》的小册子，后因种种原因，此书未出版。在此基础上，我在世纪之交扩充成60余万言的《中国疆域与政区变迁史》。戴老浏览书稿后认为这一研究领域值得深入。近年来，只要他一在书报刊上发现有关疆域、边界谈判、政区文字，他都及时复印或剪下，并立刻寄给我，供我修订时参考，使我大获良益。

可惜，戴老没有见到我这两本书的最后定稿就已撒手人寰，令我心情更加沉重、悲痛。我将加倍努力，力争早日定稿问世，以告慰戴老在天之灵。

良师戴文葆先生永远活在我们心中。祝戴老在西天路上一路走好。

（作者为安徽省新闻出版局编审）

真诚宽厚　智者常在

李晓晶

戴文葆先生忠厚正直的高风亮节、严谨勤恳的工作作风和数百万字的文章，连同那江苏口音的普通话——言谈笑语，一直都留在我的心头。

我是在编辑出版"普通高等教育编辑出版专业教材"的工作中，经"普通高等教育编辑出版专业教材"领导小组副组长、高等教育出版社社长王耀先先生介绍，与戴文葆先生相识的。我多次想起十多年中同戴文葆先生的那段共同经历。

清华会上初相识

1995 年 10 月 6 日上午 8 时 30 分，清华大学能科楼正在召开由新闻出版署人事教育司、教育部高等教育司主持的、由清华大学承办的"全国高等院校编辑出版专业负责人第三次联席会议"。我作为"普通高等教育编辑出版专业教材"的责任编辑应邀出

席。参加会议的有清华大学新闻与传播学院领导胡显章，教育部
高教司司长刘凤泰，中宣部出版局郭玉强主任，新闻出版署党组
成员张伯海，中国编辑学会副会长邵益文、新闻出版署人事教育
司副司长尤广巽，还有几位熟悉业务、未曾见过面的出版界的著
名编辑出版家。

　　上午的会议刚结束，王耀先先生同戴文葆先生来到我面前，
王耀先先生告诉我："这位是戴文葆先生，是来参加明天召开的
《中国编辑出版史》这部教材的书稿研讨会的，请你抽时间向戴
老介绍一下情况好吗？"我笑着同戴文葆先生握手，连说："好
的，好的，谢谢戴老，谢谢王先生。"随后我们便向餐厅走去。
我坐在戴老的右侧，王耀先先生坐在戴老的左侧。阙道隆、庞家
驹、毛鹏、方厚枢、吴道弘、袁继蓉、向新阳围桌而坐，清华大
学编辑出版专业的孙传耀和孙宝寅两位教授，前来同大家打招呼，
表示欢迎。此时开始上菜了，孙传耀教授见到在坐的多是长者，
就对我说："这桌就交给你了，你要好好照顾老先生们，负责让
大家吃饱、吃好，有什么要求请及时向我讲。"声音虽轻，却让
戴文葆先生听到了，他瞧着远去的孙传耀和孙宝寅两位教授，对
我说："他们都五十多岁的人了，会务工作那么忙，还这么周到
地照顾我们。应该让年轻人来做这些事，可他们却这样认真，跑
来跑去的很辛苦。"我点点头表示赞同，心想：从这件小事中，
戴老就能体谅办会人的辛劳，多么好的老先生呵！

　　午餐后，我同王耀先、戴文葆、吴道弘三位先生在校园内散
步，王耀先先生对我说："请戴老担任'普通高等教育编辑出版
专业教材'中的《中国编辑出版史》、《编辑应用写作》、《编辑

实用语文》的顾问和审定委员，指导编写工作的顺利进行，你看可以吗?"我喜出望外地说："这太好了，真是求之不得。"我虽然今天才认识戴文葆先生，可是关于他的情况我也知道一些。戴文葆先生曾任《中国学生导报》主编，后任上海《大公报》社评委员等职务。解放后又在人民、三联、中华书局等出版社工作，是新闻和图书出版业的著名"双栖"编辑。他还是《宋庆龄文集》、《胡愈之译文集》的责任编辑，是首届"韬奋出版奖"的获得者，还是出版教育家，给大学编辑出版专业讲课。有他的帮助，教材质量一定会提高的。

晚餐后，庞家驹先生请我和戴老、王老（耀先）同去参观校园里的荷塘，说是让大家体会和欣赏朱自清的"荷塘月色"。一路上，戴老对我说："半个多月前我收到《中国编辑出版史》的打印稿，是你寄给我的吧? 我今晚就能看完全部书稿，明天的书稿研讨会上，我再谈对这部书稿的印象和修改建议。你编这套教材一定会有许多意想不到的困难，如果需要查找资料，我家里倒有一些书，你可以来找我。"我听了这番让我心头一热的话，深为戴老倾力帮助我这年轻的小编辑的善举所感动，我再三向戴老道谢。随即，我将教材工作的现状、进展、难点、问题概要地向戴老进行了介绍。当他听到我讲："教材中的《书籍编辑学概论》、《期刊编辑学概论》、《校对业务教程》、《社科中文工具书使用》4种教材再过半月就能与读者见面"时，戴老是那样的高兴，边笑边说："这太好了，太好了! 出版界终于有了一套正规的教材，可供高校的编辑出版专业使用，你为中国的出版发展和出版教育做了一件大好事。"我连忙向戴老说："编辑出版专业教材的出版仅以我个人的能力和条件是做不到的，正是有新闻出版署领导的支持和关怀；有编辑出版专业教材领导小组和编审委员会的工作上帮助；有一批象您一样关心出版事业发展、想做事又有能力做事、热心相助的老专家和老前辈的倾心指教，才使这套教材有了这样好的出版结果。"

戴文葆先生略微思索了一会儿，又说："你除了编这套教材，还编其他书吗？"我说："还编一些文化普及类的图书，如《收藏知识小丛书》、《漫游世界指南丛书》和一些学生用的教学辅导书。"戴老说："工作量蛮大的，教材编辑工作有什么困难，请找我好了，我家住在人民出版社附近。"

第二天早餐时，戴文葆先生向我打招呼。同时递给我一张纸条，只见上面写着：

邮政编码：100005

住宅地址：北京市东城区西总布胡同 55 号

住宅电话：010—65126546 这是戴文葆先生家中地址和联系电话。我接过纸条儿，连连向戴老致谢。

审定书稿显卓见

1995 年 10 月 7 日上午 8 时 30 分，召开《中国编辑出版史》书稿研讨会。清华大学校园内近春楼 2 楼的小会议室里，王耀先、阙道隆、戴文葆、吴道弘、向新阳、肖东发、汤书昆、毛鹏、袁继蓂，以及新闻出版署人事教育司副司长尤广巽、人事教育司干部即"普通高等教育编辑出版专业教材"领导小组秘书柏楠济济一堂。会议由王耀先先生和阙道隆先生主持，会议开始，尤广巽副司长就中国出版发展和编辑出版人才培养离不开正规的高校"编辑出版专业"教育，以及教材出版的重要意义做了简短的发言。

随即，"普通高等教育编辑出版专业教材"编审委员会对《中国编辑出版史》书稿进行了讨论。戴文葆先生的发言，我做了详细记录：

> "普通高等教育编辑出版专业教材"的出版工作是一项开创性的工作，由教育部和新闻出版署共同审定，都证明编辑出版工作和培养编辑出版人才的出版教育工作共同受到国家的重视。
>
> 这套教材从史、论、技三个方面讲述了编辑出版工作的主要内容，《中国编辑出版史》是教材中重要基础部分。世界上各国的高等教育内容都是看教材中史的部分，史在教材中分量比较重。
>
> 《中国编辑出版史》体例上有规律，从政策、活动、图书形态、使用的材料讲述，这样的格局很好，分期很妥当。编辑出版工作发展演化到今天是依据科技文化、生产发展而壮大的。国家的政治管理与编辑工作管理，以及编辑工作的形式、内容都写得很好。这种书写成纲要性的历史还比较好弄，用书与参考材料中重要的东西结合写成《中国编辑出版史》的教材不容易。这件事很难，而你（指肖东发教授）还是写成功了，我很欣赏你勇敢地承担了这项工作。
>
> 这本书中的第一、二章可以删去，用《中国出版的发展

形态》的内容，用几句话代替简单说说，用王朝体制、用出版的物质形态去写；从演化的角度写中国书的门类之多；从书的品种等内容去写形态，可以反映出各个历史时期的出版编辑概况。

第三、四、五、六、七章写得好，不足之处是雕版印刷写到魏晋时期说得太草，是否应该放在唐代去写。纸的发明应放在西汉时期去写，而书确实写的时期过晚；书稿中谈书的流传也有不妥之处，在打印稿上我已经用笔标出。我不赞成将1949年以后的编辑出版史写进来，建议待这本《中国编辑出版史》出版之后，再写一本新中国成立至今的《中国编辑出版史》下册，当然，涉及"文化大革命"时期的这段历史不好写，还有待于做认真细致的研究、整理，得到中宣部和出版署领导上的支持、把关。

我没有研究过史方面的东西，建议研究个案，因个案研究历史的书少，特别是编辑出版史应加强这方面的研究，写进教材里。

会议结束后，戴文葆先生走到我身旁，从手袋中取出《中国编辑出版史》打印稿交给我，并对我说："昨天晚上我才看完最后十几页没有写审稿意见，今天会上的发言，我看到你记录了，请你帮我整理一下发言，算做审稿意见吧，辛苦你了。"我边听戴文葆先生的话语，边打开书稿翻阅，只见书稿的每页上都有红笔、铅笔圈圈点点，删改与增补处的建议，写得简洁明了。看得出来，经戴文葆先生修改，《中国编辑出版史》的书稿整体水平和文字表述都有很大提高，他在审定书稿的过程中，付出了大量

戴文葆在镜泊湖留影

的精力。

我同意给戴文葆先生整理这部教材的审稿意见，就说："等审稿意见写好之后，寄给您过目、修改。"

这天午后 2 时 30 分，清华大学校园内近春楼的大会议室里，已经坐满了参加会议的人。我坐在戴文葆先生身边，打开笔记本准备记录，戴文葆先生冲我笑着说："一会儿，'两部一署'的大人物就要来了。"我抬眼向主席台那儿瞧了瞧，只见空无一人。心里正想什么是"两部一署"时，只听到脚步声由远而近，只见中宣部出版局局长高明光出现在门口，紧接着教育部副部长周远清、高教司副司长王言，新闻出版署署长于友先、副署长卢玉忆、桂晓风、署党组成员张伯海，新闻出版署人事教育司司长李敉力、副司长尤广巽陆续入坐。与会者起立鼓掌欢迎。

戴文葆在江苏扬州留影

　　会上，中宣部、教育部、新闻出版署的领导就出版发展、人才培养、教材出版、学科发展等内容做了简短发言。座谈会进入高潮，就编辑学专业教学情况及问题等内容进行了发言。会场主持者给高校编辑学专业的负责人限时 10 分钟发言，会场顿时沉浸在侃侃而谈的氛围中。待高校人士发言结束后，桂晓风副署长说："下面请著名编辑家戴文葆先生讲话，请，戴老。"戴文葆先生站起来说："晓风署长，使不得、使不得，我是来向大家学习的。我只说一句话：祝愿出版编辑教育事业兴旺发展；祝愿高校'编辑出版专业教材'早日出版吧，促进学科建设！"

　　晚餐后，戴文葆先生同我道别，说："明天，清华大学组织到会人员去怀柔参观，我不参加这项活动，一会儿就回家了。"说着他回房间取东西，我在住所的大厅里等着，准备送戴文葆先生上车。戴文葆先生临上车前又对我说："大学教学等着用书，教材出版要快一些才好。"我点头称是。

戴文葆先生是王耀先先生向我推荐作为"普通高等教育编辑出版专业教材"的顾问和审定委员的。而他对这套教材出版的关注、倾力、热情，丝毫不逊于在新闻出版署登名注册、获得资格证书的顾问和审定委员们。戴文葆先生在审定《编辑实用语文》和《编辑应用写作》两部教材中，指出问题、参与修改、把关，付出了大量的精力。正是由于戴文葆先生的认真负责，使这几本训练编辑工作基本功的书成为"编辑出版专业教材"中水平、质量较高的那种。

"教材修订是关键"

1998 年 5 月，我正在编辑《选题论》一书，接到赵航教授电话告诉我"我将《选题论》的打印稿寄给戴老了，请戴文葆先生给这本书写序言，戴老同意了。"过了月余，我借去北京组稿的机会，到戴文葆先生家里看望他，进门后只见走廊、书架、床头、书桌、椅子、窗台到处都是书，我想这家里是名副其实的"戴仕书屋"。

我向戴文葆先生问候了几句便说："戴老，我是《选题论》的责任编辑，有您为我责编的书作序，我非常荣幸，我和社里领导谢谢您。"戴文葆先生忙说："在出书以经济效益为主的今天，还出版这种书，难得、难得，这是你和辽宁教育出版社对编辑学研究的直接贡献。"接着，戴文葆先生又向我讲起了赵航教授，说着、说着便拿出写好的"序言"，我知道这一万多字的文章，曾让戴老披星戴月，里面凝聚着老人的心血与厚望。

2000 年，辽宁出版集团成立后，我人随教材走，从辽宁教育出版社转入辽海出版社，即辽宁省教材出版发行中心。一次去北京开会时，又去看望戴文葆先生，这时戴老已从西总部胡同搬到了和平里民旺大院新居。一见面戴文葆先生就问我："教材发行得好吗？从辽教社到辽海社，书的销售会不会受到影响？这几年，新闻出版署教育培训中心一直在使用这套书。"

当我告诉他："这套教材因被教育部列入专业本科使用的教材后，发行还好。只是有几种还没出版，如《中国编辑出版史》下册、《出版法概论》、《图书宣传学概论》，虽然领导部门的批准文件早已下发，由于《出版法》人大会议未通过等原因，不能出版。"戴文葆先生略加思索，又说："教材的生命力在于不断的修订，注意收集出版业内人和教学一线老师的意见，进行修订。学科建设、编辑出版专业发展，教材修订、更新内容是关键的。"我点点头表示同意，尽快完成教材修订工作。

戴文葆先生在我眼里就像五台山的文殊菩萨一样，是一位用智慧开启人们心灵的长者，在编辑职业中提倡智慧救人。接着，我问戴文葆先生："您从事编辑工作这么多年，感受最深的是什么？"戴文葆先生答道："勤苦。'图书选题须放眼，编辑加工要读书'，在社会实践和发展的历史进程中，不断解决新课题、开拓新境界，实现传播作用。编辑工作到处都存在着求新、创新、出新的多样内容的新选题，等待我们及时发现、编写，编辑出版各种材质、形态、内容丰富的多种多样书籍。就编辑个人修养来讲，要具有思想与知识沟通，感情与能力融洽的素质。在多元化、多层次的出版文化架构下，力争在个人出版的选题规划中做到：对外交流与远眺结合，对内创造与传承文化，即普及与提高并重。在温故而求知、求新、求深、求异中，要刻实认真，沉得住气。编书写稿要忍苦耐烦。"

　　此后，我去北京公差的机会少了，但是我每年都同戴文葆先生通几次电话。如果去北京参加 1 月份的图书订货会，我都会去看望戴文葆先生，话题离不开图书、教材。当他得知全国许多高校的编辑出版专业都使用这套教材时，他是那样的高兴。

　　2007 年 2 月 15 日，春节临近，我给戴文葆先生电话拜早年。戴文葆先生兴奋地对我讲了两件事：一是，中央主管宣传的领导和中宣部出版局领导在 2 月 10 日上午，来到家给他拜年，并且坐了 1 小时才走。"我想我是一个编辑，能让国家领导人到我家来看我，是我没有想到的事，我做的是平凡的事，受到的却是这么高的荣誉，这也是国家领导人关心我，让我深受感动呵"。二是，2 月 14 日上午 9 时前往 301 医院看望季羡林先生，季羡林先生的秘书说：他很想我、想见一面。我见到季羡林先生，他吃力地说：我的第一本书由您编辑、修改，您提了许多好建议，我至今仍然很难忘。今天我见到您很高兴。我不让季羡林先生说话，我说：您说话吃力就不要说了。我来看您，第一是祝福您在新的一年里快乐平安，健康长寿；第二是我见到您真高兴，您这么多年没忘记我是您的第一位责编，让我很感动；第三是我送您一本我写的书，留个纪念。我送季羡林先生一本《射水纪闻》，季羡林先生送我一本《病榻杂忆》。

　　停了一小会儿，戴文葆先生又说："前些天，我见到桂晓风说起你编辑的那套教材，请他借助在编辑学会的位置，好好地宣传推广，要知道这套教材出版不容易，如今使用了十多年，而且获得好评更不容易。""谢谢你来电话拜年，我祝你一切都好，工作顺利、出好书"。

从戴文葆先生与我共同出版"编辑出版教材"中，从戴文葆先生把关、修改、审定书稿的过程中，我亲身体验到了他做学问的严谨、认真，一丝不苟，刻苦钻研，精益求精的高尚品质。他的言传身教，对我从事编辑出版工作和编辑出版研究工作，一直起着示范的作用，并鞭策我努力像他那样做事做人。

今年冬天沈阳多风，此刻又是连天阴霾、满城飘雪的时分，大风夹雪，洒满大地，"银装白雪祭故人"，凝视窗外，不知戴文葆先生的英灵风雪中正在何方安息？

坐在书房里，翻阅着戴文葆先生签名送我的大作——《月是故乡明》《射水纪闻》几本书，戴文葆先生的音容笑貌，依稀又到眼前。提笔仅以"天堂赠言"，告慰戴文葆先生的在天之灵。

2008 年冬

（作者为辽海出版社干部）

戴文葆与《胡愈之译文集》

施梓云

戴文葆先生是出版界老前辈，自是组稿、约稿、编稿无数，但我得以结识他，却是因为我向他组稿，做了他的责任编辑。

上世纪90年代后期，译林出版社决定编辑出版一套最有影响的第一代中国共产党人早期从事文化活动时的译文集《播火者译丛》，以纪念"五四"运动90周年并向中华人民共和国成立50周年献礼。当时选定由瞿秋白、张闻天、沈雁冰、胡愈之诸人的译文集组成这套丛书。因为专业方向和出书范围的关系，以翻译介绍外国文学为主的译林社较少有书涉及中国现代革命史上的人物，所以把这个直接切合政治主旋律的选题看得很重，希望每一部译文集的主编都要约请国内对该译作者最有研究、最权威的专家担任。根据丛书名建议者、著名国史专家程中原先生的推荐，于是找到了戴文葆先生主编《胡愈之译文集》。我做了他的责编。

那时我从高校转到出版社工作时间还不长，只知道戴文葆是获得韬奋奖的，那应当是重量级的出版人了。程中原先生告诉我，戴文葆是编胡愈之译文集最合适的人选，而且他是一个很好、很有学问和经验的人。我相信中原师的话。哪个编辑不想和水平高、好相处的学者合作呢！果然，第一次与戴先生的见面我们就建立了相互的信任。我们约好在程中原先生任职的当代中国研究所会面，与主编瞿秋白译文集的郑惠、瞿勃等先生一同商量丛书的选编原则和体例。（主编沈雁冰译文集的茅盾研究专家叶子铭先生及其高足余斌教授尚在南京，未过来。）记得戴先生匆匆赶到，一面和诸人打招呼，一面抱怨着交通拥挤、事情繁多。他说话声音虽有点沙哑，却很洪亮，镜片后的目光充满坦率和热情，但有时又似乎闪过一丝狡黠——后来我知道，那就是他要来点幽默了。我全然没感觉到眼前是一位年逾古稀且历尽沧桑坎坷的老人。

　　戴先生十分赞赏这一套译丛的选题立意。认可这是一项文化积累、填补空缺的大好事。大家对丛书的编选原则和体例很快意见一致。但我感到戴文葆先生身负了更大的压力，有点担心《胡愈之译文集》能否顺利出版。胡愈之与另三位有明显不同。瞿秋白、张闻天都是中共早期的领袖，沈雁冰也是建党前就参加了共产主义小组，大革命时期更是活跃的人物，在经历和资历上胡愈之能否与他们并列，老实讲我心里是有点底气不足的。更重要的是，瞿秋白、沈雁冰早以新文化旗手闻名，他们的文章、资料绝大多数已经被整理出来，甚至很多已经出版。为他们各编选两卷译文集应该有较好的材料基础，主编者也早有卓著的成果和研究的准备。张闻天的文学活动以前虽不为人知，但程中原先生对张闻天多年的悉心探究就是从他的早期文学活动开始而逐步深入的，如今张闻天的译文篇什也已基本集辑在案头。与他们相比，胡愈之的资料大体还在原始状态，要到浩如烟海的故纸中追寻，去辑佚钩沉、爬梳辨识，这不是一件容易的事。

我把这两点担忧说给了戴文葆先生。他立即大声地向我说："没有问题的，没有问题的！胡愈之在五四时期就从事了新文化运动，他是鲁迅的学生。他 1930 年就提出入党要求，被左倾关门主义关在了门外，1933 年被吸收为特别党员。晚年他也是国家领导人，与前三位相比，身份是相称的。至于他的译文，肯定很多，《东方杂志》上就很多，我可以去找，我知道在哪里。"

夫复何言！我相信我的杞忧可以抛却东洋大海了。这段话我至今音犹在耳，所以我敢用直接引语。我明白，许多人，包括我在内，对胡愈之的文化贡献所知不多，只把他看作民盟的领袖、社会活动家。但戴老不同，他显然对胡愈之有更深的认识了解。这绝不只是建国后第一代出版人对第一任国家出版署长的感性认识。他知道胡愈之一贯不争强、认真做事的低调风格也许会影响他的社会认知度，甚至可能会埋没他的贡献，但他默默播火的努力必定更昭显伟大成果的光辉。我想，其实这也可以是对所有出版人特别是编辑们的期许。戴文葆先生是从很高的立意和广阔的视野来看待这套译丛的编选工作，且对其内容心中已经有了一个轮廓。所以他有那样热切的态度。

后来我在《胡愈之译文集》的编后记中读到了他对此的阐释："胡愈之以出版家知名于世。其实，他对我国思想文化领域的贡献是多方面的，有相当多的成就至今尚未为人充分了解。须知五四新文化思潮涌现之前，年轻的胡愈之却是首先以翻译家的身份登上了文坛。""胡愈之作为'播火者'，是从 1915 年担任

《东方杂志》编辑开始的。一个月编两期，平均每期都需要著译两三篇文章。在工作中经数年磨练，青年胡愈之即已熟练地掌握了英语、世界语和日语。他注意阅读海外报刊，在哲学、经济、政治、文学等各方面都有研究和理解。与之大致同时，沈雁冰和他的胞弟沈泽民，以及与沈泽民在南京河海工程专门学校同学、且曾一道去过日本的张闻天，他们在五四时期开始致力于翻译工作，大体上也经历了类似的过程。"这就表明了编者对早年胡愈之翻译活动的历史定位，明确他与张闻天、沈雁冰一样属于五四新文化运动先驱者的阵营。

不仅如此，在这篇后记中戴文葆先生更是热情赞扬了胡愈之的贡献："1920 年，胡愈之、郑振铎、沈雁冰、陈望道（后来都是文学研究会的重要成员）的文章相当有分量。胡愈之的《近代文学上的写实主义》是我国第一篇系统介绍西方写实主义文艺思潮的论文。作者说，写实主义在西方勃兴的原因，一是哲学上的实证论的兴起；二是社会矛盾加剧，人们的注意力由理想偏向实在。与浪漫主义比较，写实主义重理智、重现实，求真，以研究人生为目的，态度是客观的，写日常生活。他认为写实主义的特色是：（一）科学的态度。（二）作者的人生观是机械的唯物的，平凡的眼光，丑恶的描写。（三）注重人生的描写，是为人生的艺术。

"像书中如此简要切实的论述，寡闻如我，在一些煌煌论著中似尚未见。这可能并不是由于未听说过胡愈之其人，而可能是只晓得他以编辑出版家、国际问题专家著名，不了解'五四'前后已经使用罗罗、化鲁、说难、蠢才等笔名的青年胡愈之的文学活动。只怪中国曩昔战乱频仍，民不聊生，不重视图书馆建设，查看二三十年代的书报、期刊难上加难。研究工作离开完备的资料准备，这就难为了巧妇们了。

"从译介主旨、选择趋向、迻译态度等方面看来，胡愈之在翻译事业中继承了鲁迅以来的优良传统。他从事文学翻译的劳作时间并不长，但他多年所担当的社会职业，所执著的高尚襟抱，所具有的组织才能，所产生的实际影响，却为推进翻译工作开拓了活动的领域，可以说是继承并发扬了鲁迅以来的传统。

"五四新文化运动作为伟大的思想启蒙运动的一个重要标志，是提出了文学革命的主张。这正如鲁迅所说：'一方面是由于社会的要求的，一方面则是受了西洋文学的影响。'清末他在日本留学时，早在 1907 年间，写过《文化偏执论》、《罗摩诗力说》等论文，前者提出'立人'问题，后者提出'别求新声於异邦'。他常说：'我的老话：多看外国书。'思想要求在於'拿来主义'：'没有拿来的，人不能自成为新人；没有拿来的，文艺不能成为新文艺。'这都归结到'立人'、'振人'，'以为文艺是可以转移性情，改造社会的。因为这意见，便自然而然想到介绍外国文学这一件事。'这就像造福人类的普罗米修斯，盗取火种给人类，播火到人间一样。鲁迅的文学生涯，据他自己说，就是开始於翻译，'注重的倒是在绍介，在翻译，而尤其注重于短篇，特别是被压迫的民族中的作者的作品'。胡愈之从事翻译工作，就把介绍世界进步文学的重点，放在被奴役民族和被压迫人民的痛苦、呼号和斗争上。"

这些结论，是编者对读者的提示，也是那厚厚两卷近百万字

《胡愈之译文集》默默告诉我们的。从千百字的科普短文，到几十万言的《西行漫记》，编者让我们看到了那位黑暗中先行者的足迹。尤其是《西行漫记》，戴文葆先生格外重视，一次次和我商量怎样能最好地保留初版的原貌。这部译品当年可真是震惊世界的火种。难怪后来新书发布时，胡愈之当年的合作译者，九十高龄的梅益老先生会坐着轮椅来出席。

不言而喻，编这样的书是很苦的。当我收到他寄来的一包又一包原稿时，我能感受到他沉甸甸的辛劳。那些稿子，有打印的、有手写的，有复印的、有剪贴的，有的做了记号，有的粘着注释。乍看似乎头绪繁多，其实十分细密有条理。看得出那是得从多少尘封的书刊杂志中选出。这只能是出自经验丰富的老编之手。然而他谈到这一切经过却口气轻松。那次他忽然出现在我的办公室，得意地告诉我，正好到南京找资料（好像是到第二档案馆），就来看看。我自是喜出望外，同办公室的年轻编辑多是武侠迷，听我吹过金庸曾是戴老手下，也都围过来看这位江湖前辈。他拿出一只照相机与我们合影，迅速地就和年轻人谈笑风生。他告诉我，搜寻原始材料虽然艰难，但幸有年轻人帮助，如这些这些就是北大和北图的学生帮忙寻找，那些那些又是复旦或上图的"小朋友"帮忙复印。总之他是得道多助的。此时他自己就显得那么年轻，就是一个快乐和不倦的"小朋友"。

其实那时候我还并不知道，他的快乐和不倦的背后曾有多么沉重。不，应该说我们现在也仍然不知道那份沉重。我只知道在他的那些年代，有学问又正直的人常常受到不公正的对待和冷酷的伤害，只是我们到现在还没有好好想这些事而已。后来我读了他送给我的他的杂文集《月是故乡明》。在这本书的题记中，我读到他总结那些苦难日子，是"反映了五千年来古国阴暗的一面，暴露了历来万花筒式不断变形的精神上的痼疾"。他还是不忘要肩负起黑暗的闸门，为后人多争取一点光亮。他甚至这样描写荒唐时代自己斯文扫地的日子："旧居数椽，可遮风雨；监理茅厕，赖以度日。履新当天，喜逢共和国十八周年大庆。形势大好，豪情满怀，左手高举鲜艳小红书，右手执持扫帚铁粪勺"，"环顾茅坑四布，臭气逼人。愧蒙重用，一度掌管十座茅厕，未设副职，可以专政独断"。这位十座茅厕的专制总督，这位臭老九，精神上是何等坚强。这样高洁的人格是打不倒的，他肩负沉重，也更有快乐的资格。

《月是故乡明》使我知道他的故乡是苏北的盐阜地区。他在落难时编著的奇特的《射水纪闻》使我知道他对故乡深厚的感

戴文葆在延安

情。其实盐阜地区也曾有我少年时的乐园。我甚至在那段时间到过阜宁县城。只是我彼时无缘见到那位古怪的智者，那位"不可接触的贱民"。我没有向戴老提过我的盐阜情结，尽管《射水纪闻》中读到许多熟悉的地名牵动我的记忆。我们的话题总是和书有关。他数次客气地向我要我们社出的书。他要读叶利钦的《午夜日记》、阿克顿勋爵的《自由史论》，后来在病中还向我要《黑格尔导读》，以致他的达观和求知欲望使我对他的健康情况始终充满乐观期待。

上个世纪最后一年，北京，金色的十月，包括《胡愈之译文集》在内的《播火者译丛》在人民大会堂某厅举行了新书发布座谈会。那天来的人特别多，戴文葆老先生神采奕奕，格外

右一戴文葆

健谈。已经进入历史星空的胡愈之自然不会知道他几十年前老部下此时为他所做的一切，但戴文葆知道他此时所做的一切是为中国文化的史册补上了曾被忽略的一页。我很庆幸一双最合适的手主编了《胡愈之译文集》，也很庆幸这部译文集为我带来了一位难得的良师益友，让我至今常思念。

（作者为江苏译林出版社编审）

他已化作千缕风

于淑敏

我常常苦恼的是，我听不大懂戴老的阜宁方言。

坐在他堆满书的书房里，我安静地专注地看他因滔滔不绝讲话而生动变化的脸，努力分辨他话中带着的几分激愤和不平后面的真正意义。但我往往失败地发现，只有他说起生活化的话时，我才真的完全听懂了。

我第一次见戴老，是 1999 年 10 月。李频当时主持北京印刷学院出版系，秉持学生要"在学中做出版"，请业界专家学者做一个新编辑上岗培训班。专家阵容非常强大，第一讲请的便是戴老。还请阙道隆先生讲三审制与初审的职责，林穗芳讲书籍辅文及附件加工，刘杲先生讲出版管理条例的出台过程，杭间讲图书装帧设计的问题。

我那时正在做陈原编辑出版实践研究。李频说，戴老曾是陈原的副手，你可以向他请教相关情况。

戴老当时还住在西总布胡同。把他接来的时候，他穿着深蓝色的夹克，围一条格子围巾，一副南方人儒雅模样。从此，格子围巾似乎成为他的一个形象符号，每次见到格子围巾，总条件反射般地想起戴老。

戴老讲的第一个题目是：我所见、所在、所向往的出版社；第二个题目是：本世纪的书，下世纪的书。这生动有趣的题目吸引了学子们的目光，也引起我的好奇心。戴老从上海到北京，先后"旅行"了人民社、三联书店、中华书局等五家出版社，从参与编辑 1500 万字的《蒋介石言论集》，到编辑《武训与〈武训传〉批判》、《宋庆龄书信选集》，为吴晗整理核对《朝鲜李朝实录中的中国史料》，与曾彦修主编《鲁迅选集》，对王芸生《六十年来中国与日本》的审读整理加工，成为编辑出版家。第一次听戴老讲他的编辑经历，我像提着空口袋走进宝山的那个人，一下子目眩神迷，完全忘记向他请教关于陈原的话题。李频见我很感兴趣，从资料室借出《出版工作》，帮我复印一份戴老的业务自传。我清楚地记得，是 1983 年第 6 期的《出版工作》。正如该刊"编者按"所说，业务自传是对自己工作的历史回顾和认真总结。一个编辑的基础理论、专业知识和业务能力的学习和成长过程，目前达到的水平，业务工作的经验、体会、成就、创见和发表的主要著作和译著，以及今后努力的方向、措施等，都应该在业务自传中得到实事求是的反映。听说戴老的业务自传几乎成为出版界高级职称评定的范本。我 2004 年申报编审职称，就是对照它亦步亦趋。十几年后的今天，我仍把这份业务自传复印件视若珍宝，把它当作了解戴老的一个窗口。

2000 年，李频写完《中国近现代期刊史札记》，想请戴老作序。酷热的 6 月，我们登门拜访，李频递上他的稿件，戴老当时便答应了。期间还讨论请吴道弘先生题写书名。李频说，天太热，不急，请他有空再写。似乎没过多久，李频便拿到了近五千字的序文，落款是"七月七日之夜于京都映雪书屋"。2003 年 8 月，《中国近现代期刊史札记》作为《大众期刊运作》下编由中国大百科全书出版社出版。戴老在序中充分肯定了李频对近现代期刊的学术研究探索。他说，"我虽然在新闻界前后服务了一些年头，可是早已忘记 1949 年前在我的写字台上每晚都能见到日销报纸的报表。1950 年专做图书编辑工作，长时期认真适应马尔库斯所论述的苏式出书规则和计划安排，对选题、约稿、整理加工及校对、印制等工序起过良好作用，但日久年深，开拓的思路却堵塞而凝固起来了。"他对其中关于胡风期刊编辑实践的三篇论稿很是赞赏，说胡风的遭际在文学史上"前无古人"，"我不能就我曩昔所见作某些简单的对比，只有对不以盛气凌人的主编致以敬礼"。

戴老 2001 年 1 月给弘征等人的信中说，"我在年前搬到新址，受书籍之累，至今尚未安顿。"由此推断他是 2000 年 12 月搬到和平里民旺大院的。他怕新址收不到朋友们的信，还特意留了由人民出版社老干部处代收的老地址。

2001 年 9 月，陈原突发脑中风住院，我敦促自己加快《陈原序跋文录》的编辑工作，想让陈老看到它出版。但直到 2004 年 12 月陈老去世，书稿还在编审过程中。我不那么"赶工期"了，静下心来又重新核实了相关资料，并补充了新发现的资料。母校河南大学的宋应离老师编选《20 世纪中国著名编辑出版家研究资料汇编》时，专程来京，向有关专家请教编选方面的问题，并请戴老作序。陈原、戴文葆的文章也收入其中。记得那天宋老师住在离戴老很近的简陋的宾馆里，我们先约好宋老师，再一起到戴老家里。谈得非常顺利，中午便一起到附近的饭店吃饭。饭中戴老从出版界近事，谈到时事，谈兴很高，饭后我们陪他回家。他仍戴着那条格子围巾，走得很慢。我搀着他的胳膊，从他穿着三层衣服外面仍能感到他的消瘦，我不由得想起"文葆代"的故事。1954年，胡乔木建议恢复三联书店编辑部、作为编辑室建制（半独立）时，人民出版社副总编辑陈原兼三联编辑部主任，人民出版社四编室的戴文葆任副主任。就是后来沈昌文所言"戴公有权发稿的时候签'文葆代'"。1955年戴因事不再担任此职，仍为陈助手。如今陈原走了，下一位会是戴老吗？我一边在心里骂自己大不敬，一边想，听老辈人说，年龄相近的老人，身体好时，比着似的硬朗，但假如一个走了，另一个健康状况也会急转直下。我在心里祈愿戴老健康，来压制那个不祥的念头。

我在李频的鼓励下，计划先做戴文葆著作活动编年，然后做一个个专题研究，比如戴文葆与胡愈之、与金仲华、与巴金，与宋庆龄选集、与张季鸾传记，等等。可我仍做着戴老所言"苏式出书规则"下的出版工作，这些课题只是纸上画饼，便写信给戴老诉说部门承包经济效益的压力，也在节日去拜访他，听他讲出版的人与事。2006年4月，我把简单的大纲式"编年"给他看时，他没有说话。我心中大不安，非常后悔把这么简陋的不成样子的东西给他。

我一页页、一本本地翻看着从前的笔记，想着与戴老交往的点滴。翻到2008年3月18日，是这样写的：

完全是出于女人的直觉，我上班后给戴老打个电话。他说，我现在着急不安，我要去看我的老师，他 90 岁了，县里要来给他祝寿。我想给他送钱好不好？过去党内是不许送礼送钱的。我也找不到红纸，就从外国杂志上剪下一张红纸包 400 块钱，不露出来，给他好不好？他对我是有恩的，我要给他送重礼，亲自上门给他。可我不知道他住哪，我一个朋友从成都回来，知道他的情况，我请他陪我一起去。

我说下午去看他，他却说：你能来更好。我家在人民社南楼三门 301，保姆是四川人。很好。她说这里就是我的家。

我惊问：您搬家了？不住民旺大院了？

他说：门口已换了保安。你来就说是找戴先生即可。下午还有一个女同志来，大百科的，也是我的一个学生。你们都来的话就好了。

我知道，他把我当作另外一个学生了。放下电话我心酸落泪。他已经八十多岁高龄了，还惦记着老师的生日，惦记着比他老的老头。

我当时完全没把他语无伦次、前后不搭界的话与疾病联系起来。下午 4 点半到戴老家，保姆告诉我，中午饭后戴老就嚷着要出门去接你，因为不知道上午谁给他打了电话，又阻止不了他，只好陪他出门。外面风很大，我劝他回去他不肯，连忙给他搬一个板凳，快 3 点钟时我对他说，你约的人到家后找不到你该着急了，这才把他劝回家。

我心里大骂自己罪过，假如戴老为等我伤风感冒，我岂非罪不可赦了。

戴老精神尚好，我的担忧一扫而空。他一见我就说，你晚上留下来吃饭，连忙吩咐保姆去准备。独自一人听他说话颇费心力，稍不留神就听不懂，以前有李频当"翻译"，还能听个大概齐。他的思维是跳跃的，正在说胡愈之，一下子便跳到仓孝和。晚饭是保姆煮的面条，见他吃了一碗，我稍稍放心些。

可我还是闯下了祸。3月21日接到杨进的电话，说戴老目前因小脑萎缩病得很厉害，这两天他天天念叨你，让保姆给你做饭，保姆不做他就打人，一直处于狂躁状态，昨天折腾到一点多，说要离家出走。他现在盼着人到家里看他，给他说话，但人走后他就失控。

我追悔莫及，生怕自己的鲁莽拜访加重了戴老的病情。我不敢造次，只在心里祝他早日康复。7月底，《陈原序跋文录》样书寄来了，我默念着陈老安息，又不由得想起病中的戴老。9月12日，收到李频发来的短信，说戴老去世了，告别会是昨天开的。我的泪水刷地流下来，我竟没去送他最后一程！

日本有一首歌是这样唱的：请别为我悲伤，我并没有死去在墓穴里，我已化作千缕风，在田野上翱翔，我化作清晨的小鸟，化作夜晚的星星，我化作千缕风……

可我宁愿相信，戴老是驾鹤回江苏阜宁老家了。

只是，从北京到阜宁，隔山隔水，近两千里之遥。三年了，戴老，如今，您走到哪一站了？

　　　　　　　　　（作者为中国大百科全书出版社学术分社首席编辑）

耄耋之年　戴老不老

杜　燕

　　戴文葆先生是出版界的老前辈，被许多编辑同行尊称为"戴老"。他在出版界声名鹊起的时候，我还是一个名不见经传的小编辑。我认识戴老的时间并不长，虽然已作编辑工作十几年，但由于没有"找到组织"，即没有和编辑学会结缘，所以"不识庐山真面目"。直到 2001 年 8 月，在哈尔滨召开的编辑学会第六届年会上，我才认识了戴老。

　　那是我第一次参加编辑学会的活动，与会者我一个人也不认识，会上我提交了一篇论文《外向型出版离我们有多远》。之所以写这样一篇文章，是因为我所在的出版社——中国商务出版社是中国商务部的直属出版社，其前身是隶属于中国对外经济贸易部的中国对外经济贸易出版社。我国当时正处在入世前的风口浪尖上，我社出版的大量图书都与"入世"有关。正是这种背景，使我"三句话不离本行"，论文从国际贸易的角度来研究出版问题。我在文中提到："入世"为我国出版业走向世界提供了机遇，也提供了更为广阔的活动空间和市场。我国出版业要借鉴其他行业的经验，挖掘出口潜力，加大版权输出力度，开发目标市场，提高国际竞争力。……

和如火如荼的外贸行业相比，当时的新闻出版行业相对来说还比较封闭，大部分论文都循规蹈矩，只有我显得有点另类。

我是个初次参加编辑学会活动的新人，论文水平也不高，正是这种不同的角度，引起了戴老的注意。会上会下，戴老对外向型出版很关注，多次谈到我国出版业要做大做强，必须走国际化的道路。戴老了解了我社的情况，建议我从外贸角度研究出版方面的问题，争取多写点文章。当时的戴老已经 79 岁高龄，是出版界泰斗式的人物，但他并不因循守旧，而是思想很活跃，具有一种"审时度势"的目光和睿智，对新事物很敏感。他认为，出版界应该与时俱进，面对入世，出版业应变被动应对为主动出击。戴老亲自把我的论文推荐给有关杂志社，该文最后发表在《出版科学》2002 年第 2 期上。作为一个年轻的编辑，在与戴老交往的过程中，时时都能感到戴老的鞭策，其心切切，望铁成钢。在戴老的鼓励下，我的写作积极性被调动出来，一发而不可收。几年来，先后写出了《面对入世，出版社应变被动应对为主动出击》、《学术著作：从书斋到现实》，《关注作者：编辑工作的重中之重》、《双赢理念：东西方文化碰撞的润滑剂》、《图书细分市场：一个富饶美丽的地方》、《关注图书"性价比"》、《经济类图书的编辑思考》、《在出版为经济服务中争取双效益》、《在商言商——从出版社转制谈起》等十余篇文章，其中大多数都是经戴老推荐发表的。

戴老年事已高，但并不古板。他很喜欢和年轻人打交道，亦师亦友，从不摆架子。有时他健谈如流，有时他又是个虚怀若谷的倾听者。在编辑学会年会即将结束时，来自全国各地的编辑纷纷合影留念，戴老又露了一手，原来他还是个技术高超的摄影师，而且称得上是个抓拍高手。当时在哈尔滨太阳岛大堤上，几个出版社的年轻人骑上了三人自行车，让我帮着照个行进中的合影，无奈车速太快，我照了几张都没照下来。手忙脚乱，还顾头顾不了尾，很是沮丧。旁边的戴老也在拍照，神态、姿势都很像个抢镜头的记者，当时我想，照不了动态的就照个静态的吧，于是拍下了一张戴老正在拍照的照片。回京后戴老寄来了一大包洗好的照片，让我分寄给片中人。让我喜出望外的是，其中有一张，就是动态的三人骑自行车，无论是构图，还是人物表情，都让人赞不绝口。

戴老的勤奋和严谨，影响着许多人，使人肃然起敬。即使高龄，戴老也仍要参加许多会议，审稿的任务也仍然很重。但是他从不敷衍，一丝不苟。有时为了一个典故，为了核实出处，他除了电话核实外，甚至亲自到北大清华有关专家处核实。几十年来，戴老为他人"作嫁"出书，整理古今贤达文集名著无数，是知识渊博、造诣深厚的出版人。更难能可贵的，是他从不吃老本，干到老，学到老。在与戴老相识的七年时间里，先后接到过戴老十多封书信，从中可以看到一个古稀老人生命不息，探索不止的生命轨迹。

戴老的信常常很简单，有时就是一段简报。有一封信这样写道："这是我好久前从《南方周末》（标题是：为了更加温和的全球化）上剪下来的，三个国际机构（世界银行、国际货币基金组织、世贸组织）为何制约落后国家，为何"不温和"，我不了解他们三家的办法为何严厉，所以看不懂，一直放着，想听您谈谈。

不急，我不研究这个问题，建议您思考，将来写篇文章。"

2004 年 5 月 17 日的信是一段《财经周刊》，题目是：《欧盟为何没给我市场经济地位——欧盟贸易发言人接受本报记者专访》，戴老的红笔批注是：我国的市场经济地位为何要欧盟给？

2005 年 1 月 21 日的信是一段《环球时报》（财经新闻），题目是：《中美商务部长谈什么》，戴老在几个地方都画了红线并打了问号。

为了满足戴老极强的求知欲，我将我社当时出版的《商业周刊》（中文版）寄给他，在寄了几期之后，我怕戴老兴趣不大就不再寄了。谁知马上就收到了戴老的信，信中说，"最近家里地址名称有所变动，是否因此未收到杂志，现将正确的地址写给你"。如此，只能恭敬不如从命了。

由于我所在的单位离戴老家比较近，戴老的有些问题信里也很难写清楚，在我不太忙的时候，有时我会应邀到戴老家做客。作为一个商务部下属的出版社的编辑，除有机会接触大量的经济贸易图书、作者外，还有机会听有关专家的国际形势讲座，参加各种经济贸易研讨会、交易会、洽谈会。这些活动很能开阔眼界，也使聊天的内容丰富多彩。纵览国际风云，戴老非常感兴趣。但每次戴老邀请我来想听我谈谈时，都显得非常不落忍，总怕耽误了我的时间，影响了我的工作和休息。

每年年末年初，我基本上都能收到戴老的贺卡，说起来惭愧，我给戴老寄的贺卡远没有戴老给我寄的多，有的贺卡甚至是自制的，贺词更是别具一格。2003 年 12 月 31 日，戴老的贺卡如期而至，打开竟是一首打油诗：

新年到 打腰鼓 跳秧歌

四面八方真热闹

出版行业争发展

编不完的书 读不完的稿

忙忙碌碌实在好

党中央 真英明

人才兴国做号召 做号召

头头脑脑要记牢

正高职称安排好 安排好

真才实学哈哈笑

心情舒畅哈哈笑

一个老顽童跃然纸上。

多年来，戴老笔耕不辍，即使 80 高龄，仍然没有放下他的笔，2006 年 6 月，收到戴老的大作《射水纪闻》。扉页上，工工整整的写着"源于敬乡之诚，出于桑梓之情，拙作奉呈杜燕同志指正，戴文葆敬赠"。上下加盖名章。真是让人惶愧不已，实实不敢当呀。

我一直认为戴老不老，他的思维，他的活力，很多时候都可以和年轻人有一比，但 2008 年春节过后，我最后一次去看戴老，戴老明显的衰老了，面容憔悴，话已经不多了，声音也有点沙哑，但还在嘱咐我，争取把已出版的文章出一个集子，前后说了两遍。

戴老离我们远去了，他的音容笑貌永远留在了我们心里。

2012 年 8 月 25 日

（作者为中国商务出版社编辑）

我的"双长"戴文葆

王春瑜

我觅食于文史两界，在文坛、学苑，有不少我很敬重的师友，但具有"双长"身份，令我可敬可亲者，仅戴文葆先生（1922—2008）一人而已。我虽生于苏州桃花坞街道尚义桥，但入籍地球不足 5 个月，日寇的铁蹄进逼苏州，母亲抱着我随着难民仓皇逃亡建湖县水乡，投奔外祖母。建湖与文葆先生故里阜宁，仅一河之隔，同属盐城市，他长我 14 岁，而且誉闻盐阜乡里，当然是我乡长。他 30 年代毕业于盐城中学，后毕业于复旦大学政治系；我 1954 年在盐城中学读高二，因病辍学，次年考入复旦大学历史系，文葆先生也就成了我的复旦老学长。有这样一位老"双长"，实在是我人生际遇中的荣幸。

回想起来，第一次见到文葆学长，是在《光明日报》召开的座谈会上，真是一见如故。他的正直、谦和、热情，令我动容。不久我迁居方庄，老出版家曾彦修（严秀）先生、范用先生也住方庄，我常去二位府上攀谈。曾老是人民出版社老领导，与我谈起文葆先生，夸奖他人品好，有学问，很敬业。并说 57 年把他划成右派、又说他有历史问题，都是胡扯。曾老为人厚道，有时宴请部下，祝贺他的评上高级职称或迁入新居，席上必有文葆先生，我受邀荣幸地同陪末座，乃亲眼所见也。范用先生一口镇江乡音，虽在江南，俨然是"苏北佬"，类似盐阜话也。此公乃性情中人，对我夸赞其老妻丁大姐"母亲、姐姐、妻子、朋友兼而有之"，我说起戴文葆是我的"双长"，他说"那是个好人，很有学问，他是你的乡长、学长，是你前世修来的！"我含笑额手称庆。

我有时致电向文葆学长请教，他总是有求必应。有次我问他《大公报》的一些历史问题，他立即把《大公报史》这本书寄我，并叮嘱说送我，不要寄回。1998 年春，他在湖南人民出版社出版了《月是故乡明》，这是由文坛耆宿巴金、冰心、季羡林、萧乾担任顾问，由文葆先生主编的《书海浮槎》文丛中的一种。次年春他赠我一册，在目录页右上角题签："旧作一束奉呈春瑜兄教正　掏粪人戴文葆 1999 年 2 月 29 日"我看到"掏粪人"三字，不禁发出会心的微笑，深知老大哥是在此幽上一默也。这里有个由头：1987 年 9 月 9 日，文葆先生荣获出版界的大奖"韬奋出版奖"。其时我正在盐城探亲，文葆先生的同乡好友《盐阜大众》（抗战时创办，报头由刘少奇题写）报主编严峰先生告我，消息传到阜宁，乡人竟说"戴文葆在文化大革命中下放阜宁时，打扫厕所，掏大粪掏得好，在北京得了个掏粪奖！"我听后一笑之余，深感隔膜的悲哀。返京后，我在《文汇读书周报》的专栏"新世说"中，著文《隔膜》，披露此事。曾彦修前辈阅后，大概觉得有趣，致电文葆先生，告知此事，他听后很可能发出苦笑，因手头无此报，连忙赶到我家中，说明原委，我当即把这份报纸送他留作纪念。这是他第一次也是唯一一次来我家。我有时致电邀请他来作客，他总是说"你是大忙人，不敢打扰。"我也曾几次表示，想到他府上拜访，他都说"家中堆满书，又潮湿，一塌糊涂！"我也只好却步。

文葆学长帮过不少朋友的忙，对青年学人更是大力奖掖。1990 年《北京日报》理论部青年编辑李乔，出版了稽考甚勤、资料甚丰、观点甚新的名著《中国行业神崇拜》，文葆先生欣然为他作序，下笔不能自已，洋洋洒洒，写成长文，使李乔很受感动。我亦步其后尘，在《大公报》上撰文《请君一睹神仙荟》，推介此书。

文葆先生对故土的一往情深，更令我感奋。2005 年夏，他在河北教育出版社出版了《射水纪闻》，对盐阜大地——特别是阜宁县的古今变迁，历史掌故，乡邦文献，花了很大精力研究，并张罗史料，是研究地方史的重要著作（此书的校阅整理，得到曲家源、白照芹教授伉俪的大力帮助）。他也赠我一册，我未能及时写出书评推介，实在有愧老学长的厚爱。

文葆先生为人正直，痛恨学术腐败，这方面的佚事，我将另文详述。

2012 年 8 月 8 日于老牛堂

（作者为中国社会科学院历史研究所研究员）

却是旧相识

蓝英年

1978 年《读书》复刊后，不断读到戴文葆先生在上面发表的文章。文章史料扎实，鞭辟入里，印象很深，但缘悭一面。问朱正兄戴文葆是何许人，他告诉我戴文葆曾任人民出版社编辑，很有学问，五七年落网，受尽折磨。二十年过去了，读过他的文章越来越多，但仍未谋面。1998 年《读书》在华侨大厦纪念复刊二十周年，见到很多熟人。我坐在靠后的位子上，没注意旁边坐着的中年人。编辑部的人从身边经过，同我打招呼，"蓝英年先生"，又同挨着我坐的中年人打招呼，称他"戴文葆先生"。戴先生大概也读过我的文章，惊叫道："你是蓝英年同志？"我说："你是戴文葆同志？"彼此热烈握手。戴文葆说："我见过你们老太爷，去过北池子 77 号。"往事一下子都想起来了。

大约在 1950 年，我还在读高中，回家时见到过一位年轻人，毕恭毕敬地坐在客厅里听先君讲话。他是在人民出版社工作的姐夫带来的。他来过不止一次，记得我们还交谈过。他说："你父亲对北洋国会很熟，记下来就是珍贵的史料。"我对他的话并未重视，觉得北洋史料能有多大价值，那时正迷恋苏联文学，向往苏联，深信苏联的今天就是我们的明天，哪会在意北洋军阀的旧事。我记得见过家里保存的徐世昌和梁启超赠送给父亲的照片，上面有他们的签名。读过父亲 1946 年写的《致张君劢的公开信》，知道父亲是梁启超的弟子，他与黄远庸、张君劢被称为梁启超门下三少年。那时父亲身体尚好，他愿意谈，只是没人跟他谈。我太年轻，对近代史一无所知，谈不起来，更不懂抢救史料的重要性。

文葆先生在父亲面前很拘谨，从不提问，父亲说什么，听什么。后来父亲病了，他也再没露面。按年龄他比我大十几岁，1998 年见面时他应该已经过七十了，可一头乌发，看起来五十几岁，比我还年轻。这次见面后，我们开始交往。一次，他与曾彦修老人到我家来，时间定在下午六点。可他五点多钟就到了楼前，但不上楼，在楼下走来走去，准六点才上楼。大家闲聊，就在我家吃便饭。戴先生仍然拘谨，恭恭敬敬听曾老说话。我坐在戴先生旁边，这次看清楚了，他确实已是老人，头发可能是染过的，乍一看显得年轻。以后我们还有过几次聚会，他还是听的时间多，说话的时间少。我们原是旧时相识。

（作者为北京师范大学教授）

记 学 长

王 伟

　　戴文葆同志和我是复旦大学的先后同学，他是政治系的，我是外文系的，我进复旦大学的时候，他已经毕业离校了，但是他在学校里，特别是在进步学生中知名度很高，所以虽然当时不认识他，却知道他。

　　戴文葆是 1942 年参加革命的，当时他在学校里主持《中国学生导报》（下面简称《学生导报》）。《学生导报》的性质就像小说《红岩》中的《挺进报》，不仅在复旦大学进步学生中广泛流传，而且各大学中，如中央大学等等，都有负责人，对进步学生的提高，对学生运动的开展，都起了重大作用。在学校时，戴文葆还领导了地下党的外围组织"民主青联"，（我们简称 UDY）。"民主青联"等同于当时已取消的地下"共青团"。戴文葆离校时，把"民主青联"交给外文系的地下党员李炳泉同志领导，我就是经李炳泉介绍参加"民主青联"的。李炳泉后来在北平和平解放时做了贡献，有关这段历史的报道和电影等，里面都有李炳泉的身影。戴文葆从复旦大学毕业后，曾经在上海《大公报》工作，发表了不少很有分量的国际评论文章，我们都是他的读者，都很钦佩他。

直到"四人帮"被粉碎，改革开放后，同学们又敢来往，聚谈后，在上世纪80年代，戴文葆参加组织了一次《中国学生导报》的纪念活动，我去参加这个活动，才面对面的认识了戴文葆。记得当时戴文葆要住在北京的参加者除缴纳自己的午餐费外，自愿的再分担一点外地来参加的同学的午餐费（盒饭），我看到有个人在张张罗罗，一问，才知道此人就是鼎鼎大名的戴文葆。

我对他的第一印象是：个儿不高，低调，不张扬。以后的二十几年里我们经常来往，最多的是到一位彼此熟悉的老战友家聚会。他总是很健谈，谈来谈去总是谈"书"，或者就是忧国忧民。很多人喜欢谈自己的过去，他从来不谈，该人的印象似乎是：我们这一代人，挨整吃苦何止万千，不谈也罢。他从不怨人，有人向他提到某人对他不起时，他付之一笑，似乎说：可以理解。他吃过大苦，被错划为右派，"文革"时被整回老家当苦力，过的是非人生活，他从来不提。有一次他笑着告诉我：他得了"韬奋奖"以后，广播了这个消息，他的家乡人听了以后，不胜感慨的说：一个人工作的好真了不起，戴文葆当年掏粪现在还补给他奖！说完他大笑。因为"韬奋"和"掏粪"同音，我才知道他掏过粪。他好像是从来不看电影或连续剧的，但有一次突然提到《牧马人》，他觉得这个电影太好了，特别提到一个镜头：一位贫下中农（牛犇饰）对着大字报小便。他说："绝了！绝了！"戴文葆总是非常含蓄地、轻描淡写地表达他的看法。

戴文葆后来工资待遇比较高，外地同学或家乡人来北京，他总是资助，他编辑的书甚至他所在出版社出的书，有人问他要，他都买了送人，而他自己的生活非常节俭。有一次我到东单他的住处看他，他的房间里的地上堆满了书，伸脚都困难，我只好坐在书堆上同他聊天，我想：这个人十足是个"书痴"、"书迷"！对他来说，唯一的"享受"大概就是吃饭的时候喝一点点白酒，吃几粒花生米，然后谈"书"的话匣子就打开了，只要你提到一本书，几乎没有他不知道的。爱泼斯坦撰写了《宋庆龄——二十世纪伟大的女性》，戴文葆为这本书提供资料出了不少力，我是非常敬爱宋庆龄的，戴文葆居然买了一本请爱泼斯坦在书上签名赠送给我，我真是喜出望外。他知道我和我的同事在翻译《太平洋战争》一书，60 万字。当时正要成立东方出版社，戴文葆来找我说：一个太平洋战争，就写了 60 万字，真是巨著，可否让这本书成为东方出版社的第一产品，我们当然答应。只要是"书"的事情，和他无关，他也非常热心。

戴文葆古文功底好，是同代人望尘莫及的，他一笔好字，即便写个便条，也是认认真真地从来不潦草的让人看不懂，在工作中更是一字一句找出处，认真地不得了。在他的不多的出版了的著作书籍中，透露出他的谦虚与心情。例如《寻觅与审视》一书中的首页，题目是《自题敝帚》。这篇的最后写道："不禁举手问天，云海茫茫，我怎样去找到一个再出发的起点呢？"写这篇《自题敝帚》，是在 1988 年，他逝世前的 20 年。在《新颖的课题》一书的自序中，戴文葆写到："我是一个编辑。很惭愧，我确实是一名编辑，就是某些人所说的从事简单的重复劳动的编辑。"事实上，他是最明白编辑工作的价值的，做编辑工作的，是真正的无名英雄，拿戴老自己的话来讲是"为他人做嫁妆"本来，戴文葆是有条件写作，可以出版不少著作，但是，他身不由己地把他自己最珍贵的最后的二十几年都献给了无比辛劳、默默无闻的编辑事业了。

2007年春节，中共中央政治局常委李长春慰问了戴老。有朋友打电话来问我，当时我不知道，我打电话问戴老，他说："没有什么，首长每年都要慰问，只不过今年找了我。"我说："没有什么值得说的效应吗？"他说："那就是院子里突然来了那么多警卫，吓得大家不知道出了什么事。"我问对首长的印象，他说："很儒雅，很好。"再没有可说的了。看来，对一位历经沧桑的耄耋老人，不论多大的荣幸，在他的心田里也掀不起哪怕是微微的涟漪了。

戴文葆总是非常劳累，没完没了地为他人作嫁妆，有时太累了，打个电话给朋友聊聊，所聊的内容也离不开个"书"字。现在，戴文葆终于问心无愧地休息了。

安息吧，戴文葆学长！

（作者为新华社原工作人员）

我欠戴先生一顿饭

李 乔

戴文葆先生为我的书写过一篇序言，我总想请先生吃一顿饭。我一直想着这事，但一直没让先生吃上这顿饭，我一直欠着，直欠到今天。现在，先生故去了，吃不上这顿饭了。我愧疚，怅惘。

20 多年前，我写了一本书，《中国行业神崇拜》，上穷碧落下黄泉，动手动脚找材料，写这本书，我下了大力气。我想请名家作序，还想学民国学界的风气，同时请两三位名家作序。

先请了任继愈先生。任先生是宗教学家、哲学史家，我这书是研究民众造神史、民间信仰的，所以请任先生作序。先生接到我的求序信，很快就写出了大序。

又请了戴文葆先生。戴先生是三联书店老编审，名满出版界，一部书稿有无价值，他以如炬的目光，一览便知。先生对后学一向提携、宽待，我的书是谈神之作，有一定学术价值，我想，先生对我这个后学也一定会提携和宽待的。我通过责任编辑韩金英女士，向先生表达了求序的企望，先生痛快地答应了。

那是一个黄昏时分，我背着装有厚厚一大摞书稿的书包，敲开了东单附近西总布胡同戴先生的家。

"进来，进来吧，你的书没问题，一定好！"还没看书稿呢，先生就这样说。我猜想，这大概因为我平时常写些杂文随笔，也写过社会史论文，先生看过，所以对我有些好印象。再就是我在报社编过读书版、杂文版，编发过先生的文稿，交往之间先生也对我有些好印象吧。关于书稿，我们没有作过多的交谈，记得先生只随手翻了翻，说："我先看看，放心吧。"

出了戴先生的家门，满街的霓虹灯在闪烁，夜色仿佛比平时美了许多。

很快，戴先生的序文就写好了，那是一篇长达三四千字、精金美玉般的学术性序言啊！文中褒扬之语颇多，我看了虽然高兴，但我也知道，书固然有一定价值，但并没有戴先生说的那么好。

戴先生不仅为书作序，还为我的稿酬费心。先生亲自给出版单位中国华侨出版公司的老总打电话，请他多给我开点稿费。一共给了5000元，这在1990年，已经很不少了。这是先生在为中国学术的发展奖掖和提携后进。

我感激戴先生，却难以报答，只想出一个原始、平实的酬谢办法：请先生吃一顿饭。我请韩金英女士转达了我的想法。

但这顿饭竟没有吃成。一次体检，我被查出了患了肝病。一病经年，痛苦不堪，又怕传染别人，哪还有心思和条件请人吃饭。多年后，我获得新生，戴先生却垂垂老矣，不仅行动不便，肠胃尤其不便了，我遂打消了请先生吃饭的念头。

《中国行业神崇拜》出版，受到学界好评，征引率很高。后来，台湾出版了繁体字本。中国文联出版公司又出版了增补了 10 万字的增订本，书名改为《行业神崇拜——中国民众造神运动研究》。中共中央党校出版社出版了一部《二十世纪中国学术要籍大词典》，内有一个 800 多字的词条，介绍了我这本书。

这本书之所以有一点影响力，我想，除了书本身有一定价值外，任先生、戴先生的序言无疑起了相当的作用，因为，人们终究是看重名家大师的评骘的。

戴先生驾鹤远行了，吃不上我请的饭了。就用这篇小文作替代，献给九泉之下的戴先生吧！

2012 年 8 月 19 日

（作者为《北京日报》理论部主任）

他永远心系我们

赵　航

2007 年初冬，我从天津专程去探望恩师戴文葆先生。他在电话里说，最近身体不大舒服，不知道问题出在哪儿。

我心慌，急急地赶去。一推开门，戴老正在笑眯眯地等着我。他高兴得很，两手推着我的双肩，硬把我按到客厅里的旧沙发正座上。"这几天学校怎么样？"老人忙不迭地问。我知道他时时刻刻都记挂着我们，每隔几天，总会有他的信或者电话到天津。多少年来，我一直想，老人家这个南开的特聘教授可真是当到家了——我们的一举一动他都牵挂。

一杯茶递到我手上，戴老马上在侧面的另一张沙发上坐了下来。二十多年来，给我深刻的印象就是，老人家只要见到我们这些后辈学子，总是喜悦地现出特别暖人的笑容。我随即向他讲了一些学校里的情况。然后问：

"您怎么个不舒服？"

"头晕，还有……便秘！太难受了。"老人讪讪地说。说话间，我发现他的脸格外地红，好像也很怕冷，暖融融的屋子，里三层外三层地穿着，拦腰还系了一道带子。让我一会儿感到老人家身体很不错，一会儿又觉得有某些莫名的症候在作怪。不想，这次促膝的日子还不到一年……

我忽然想起朋友间热传的一个话题，"戴老，听说中央领导来看您了？""哦？你也听说了？"我看了看他这有些凌乱的客厅，问，"您让人家坐哪儿啊？""就坐在你坐的这儿啊！"

那一刻，戴老原本泛红的脸上更红了，仰在沙发背上，喃喃地说，：中央领导啊……，对了！老人家不觉话头一转，你知道王若飞吗？

"那谁不知道！他参加了重庆谈判嘛。"

"对，就是那个时候。日本投降之后，重庆热闹极了。没过多久，搞了重庆谈判，老蒋要打内战的意思已经露出来了。"

"重庆在那时候差不多天天有集会，热闹啊，有一次人最多，民主党派召集的，周围人山人海，特务也特别多。那天郭沫若第一个上去讲了，他大声疾呼，接着是沈钧儒沈老夫子，我呢，第三个跳上了台……"

"您还记得讲什么吗？"

"当时气氛太热烈了！就是反对打内战嘛！"老人沉浸在多少年前那激荡的时刻。

"唉，世上有很多事，哪怕是短短的一会儿，一辈子都忘不了哟。"老人又陷入回忆之中。

"中央领导——哦，我说的是当时的王若飞，从重庆和叶挺、博古坐飞机去延安，中途飞机失事了——怎么会失事？恐怕到现在也说不清楚。后来我听说，王若飞在黑茶山失事现场，人都被烧焦了，缩成了一团，怀里紧紧抱着的不是别的，竟然是一摞档案！这些档案，贴身的，露在外面的，都烧焦了。而我的档案在中间，只烧了一点边儿。就这么着，'我'到了延安。——是王若飞用命包着的啊！"

好久好久，戴老沉默着，凝视着窗外。我后来想，那时他的思绪也许到了天国，到了若飞同志身边。而这时，离他去世不过几个月。

与戴老第一次见面是在北京朝内大街166号人民出版社的四楼会议室。1984年，乔木同志倡导的编辑专业办起来了。可我们这些经院里的高校教师却不知怎么去办，于是求教到人民出版社，第一次在会上见到戴老，也见到了编辑出版界的其他许多老前辈。

虽然24年了，可那次会议热气腾腾的场面，是我一辈子都难忘的。在朝内大街166号的4楼，也是个秋天，集聚了中国出版界的权威和精英骨干：曾老（彦修）、戴老、吴老（道弘）、邓老（蜀生）、刘老（元彦）、沈老（昌文）、陈老（斯庸）、黄伊先生及陶屠、杨寿松、金敏之、张家璋、徐砚华、谭哲民等等几十位老师。围绕着怎么创办中国的编辑专业这个议题，那样热烈，那样踊跃，声浪此起彼伏，商榷争议接连不断。实在说，我们这些高校教师，是在这里听了创办编辑专业的第一轮课。

这次会上，戴老最引人注目，老人家异常活跃，频频发言，不时插话，睿语连连，犀利风趣，独树一帜，给我留下了非常深刻的印象。

不久，人民出版社的领导班子答应了南开的请求，一再研究，派出戴文葆先生为我校的特聘教授——这在二十多年前，是件十分庄重的事情。当时的南开大学，仅聘请了十多位特聘教授，大都是世界上大师一级的人物，如杨振宁、陈省身、牛满江等。

在隆重的受聘仪式后，先生显得很高兴。他一再说，我们不要虚的，要实的。

在这之后，北京大学也特聘了戴老。

这二十多年，他为南开做的事太多了。

80 年代，他和另一位出版大师、辞书专家，商务印书馆的刘叶秋先生，往返京津多少次，实在是说不清了。在开办全国高校这第一个编辑专业之初，他就打保票，"凡是你们上不了的课，那就我来上"！

戴老在几年间，从编辑出版史，到编辑流程，从编辑理论，到出版实践，他都细细讲到。老人家不仅给这个专业早期的学生上课，实际上也带出来了我们这些从其他专业转行的第一批教师，首先是我。

他最早与人民出版社的其他老师一起，参加了中国高校编辑专业的全面规划，制订教学大纲，确立教学目标，安排教学计划。他和人民出版社的许多老同志一起，为中国高校首创的编辑专业设计出了蓝图，并亲自实施，身体力行，率先走上了教学的第一线。

在戴老生前，有过介绍他的文章，给人们的印象，老人是一位编辑家、出版家、作家，而在我看来，他还是一位奋力前行、披荆斩棘的编辑出版教育家、先行者。更为重要的，他是一位革命者、思想者。二十余年的交往，我的感受太多了，也知道了更多的他：戴老一生都在革命的潮流和漩涡中，从不停顿地搏力，不断向前，也不时呛水，甚至遭到灭顶之灾，但他始终没有退缩过。

接着，我们在老人家的鼓励下，80 年代刚创办这个专业不久，就

戴文葆在南开大学讲学

着手编写第一套中国高校编辑专业教材。"没有教材怎么办学？动手干吧，胆子大一点！什么事都是从无到有，从不会到会的。"他说，"你们干，我来协助"。于是，我们的《编辑教学丛书》在戴老、伍杰和邵益文同志的主持和指导下，以超常的速度由黑龙江教育出版社出版了。整个运作过程，从选题到成书，居然才用了一年多的时间。这为处境极为艰难的编辑专业带来了生机，也使高校的同行们大为振奋：谁说编辑无学？！

在此期间，戴老四处演讲，走遍大半个中国，不仅讲授编辑理论与实践，更重要的是为中国高等编辑出版教育的生存和发展奔走呼号！而且，他麻利地主编了《编辑工作基础教程》，参加了编写《编辑工作二十讲》等书，大力推动了编辑专业的教学、科研，并在全国出版界，掀起了青年编辑在职培训的热潮。而所做的这些，在二十多年前，几乎全是义务的，没有或是仅有一点点象征性的报酬啊！

那时条件实在太差，差到了今天难以想象的地步。唐山大地

震的遗迹远没有消除，天津到处都是破烂不堪的"临建"。南开的招待所是拆去一层，把三楼变成二楼的加固危房。房间里只有 4 张床，一盏 15 瓦的白炽灯，一张脱了漆的方桌和两个方凳，厕所在楼道尽头，更不用说洗个澡了。戴老多少次地到南开来讲课，住的就是这么一个铺位，连我们都不好意思领进去。可老人家总是笑呵呵地说，"这总比沙家浜的芦苇荡里好吧？等新楼盖起来我再去住嘛"！"这儿有一大好处，我来一趟，就交上三位朋友"！他是指同住的客人，果然，他的不少朋友就是这么认识的。

他来过南开多少次真是没法算了。然而，每次的课时费是多少呢？一个上午，区区的 20 元！这是按当时教授每课时 5 元钱领的。那个时候，多一分钱也没有。

记得是在 1985 年 7 月，为了开拓视野，更为了即将开课的编辑专业做准备，我们和浙江省出版局、浙江版协一道，在杭州邀集各路名家授课，开办了"首届全国青年编辑培训班"。诸多编辑出版大家汇聚到了那里。当时空调远未进入大众生活，潮得能拧出水的空气加上三十八九度的高温，电扇都失去了作用。整个杭州像个大蒸笼，恐怕每个在那个季节到杭州的人都想早早地办完事赶快离开。然而，火车票的紧张程度也是难以想象的。

一天，我们已安排好戴老回北京，他整理好提包在门外等车。由于车票太紧张，老人家已经被我们拖了三天了。正在这时，另一位专家急匆匆地找到我们，说来了电报，社里有急得不得了的急事，一定要今天走，而且还发了脾气。大家都犯了难，就这么一张票呀！还是高价从贩子手里买来的。怎么办，大家让我去找戴老探探再拖一天可能性，因为我当时管接待。这很难开口，谁知我一讲，戴老马上就说，"没问题没问题，我再等！你们现在多难啊。"没有一点不快的意思。二十多年了，我一直记着那一瞬，常想，这种事无论搁在谁身上，都不免嘀咕一句，可老人家却没有！我不放心，一个小时后，又去了他的房间，却见戴老正专心致志地练书法呢！我告辞出来，长长地嘘出一口气。他容易让人亲近，也愿意亲近别人。

二十多年来，每隔一段时间，准有一封信寄到我这里，工工整整，嘘寒问暖，谈教学，谈新出版的书，直抒胸臆，聊他的坎坷和做学问。在他面前，你就会没有什么隐私，他也从来对任何话题都不拐弯抹角。

有一次和他一起开会，正赶上那时又在评出版界的最高奖——韬奋奖。我忽然想起，老人家是首届获奖者。一说起这个，他猛地大笑起来，笑得全身抖动，说，我告诉你个有意思的事儿。哎，"文革"开始，我就自己把自己下放到老家去改造了。乡亲们对我很好，可我得改造啊。对了，就是掏大粪积肥。然后就是看书，看《史记》，一遍一遍地看，也没有别的可看的书，……还当采购员。……后来回到北京，得了韬奋奖。没想到亲戚到北京来看我，告诉我，老家的人说，人要是时来运转可不得了！他明明是在家乡掏的粪嘛！怎么到了北京才给他"掏粪奖"？笑得大伙儿前仰后合。他的风趣、他的真诚、他的人品，实实在在地打动着我们，而且久久不能忘怀。

2003年春天，我们专业的首批毕业生，已在《金融时报》当了骨干的石立岩同学，突然给我来了电话，说他想戴先生，想去看看，陪陪戴先生。希望我到京聚聚，引见一下，我当即应允。

他们这几届学生是亲耳聆听过戴老讲课的，小石说，十多年了，还牢记着戴老的风度、学识和妙语连珠。几天后，小石又来了电话，说"学生现在有房有车有事业，这都是老师们给的啊。这样吧，去年我和朋友去了大觉寺，那儿虽然远，可是老北京的原汁原味儿，乾隆栽的玉兰开得特别好。咱拉戴老一起去吧!"那天我们赶到戴老家，进门前，小石悄悄对我说，您别介绍我是谁，看老爷子还认不认得我。

一见面，戴老端详了他一下，脱口而出："石立岩，你是——石—立—岩!"

我们惊奇了。16 年了，当年的小青年已经变成虎背熊腰的中年人，而且以前单独交往仅仅一回，平时只是听老人家的课而已，戴老竟然还记得他!小石激动极了，拉着戴老的手久久不松开，说："我们班的人您还都记得吗?""记得，记得!他们都好吗?——也都 40 多岁了吧?日子过得真快呀!"这一幕真让我难忘。不仅是叹服戴老的记忆力，而是感慨他心里装着学生。扪心自问，几十年来，跟着我摸爬滚打过来的学生也有上千了，我对每个同学都能有这样的反应吗?怕是不能够。可老人家这十多年来，经历过多少人和事，而学生，他教过的学生，在他心里却有着这么重的位置!那天，小石开车直奔大觉寺，耀眼的白玉兰让那里充满了活力和欢愉。谈天说地，聊遍古今，老人家特别高兴，而我们师生两人，则充满着幸福感。

他时刻惦记着你，替你想着你该做的事情。1995 年，我去清华开全国编辑专业教学的例会，戴老也参加了这个会。当天晚上，他来到我的房间，委婉地说，看你那么累，可我还是得说，你光

忙教学不行，虽然也编了教材，可那也不行——都是人家的。我
不是说丁玲的"一本书主义"，可人在世上，总要有自己的见解
啊。立场、观点、学术成果……都要从这里面出来呀！

　　老人的话正中我的心结。编辑学研究虽然开始得晚，却一下
子冒出来几十本这方面的著作。我该有什么研究方向呢？困扰了
好几年。于是钻了个"缺门儿"——想写一本出版学方面的著
作，但写了 5 万字就停住了，往下写可真难，最大的问题在于对
出版概念的界定。如果用大出版的概念，编辑学不就是它其中的
一部分了吗？全国的编辑专业也仅仅需要上这一门课而已，这显
然于理于情上都是通不过的，苦恼得很，要出新，找个研究方向
真难。

　　又过了一年，选题问题的重要性已在各个方面面显现出来，
我掉头转向，决定搞个"出版选题研究"的课题。

　　在东单戴老家的斗室书房，没有书架，一摞摞的书，从地面
摞到天花板，成了个"书垛"。去过他家的朋友都说，这是大学
者家里的一景。看似杂乱，但要问老人家一本书，他左倒右挪的，
不出十分钟，准能抟出来。

　　我把这个课题的提纲递给戴老，老人家细细地看了良久。转
而问我，"我是编了一辈子书报的，不能说不懂选题。可你看看，
为什么现在写选题方面的论文都只有三五千字，而且都是责任编
辑在出了成熟的书之后才做的总结？"我当时还没考虑到那么多，
只能回答道，"我知道这方面的研究很难，而且还带有预测性，
所以到现在也没有人写。""没人写一定有没人写的原因，"戴老
说，"你还有一点不足，就是没机会长期在出版第一线干过，缺

少这方面的感性认识。"老人家直来直去，"还有，为什么编辑都就一个成功的选题写上三五千字而不能多写？……"

我像学生答辩一样，逐项"申诉"了我的想法，并且告诉戴老，我想就此完成一部 20 多万字的选题专论。这一谈，起码谈了一个多小时。当时我特别想得到这位出版权威的认可，给信心不足的我壮壮胆。

"难，这很难。国外的情况咱们知道得不全，恐怕国内还没有人写。想法是不错的……主要是这个课题有没有一本书的内容……"沉默了一会儿，我有些尴尬。接着又聊起别的。

快到告辞的时候，戴老徐徐地转到窗前，望着窗外慢慢地说，"选题的事，谁要是能写出 3 万字，不，5 万字来吧，那他该是个'奇才'！"我愣了，细细品味话中的深意。好久才问："您是不是最担心这个课题的内容够不上一本书？"老人家说，"是啊，怕的是你再半途而废！"

我这个人有股"拧劲儿"——不撞南墙心不死，撞了南墙不死心。因为再也滤不出题目来，只有摁下头去苦干。一晃快两年，戴老时不时地来信来电话，因为这是我们师生间十多年来在学术上的首次"冲突"，就都没太涉及这个话题。1998 年春，我把装订成册的《选题论》30 万字的打印稿用特快专递寄给了戴老。心里忐忑不安，想象着老人家各种可能的反应。因为书稿已联系付梓，同时请他为之作序。

大约一周以后，戴老的电话来了，声音显得兴奋而急促。说，连着看了几个单元，还只是粗粗地看。真为你高兴，看来，我们是有些保守了……。没多久，一篇洋洋万余字的序言稿寄来了。

年近八旬的老人啊，下笔竟这样神速！我暗自惊叹。不长的时间，老人家又打来电话，写了信，很是直白地嘱咐我，今后的研究就靠你们这一代了……他对晚辈有着太多的期望、寄托和扶掖。在书出版之后，他就来电话要书，说是代我送给韩国和日本的出版学会会长。一年多以后，他又亲自陪着韩国的出版学会会长李锺国先生亲临南开。

　　从那以后的近 10 年间，戴老的电话、书信频频，在我的"名人信札"收藏中，数老人家的最多。后来我才知道，他的朋友是那样多，连我们不少的毕业生，每个人手里都攥着他的几封信。老人是每信必复，每复必言尽其详。

　　最近这两三年，他不光是惦念着我们这些朋友和学生，更加追念故去的友好和景仰的前辈。多少次他来信来电要我们一起重编《胡愈之文集》，而且为此还联系了在南开的胡愈老的侄子兼当年的秘书胡序介同志。他有太多的牵挂，太多的思念和太多的向往。他总觉得他该做着更多的事，老人不愿意有一刻的空闲。

　　现在，戴老走了，但他的精神却永远地留了下来。我总在想，老人家是忙不完的，即使在另一个世界，他仍会心系我们。和戴老永别一个月了，在天津的我，还时不时下意识地按下他家的"热线"——直到那一头久久地响铃无人接听时，我才从梦幻般的感觉中回到现实——再也听不到他那亲切的声音了！心中又会掀起阵阵哀痛。我知道，无论国内国外，还有许多人想再和他通通话，聊聊天，他心系我们，而我们又是那样永远地思念着他。

　　（原载《出版科学》2009 年第 2 期，作者为天津南开大学教授）

戴先生与北大编辑专业

黄 卉

我有幸结识戴文葆先生，是因为北京大学编辑专业。

谈戴文葆先生与北京大学编辑专业，我应该是最有发言权的。北京大学编辑专业创立伊始，我即是三名教员之一。编辑专业的教学以及对外联络工作也一直由我负责。戴先生到北京大学编辑专业来讲课，是我联系与聘请的。戴先生在北京大学编辑专业的每次讲授，我都聆听与学习，也因此和戴先生成了忘年之交。1995 年北京大学编辑专业离开中文系，我也和编辑专业脱离了关系，但与戴先生的联系却没有因此而中断。

一、北京大学编辑专业

北京大学编辑专业是受命创办的。1983 年 3 至 7 月，中共中央书记处书记胡乔木同志几次在给出版部门和教育部门负责人的谈话及写信指示，要在高等学校设立编辑专业，研究编辑学。因此 1984 年，教育部决定先在几所高校试点。试点的高校开始定为一南一北两所，北方是北京大学，南方是复旦大学；后来又增加了南开大学。

随着学生进入第二个学年，专业课的开设也提到议事日程上来。为此，北京大学编辑专业作为主办单位举办了编辑专业办学研讨会，时间我已不记得是 1986 年夏天的哪个月。这次会议主要研讨编辑专业办学宗旨、培养方案、课程设置等等编辑专业办学亟待解决的问题。与会的是当时全国编辑专业三所试点高校北京大学、复旦大学、南开大学的编辑专业的几乎全班人马。我印象较深的是复旦大学的姚福申老师，南开大学赵航老师、崔胜洪老师。会上三所高校的教师交流了各自的办学体会和经验，对办学宗旨、培养方案、课程设置等基本达成了共识。这次会议虽然规模很小，也没有社会单位及高校管理层人员参与，但对当时乃至之后的全国编辑专业办学极具意义。

第二个学期，我们开设了"编辑学专题讲座"和"书法"课。"书法"课聘请北京大学南亚研究所的张振国老师讲授。张振国老师研习书法多年，不仅理论上见解精到，他的书法也深得颜体三昧，令学生敬佩。"编辑学专题讲座"课由我担任课程组织者，每周一次一个下午。拟定聘请人员、联系讲座时间与题目、向系里申请讲课费、以及与学校车队联系接送车辆，都由我负责。北京有那么多编辑出版机构，那么多编辑出版工作者，当时也不知道该请什么人。机缘凑巧，看到人民出版社出版《编辑工作二十讲》，如获至宝。书中是十几名老编辑从不同侧面对编辑工作的总结。这本书的思路和我们的"编辑学专题讲座"非常契合。

我们之所以安排首先开设"编辑学专题讲座"课，就是想让学生对编辑工作流程有一个初步的认识。当时，按照国家规定，讲课费教授级每小时 6 元，副教授级每小时 5 元，讲师级以下每小时 4 元。我们每次讲座三个小时，每次付讲课费 20 元，由中文系支付费用，并联系北京大学车队出车接送讲课专家。来北京大学编辑专业讲课的专家有人民出版社编审戴文葆先生、林穗芳先生，中国青年出版社总编辑阙道隆先生，中国出版发行科学研究所负责人叶再生先生，中华书局副总编辑傅璇琮先生、程毅中先生，三联书店总经理沈昌文先生，北京大学出版社副社长彭松建先生、编辑室主任胡双宝先生等。这些在编辑工作中卓有经验的专家、老编辑工作者，从各自的角度来介绍编辑学，算是为编辑专业的学生开蒙。清华大学也于 1985 年开始创办科技编辑专业，由庞家驹老师负责。那时，为了相互学习、交流办学经验，我也曾到清华大学编辑专业去听课，中国出版发行科学研究所的叶再生先生就是在清华园认识，并进而聘请来给我们讲课的。

第三个学期，我们开设了"中国编辑史"和"编辑学概论"课。"中国编辑史"课聘请戴文葆先生讲授，具体情况我将在后面介绍。"编辑学概论"课由我现学现卖来讲授，内容多参考人民出版社出版的《编辑工作二十讲》。

第四个学期，我们开设了"版权学"与"编辑应用文写作"课，并组织了编辑工作实习。

二、戴文葆先生与北京大学编辑专业

戴文葆先生是北京大学编辑专业外请专家中承担教学课时最

多的一位，给予创办初期的北京大学编辑专业很大的支持与帮助。

（1）参与"编辑学专题讲座"

戴文葆先生不仅是一位经验丰富的老编辑，而且能写擅讲。最初是通过谁、什么渠道得知戴先生是合适给编辑专业授课的专家，我已不记得了。总之我和戴先生取得了联系，邀请他到北京大学编辑专业讲课。联系的细节我也不太有印象，却依稀记得到朝内大街166号人民出版社戴先生的办公室里去拜访他。戴先生给我最初的印象是和蔼可亲、风趣睿智、博学强记。戴先生是支持开展编辑学研究以及在高等学校开办编辑专业的，这对筚路蓝缕的编辑专业来说弥足珍贵。

我当时正在组织"编辑学专题讲座"课，为聘请合适的专家大伤脑筋。所以，首先请戴先生为"编辑学专题讲座"授课。戴先生痛快地接受我的邀请，和我商量讲座的题目。"编辑学专题讲座"是一个重要的课程，既要考虑每个授课者的特点，各有侧重；还要有内在的联系，不能雷同。正因为如此，大多数先生都只讲一或两次，戴先生也是这样。

戴先生是较早来给我们讲课的专家。他学识广博，资料丰富，语言生动，很受学生的欢迎。

戴文葆先生对北京大学编辑专业的支持不仅仅是承担讲座，还热情地为我们推荐讲课专家。林穗芳先生、阙道隆先生、沈昌文先生都是戴先生推荐给我们的。他们或介绍图书编辑，或谈出版社经营管理，都给学生留下深刻印象。

（2）讲授"中国编辑史"

戴文葆先生对古代编辑工作卓有研究，早在1984年9月，他就在内蒙古社会科学院举办的编辑学与编辑业务讲习班上讲授《编辑学与编辑史初探》，从编辑史的角度对编辑学给予观照。自 1986 年 1 月开始，戴先生在《出版工作》上连载的《历代编辑列传》，以时间为顺序、以人物为主线为中国历史上 37 位编辑家立传。毋庸置疑，戴文葆先生是开设"中国编辑史"课的最佳人选。

戴文葆在北大讲学时留影

1987 年春季学期，我请戴文葆先生为我们开设了"中国编辑史"课，每周一次三课时。我和学生一起聆听了戴先生的课，跟随他穿越历史的长河，了解在我国编辑史上卓有贡献的编辑家。戴先生的"中国编辑史"课是以《历代编辑列传》为基础的。由于学校每学期只上十八周课，戴先生对这些编辑家作了取舍。

戴先生"中国编辑史"课对古代编辑家的介绍，注重他们的编辑活动，即他们在中国文化学术史上所做的编辑贡献。第一讲从"孔丘"开始讲起，至今我还记得他慷慨激昂地给予孔子编辑史上的地位，说"从文化学术史的脉络来看，孔丘是我国第一位大编辑家，对古代文化有贡献的大思想家与博学多能者。"当时对孔子的认识大多是思想家、教育家，编辑家的观点充满新意和见识。他还介绍了吕不韦、刘安、刘向、刘歆、刘义庆、萧统、刘知几、杜佑、李昉、司马光、解缙等编辑家。戴先生以史料为依据，又有非凡的口才，使得一个个编辑家栩栩如生。

（3）热心编辑专业和编辑学科建设

戴文葆先生见多识广，热心编辑教育。戴先生到北京大学编辑专业授课的那一两年，正是编辑专业举步维艰的时候。戴先生对编辑学研究以及编辑专业建设，有自己的真知灼见，也给我们出了不少好点子。对于我聘请专家来授课，专业主任汪景寿老师给予很大支持和鼓励，但他很少参与。我将戴文葆先生介绍给汪老师。虽然只见过一两次面，和戴先生就办学问题交换意见，汪老师就被戴先生的广博学识及从事编辑教育的热情所感动，曾向学校相关部门申请聘请戴文葆先生做编辑专业的兼职教授。然而由于种种原因，学校没有批准这一申请，我们都感到由衷的遗憾。后来听说赵航老师申请聘请戴先生做南开大学编辑专业的兼职教授成功，也让我们感到些许欣慰。

三、戴文葆先生印象点滴

因为请戴先生讲课的关系，八十年代末那几年间，和戴先生联系比较多，经常打电话，他在东单西总布胡同的家也去过多次。

从北京大学到东单距离不算近，但对我来说每次都是愉快的旅程。从西总布胡同西口往里走，不多远就看见人民出版社那栋六层宿舍楼。戴先生的家在一楼，吴道弘先生也住在这一单元的楼上。

戴先生的书房也是会客室，书桌放在窗前中间位置，两侧是书柜。我印象最深的是戴先生的书柜虽然摆满书籍，却一点也没有沉重感，而是情趣盎然。这是因为书柜中书籍前摆着各式各样的小摆设：戴先生在国内外的照片、与亲朋好友的合影、世界各地风景明信片、精致可爱的小纪念品。我那时与许多从事编辑工作、编辑教育的老先生联系密切，也时常造访他们的家。有些老先生的家虽然也书籍汗牛充栋，每日更是笔耕不辍，但家中摆设的简朴与单调，却总让我萌生些许凄凉之感。戴先生的家惬意舒适，多少也能体现出戴先生的生活态度与情趣。也正因为此，我才乐于去。乃至在书店看到有趣的明信片之类，也曾买了送给戴先生，希冀着自己的眼光可以得到戴先生的认可，所买的东西能入选戴先生的书柜。记得曾送给戴先生一张明信片，是从一套以小狗为题材的明信片中选出的。这套明信片名为"狗博士"，照的小狗或读书或戴博士帽的，形象十分可爱。给戴先生的一张明信片大红的底色，一只狗狗将爪子放在一摞厚厚的书上，最上面的一本书打开来；狗狗将眼镜推至脑门上，像很多戴花镜的老者，十分有趣。后来再到戴先生家，好高兴看到"狗博士"也赫然立在书柜里，与他的那些琳琅满目的摆件为伴了。

戴先生好口才，很健谈，也非常风趣。和戴先生熟了，听他讲他在四十年代任《大公报》主笔的经历；听他讲在七十年代做采购员全国各地跑的经历。他说也到过我的家乡，能说出我家乡的特产。戴先生著述颇丰，除了《历代编辑列传》在《出版工作》连载，他曾送我一本他的书评集《新颖的课题》。戴先生似乎和任何年龄、职业的人都谈得来，不知道这是否与他早年做媒体、中年做采购员有关系。戴先生很关注社会，谈到社会上的一些不尽如人意的事情，戴先生是比年青人都新锐的。所以，戴先生朋友很多，有同龄人，也有我这样的不谙世事的年青人；有政府官员，有学者，也有普通编辑、记者、教师等等。我有时想，这些人年龄不等、职业不同、识见各异，大概是没多少共同话题，不能畅谈的。戴先生能有这样广泛的朋友，该有怎样广博的知识和阅历啊！

戴先生算的上是个美食家，说起各地的特色美食来有声有色，自己做的菜也颇讲究。戴先生牙不甚好，不能吃太硬的东西，故喜欢吃豆腐。他住在一楼，卖豆腐的小贩一来，专在他的窗根下吆喝。戴先生若在家，必要出去买一块豆腐。我在戴先生家品尝过他做的豆腐，色香味俱备。戴先生是江苏人，在上海、重庆读书，南北方都曾生活过。戴先生做豆腐的方法和北方不太一样，除了主料豆腐，还加上了许多配料：肉末、香菇丁、胡萝卜丁、青豆等等。

戴先生对编辑出版研究、编辑教育给予关注和鼎力支持，还体现在尽其所能帮助年青的编辑出版人员和教师。山西人民出版社的张安塞先生，是《编辑之友》杂志的创始人，后来又创建书海出版社。80年代，算是张安塞先生的创业时期。戴先生给予张安塞先生很多建议和帮助，所以张安塞先生每次来北京，必定要拜访戴先生。1987年8月9日至15日，《编辑之友》杂志社举办了"《编辑之友》学术讨论会"，戴文葆先生、吴道弘先生、我都受邀参加了会议。会后到五台山参观，戴先生精神矍铄，谈锋甚健，和我们一起边爬山边海阔天空地交谈。那大概是我和戴先生唯一的一次一起开会和游览名胜，如今翻看当时的照片，还能记起戴先生的风采。

戴先生待人真诚，记忆力超群。他很有心地记着朋友的名字、经历、生活习惯，甚至声音。他交游广泛，但是无论谁电话打给他，只言片语他就知道你是谁，那时候电话可没有来电显示。每逢过年，他都会寄出不少贺卡，当然也会收到许多。北京大学编辑专业离开中文系后，我就很少关注编辑出版方面的事。戴先生那里，走动也渐渐少了，更多的是电话问候，逢年过节会互致贺仪。1997 年是牛年，戴先生特意寄了带纪念币的贺卡给我的孩子，祝他"像小牛一样健壮！长大了做老百姓的牛！"

（作者为北京大学中文系教授）

欲读《戴文葆编辑出版行谊年谱》

贾文平

2008 年 9 月 8 日深夜，伦敦威斯敏斯特区哈考特街 15 号美娜宫里，正在我思念祖国和亲人的情绪当中，突然接到北京三联书店杨进来电。杨进是戴老之子，深夜接他来电，我第一反应便是关于戴老文葆公！虽有精神准备，但听到 "7 日下午 5 点 55 分戴老去世" 消息，我还是无法接受。1994 年，由于《真理与命运》一书的缘故，从此得戴老对我一向的呵护，也因此改变了我一家人的生活轨道，戴老是我亲敬交加的长者。戴老爱喝花雕，可我身在异乡，在这个深夜的美娜宫里，只能沏一杯他爱喝的绿茶，就像以往一样，对着面前的戴老："请您喝茶。"

编辑家、出版家戴文葆的确离开了他结缘一辈子的编辑出版事业，到天堂回顾他作为一位共产党员、知识分子的理想探索和精神追求去了。10 月 9 日，我在人民出版社 "戴文葆追思会" 上用简短发言表达心愿，希望某一个时刻能读到《戴文葆编辑出版行谊年谱》一类的书。经由六十多个春秋不同时代洪流的冲洗打磨，戴老形成自身独特的编辑思想、出版理念，伴着他过手的书籍，一起留给后人可从中领略和感悟的精神空间。戴老在中国编辑出版事业中悄悄地立了一块碑，一块可从不同角度欣赏的碑。一个民族是不能没有如戴老这样的让我们亲敬交加的人呼吸其中的。即使他已不在，他曾经的存在，也能使人认识到编辑出版工作的价值和意义。

　　我是一个编辑。很惭愧，我确实是一名编辑，就是某些人所说的"简单的重复劳动"的编辑。

这是戴老自己的一种谦逊而刚强的自我介绍。而他不是普通的编书匠，他以笔为旗，以纸为战场，用编辑出版的方式，实践着自己对真理的追求。

　　我看到宇宙是如此神奇美丽，好像自己是一个羞怯的少女，充溢着春天般新鲜的感情，自认为此身业已许人，悄悄地为那个美的理想去努力奋斗。

这是一种多么高尚美丽的精神自白！如果有人能够将他在战争年代、斗争时期、改革阶段的生活画卷、行止交往，以年谱方式串联起来，足可从一个特殊的视觉观察到一代知识分子的命运轨迹，同样地可以领略到编辑出版事业的曲折而光辉的道路。

1940 年 9 月至 1945 年 8 月，戴文葆是重庆复旦大学政治系的学生。1942 年他参加中共中央南方局青委领导下的"据点"。1944 年冬以战时首都重庆的大学生为首、以复旦大学革命学生为中心的《中国学生导报》应时诞生，他担任《中国学生导报》总编辑。《中国学生导报》以新闻、通讯和文艺的形式反映学生的

本文作者贾文平一家和戴文葆留影

生活和斗争，喊出反对国民党法西斯统治，要求民主自由的呼声，抵制了国民党征集青年军的行动，动员热血青年学生到中原解放区去。这张小报传达了共产党的声音，体现了党的领导在大中学校中的影响。戴老在《号角与火种——〈中国学生导报〉回忆录》编后记写到，当年的弟兄姐妹们不仅将编辑、出版、发行《中国学生导报》的历史"用墨水写在白纸上，而且首先用切实的无畏的革命行动，用鲜血和生命写在中国人民解放事业的伟大历史中了"。戴老格外珍视这段历史。他有一份《关于民主青年联盟 U. D. Y. 的陈述》，他说，当年 U. D. Y. 汇报纲领的内容的大纲和认为党在 U. D. Y. 中进行工作很有成效的文字汇报，幸经王若飞带往延安，得以保存在中央档案馆中。1999 年夏，我在西藏工作期间，收到他的一封信，说为他同学陈真在 1945 年参加重庆复旦大学 U. D. Y. 的历史奔走（后经相关部门确认，陈真因这段历史的事实享受了离休待遇）。1946 年至解放后的 1951 年他担任上海《大公报》的社评委员和编辑部副主任，写过很多有影响的国际评论。及至共和国成立以来，人们可以看到《宋庆龄文集》、《宋庆龄书信集》、《胡愈之译文集》、《韬奋文集》、《谭嗣同全集》、《六十年来中国与日本》、《朝鲜李朝实录中的中国史料》、《蒋介石言论集》、《中国古长城遗址调查》、《鉴真》、《长城》、《性心理学》、《吴宓日记》一类的书籍，于这些书的出版，无论编辑还是整理，亦或是校勘，哪怕仅仅提出意见，都有戴老的眼光、胸怀和学养体现其中，且又是多少编辑难以企及的。戴老在一辈子编书的过程中，还写书，译书，评书，参与开创编辑学科建设，参与国家图书出版规划的制订，拓展编辑学术的国际交流。写作传记《刽子手麦克阿瑟》，组织翻译尼赫鲁《印度的发现》，参与《世界知识年鉴》设计与定稿，编写内部参考用书《右翼社会党（中央急件）》，参与编写《战后太平洋问题大事记》，其中的时代背景，编辑家、出版家的历史责任都成为编辑出版界未来研究的题目。2001 年 5 月 28 日，他邮寄一篇《怅望向阳湖》（见人民文学出版社《向阳情结——文化名人与咸宁》）复印件来，文中提到"为毛泽东主席编蒋介石演说集"一事，另附一硬纸卡片，上书：

> 我为润公编蒋集，重要年份、关键时期由我辑成。上天见我十分辛苦，外痔发生，行手术前只得站着编稿，天酬勤者，免我去干校受苦，得以顺便畅览大好河山美景，为家乡社会主义工业销货。

这么一种表情，又难不令人内心震撼。

天行健，地势坤。1995 年，人民出版社出版了一部关于胡开明的政治传记《真理与命运》，此前似乎还没有出版过省部级领导干部的传记。1994 年，戴老在南开大学讲学间隙，到图书馆翻阅资料，检索到有关胡开明的一些事迹报道，产生兴趣，就托请湖南一对作家夫妇采写胡开明，等这两位作家联系到胡的办公室，我已将《真理与命运》二稿修定。胡开明何许人？他的同代人很少不知道的。1932 年在北平冯庸大学秘密加入共产主义青年团，1935 年"一二·九"学生运动中，在北平张学良的东北大学是"闹事"的一个"头子"——东北大学学生救国工作委员会常委，"一二·一六"大示威活动中东北大学出席北平市学联代表、平津学联筹委会常委，因此先后两次被捕，后一次被钉上重镣，关进死囚牢。1936 年在西安"双十二"事变中，又是东北民众救亡会、西北各界救国联合会、西京市各界救国联合会的一个负责人，12 月 9 日西安学生、群众游行示威队伍的一个总指挥。建国后，他出任当时察哈尔省委常委，继而担任河北省委常委、常务副省长，60 年代初期作为省委常委兼张家口地委书记，搞了一段时间的农业体制改革试点，1962 年 8 月 8 日在中央北戴河工作会议期间致信毛泽东，提出《关于推行"三包到组"的生产责任制的建议》。接着不久，与他一起主张农业农村改革的葛启、解峰等一批领导人逐步被打成"反革命"。1978 年中央又安排胡开明到安徽省委常委领导班子中，又使他能参与安徽农业农村的改革。这些故事不会什么人都关心，大概戴老在努力搜寻革命党到执政党，以及党执政期间经济和社会发展的众多探索者，从而弥补和丰富执政史、建设史，改革史，才托人采写胡开明。当听说北京一家出版社可能出版《真理与命运》这本书，戴老便执意推荐到人民出版社。戴老说，关于胡开明这个人的书，是应该在人民出版社出版的。排印之前，薄（一波）老在中南海用毛笔写了"真理与命运"五个字，戴老认为好，出版社几位高级编辑、高级校对和负责审查书稿的领导人也都认为好，就将这五个字印在书的封面、衬页上，使这部书显得更加完整。戴老是出版家，胡开明是地方领导人，他们都从学生时代参加革命，都有对真理与命运的共同探索和追求。戴文葆是在用自己的心感悟政治家的精神。

戴老一生致力于编辑出版事业，并在这项事业中留下他的道德风范和精神追求。现在有一种对历史的分段新说，1949 年前是革命史，1949 至 1978 是曲折探索史，之后便是改革开放史。这种历史划段的道理暂且不论，但作为和着历史轨迹变化的编辑出版史是一定需要记录的。将戴文葆编辑出版行谊串联起来，能从一个角度观察到作为编辑家、出版家的共产党员、知识分子生命历程，也能折射出党的编辑出版事业的一段历史。过去戴文葆为人编辑，今后应有人为戴文葆编辑。我深愿能读到《戴文葆编辑出版行谊年谱》一类的书。戴老的出版实践和出版理论是一片大海，《戴文葆编辑出版行谊年谱》将会像一张现当代编辑出版航海图，激励后人朝正确方向，搜寻更多精神宝藏。

（作者为中共中央组织部干部）

那一代出版人去了

何玉兴

　　我是通过中组部贾文平同志认识戴老的，也是文平同志在第一时间告知戴老去世的噩耗。我认识戴老时间不长，交往也不是很多，但戴老对我的教益是很大的。这么好的一个老头儿怎么说走就走了呢？呆坐在电脑前，我下意识地敲了几个字："那一代出版人去了"。是的，那一代出版人去了。想起 2001 年的夏天，参加《哲学译丛》编辑部组织的一个沙龙，在座的全是顶级的翻译家、哲学家，其中有几位是《汉译世界学术名著丛书》的骨干译者。《哲学译丛》主编李河说："今天各位先生莅临本身，无论在翻译界还是哲学界，都构成一个事件。"翻译家何兆武先生说："很怀念那时候的编辑们，比如策划组织《汉译世界学术名著丛书》的陈原、戴文葆，他们的眼光、他们的学识、他们对作者和译者的尊重，是值得现在年轻编辑学习的。"这是我第一次知道戴老与这套丛书的关系。

　　《汉译世界学术名著丛书》煮海为盐，从浩瀚的文献中，先把最好的大师挑出来，再蒐集最好的大师作品中最精华的部分。其选题是一流的，翻译质量也是一流的，是我最喜欢的丛书，摆在我书桌对面的书架上，抬起头，就看见一个神圣的精英群体，看见一个璀璨的精神星空。这套丛书对我的影响无法言表。一个人在青年时代最先接触什么思想资源，对他后来的人生道路是有影响的，甚至是决定性的，人的知识背景多是在青年时代形成的，人们在成年后的日子里，那些思想与灵魂的火花，生命与毅力的虹霓，正如渐渐流逝的浊溪，再没有了如甘似醇缓饥解渴的惬意。戴老他们组织出版的这些学术精品，成为年轻学子的共同知识范畴和基本知识的最大公约数式的清单，从迷茫的图书丛林中竖起读书的路标，点燃了薪火传承的种子，导引、规范了新一代学子的读书生活和思想塑造，提升了学子对社会现象敏锐的洞察和深刻的判断能力。且不说戴老其他的贡献，仅就参与组织出版《汉译世界学术名著丛书》这一件事，就功德无量。

这套丛书上没有戴老的痕迹，既不是主编，也不是编委，不是责编。他只是默默地做着他认为是有意义的事情。这套丛书的第一本是黑格尔的《小逻辑》，哲学大家贺麟先生翻译的。第二本是凯恩斯的《就业、利息和货币通论》，回报他的不是鲜花，而是批判。戴老们忍辱负重，在有限的条件下最大限度地创造了中国出版史上的一道亮丽的风景。

看看现在的各种丛书，粗糙的选题，错误百出的翻译。到哪里找戴老这样的编辑呢？没有这样的编辑又怎么可能吸引一流的译者？那一代出版人去了。

是的，那一代出版人去了。2004 年 7 月 24 日，在万寿路世都

戴文葆在哈尔滨呼兰萧红故居前留影

海鲜酒店，诞生了一段师生三代欢聚一堂的佳话。我的博士导师范敬宜先生和师母吴先生在上海圣约翰大学就读时，戴老曾到圣约翰大学讲课，据师母吴先生回忆，戴老当时讲授的是关于国际宣传方面的内容，这在当时是很前卫的。

　　且不说聆听前辈叙旧畅聊那种如饮甘霖的过瘾，只简要追忆一下我请教的一个问题。

　　我问戴老：是什么影响了您抉择以出版为业务？当然是精神。那什么是出版精神？

　　戴老没有正面回答我的问题，而是说了几个沉甸甸的名字：王云五、叶圣陶、邹韬奋、茅盾，等等。

　　戴老说：我刚参加了韬奋先生逝世60周年纪念会。韬奋先生将自己的毕生精力都献给了中国的出版事业，他所创办的三联书店至今仍还在滋润着我们，给我们以文化营养。

　　按照现在的话来说，韬奋先生就是民营企业老板。但他这个老板却没有一点铜臭味，他把所有的心思都花在怎样出好书，出有益于社会进步的书籍上。现在看来，出了好书，经济效益自然而然也便有了。但先生赚了点钱，从来不为了自己享受，他的生活还是那样俭朴。他把资金几乎全部都投入了书店和出版事业中去了，赢得了世人的景仰。

　　戴老接着说：出版人是人类灵魂的工程师，灵魂工程师首先自己要有灵魂。一个出版社的面貌，往往取决于一个或一群有思想、有境界的把关人的灵魂的境界。像生活书店的胡愈之是导航塔，邹韬奋是机长，徐伯昕是地勤；商务印书馆的张元济、夏瑞芳、蔡元培也是这样的黄金搭档。有了这样一流的出版人，才会有一流的出版物，才能形成一个出版社的品牌和灵魂。

　　戴老的方言，我听着很吃力；戴老的意思，我理解得很清晰；在他们身上，正体现着这种出版精神，那就是对出版事业的爱，对读者的爱，不计个人得失的爱。不仅出自己喜欢的书，更要出大众喜欢的书，用传播知识普渡众生，提升大众的文化修养，这是一种近乎宗教信仰的爱和献身精神。

　　是的，只能以近乎宗教情怀的爱来理解出版精神的奉献和功德。从孔子的"韦编三绝"，王云五的"万有文库"，到以韬奋为代表的出版精英所体现出的为中华民族自强不息的精神，强烈的人文关怀，甘于清贫甘于寂寞的节操，严谨细致一丝不苟的作风。他们正如波兰学者弗·兹纳涅茨基在《知识人的社会角色》中所说：普及推广者真正激发并使人满足的是对知识的业余兴趣，为普通读者提供经过加工的易于消化的东西。他们用传播知识来普渡众生的功德，是政治家、实业家所无法替代的。

戴老对编辑工作的定义是：

> 使用物质文明设施和手段，以事组织、采录、收集、整理、纂修、审定各式精神产品及其它文献资料等，使之传播展示于社会公众。

戴老在一次讲课时说：

> 在考察中国文化时，不能忽略大量连接的历史文化典籍书卷的存在。这些书籍是中国文化的主要化身形态，而这些书籍的编辑工作的辛劳的存在，不因王朝走马灯式的更迭而全然中断，则是维系和促进中国文化的连续与稳定性的一个重要因素，不可忽视的因素。中国文化的令人惊诧的持续性，是编辑工作重要性最有力的证明。

戴老的一生，是"为书的一生"。人与职业之间的缘分，似乎是前生就预订的契约。今生的相爱相许，今生的全部努力，今生的全部意义，好像就是为了某个前生契约的兑现。选择出版，其实就是一种爱的践约；选择出版，其实就是选择了一种生活方式，一种信仰，一种精神。那么，如泰戈尔所说："一切都在爱中亲证。"亚当·斯密在《道德情操论》中说：人因为天性而迷恋某种事物，正是因为这种"迷恋"激起辛勤工作的热情。不必问为什么，也没有什么原因。不计得失的爱，不计得失的精神力量，具有永恒的价值。它是任何一个称得上文明的社会所必需的要素，它使任何一个伟大的文明得以建立和延续。

戴老的爱憎是以是否出好书为标准的。三联某届领导背离三联的传统激起风波时,《出版人》杂志约我写点东西,我电话向戴老请教。一向谦和儒雅的戴老愤怒了:"这样一个人为什么能够担此要任?为什么能给三联造成这么大的劫难?为什么拖了这么久才有说法?含糊其辞的调离对三联人,对全国读者,交代得过去吗?对危害出版的人们能起到警戒作用吗?这样做是对谁负责?这样的恶果由谁负责?"

打量今天的出版界,到哪里找戴老这样真正爱书、真正爱出版的人?那一代出版人去了。

是的,那一代出版人去了。在与戴老的交往中,给我印象最深的是他的认真精神。

戴老写过一本关于家乡的书。该书以翔实的历史资料、深度叙述了射阳河古今的地理变迁、历史人物、文物古迹以及家乡风俗等,虽为盐阜一代的人和事,但将其置于宏观的大范围来考察,使之具有了特殊意义。戴老的学力在这里得到了充分发挥。他叙述了盐阜人民自古迄今的生产创业、拼搏奋斗、人事沉浮。旁征博引,依经据典,泛采诗词,把敬乡怀旧之心具体化为对家乡历史地理的珍重。不仅追寻了众多历史人物的业绩,而且寻访抄录了若干已经散失难觅的乡土文献,对研究中国近代史具有最要的参考价值。遗憾的是,这本书印制差错不少,戴老在赠我这本著作时,认真地把印错的地方一一改正,像个犯错误的孩子,羞答答的说:"对不起,对不起,印的不好,不好意思。"

为了编《宋庆龄文集》,他不知跑了多少趟图书馆。在编辑吴晗的明史著作时,戴老在北京图书馆查考了几百万字的《李朝实录》。正如老前辈曾彦修在追思会上所讲的:"许多事情,别人做不了，只有他能做。很多书稿只有经过戴文葆加工整理才能够达到出版要求。"

在无错不成书的今天，还有多少编辑肯下这样的工夫？那一代出版人去了。

戴老常讲"书是活的。我一直讲好书永远是活的"。好书永远是活的，好人也永远是活的。戴老去了，戴老永远活在他编辑的图书里，活在我们的心中。

（作者为国务院发展研究中心干部）

学习戴文葆先生为人为学的精神

俞润生

我和戴文葆先生神交已久，彼此有书信往来，但从未谋面，未亲聆教诲，这是一件很遗憾的事。

戴文葆在各地讲学时留影之一

我"文革"后期，即 1975 年调到南京师院中文系资料室从事《文教资料简报》编辑工作。这份内部刊物后来转为公开发行。每期都寄赠给他，请他批评指导。他和《文教资料简报》原主编赵国璋先生是复旦校友，和姚北桦先生友情甚笃。后来，我主持工作，仍按旧章，每期寄呈，请他指导。

1987 年 12 月，我出版《实用编辑学概要》，曾寄呈给他指导。此书虽在 1991 年 1 月获得江苏省人民政府第三次哲学社会科学优秀成果三等奖，但和戴先生的著作比较，真是汗颜满面，愧于见人。

最为重要的是，因为《文教资料》发表"周作人研究资料"，我被宣布免职，调到江苏教育学院学报编辑部工作。1986 年 9 月 29 日人民出版社秦人路先生在信中指出："读了贵刊本年第四期'关于周作人的史料'，喜不自胜。我和同事戴文葆同志曾分别传告周氏著作爱读者和出版界友好。庆幸今日公布这些史料是件大事，将对文化界给出极大影响。"兹事万一有所诛连，后果不堪想象，所以，我几乎中断了一切师友的联系，来一个人间蒸发。和戴文葆先生比较，我真是无地能容！但，我还是坚持下来了。1994 年 12 月，我出版了《邹韬奋传》（天津教育出版社）一书，我寄给了戴文葆先生。1995 年 10 月我收到了他的来信。信的全文如下：

润生同志：

先要向您致歉！您的大作早已收到，当时正有病，未能立即作书申谢。病中开始拜读了。后来又碰上外出，忙于它事，想读完再给您写信吧，这就耽搁下来了，十分对不起！

您写的韬奋，比前此作者引用的材料要多些了，不仅是普遍引用的，而且发掘了新资料，比如《救国时报》所刊信息，想来您一定细看了重印的合订本了，可见认真与辛劳。上海方面邹纪念馆的同志也在搜寻资料，本月12日《重见天日》大题目下的几篇，是他（她）们的工作成果。

您花了很多精力与时间，为韬奋写传，而且有新材料，超过前面几位作者，社会及出版界应当向你敬礼。我最欣赏的是，您在后记中提出的批评与建议，那是对这些年来研究状况的中肯的看法。人们喜欢大大的，一开口就是"规律"，"战略"，写点文章一心要发现几条规律不可，至少要用伟大的战略眼光看问题才算是论文。能这样当然很好，不过，又谈何容易呢！所以，您建议作些个案研究，这是卓见！空话比较容易写出来，个案探讨要埋头看材料，找线索，苦思苦想个中状况。我建议您，可把后记中的论点，加上二三情况，写一篇文章，请《江海学刊》采用，有益于治学，功德无量！

我这几年还是埋头于业务中，看稿编稿，日不聊生，写千把字也很难，更谈不上研究了。有时被迫试写一文，都是他人督催，在看稿中挤时间想，写一二百字停下来，过一会再写。出版社这活儿不能再干了！您看，现在出书什么风气呢？还是您们在学校执教好。我今年真正告退了，把手上还有七、八十万字弄完，就得告别出版界了。

给您写信迟迟，为杂事所缠，很不安。这几年您过得相当充实，写了两部书，难得的成果！

祝吉祥康宁！ 戴文葆拜上

（一九九五）十月廿九日

我再写几句，为什么回忆多于论述呢？为什么概述多呢？不仅对韬奋如此，对胡愈之等前辈亦如此，值得我们深思。你指出的现象，很少人注意。

我清楚地知道，这是戴老对我的鼓励和奖掖。遗憾地是我没有能按戴老的要求去做，我没有勇气，没有才智，更没有戴老这样斫轮老手的娴熟技能技巧，我从此不敢再研究现代文化人物了，怕踩到"地雷"，不但自己跌入深渊，还拖累妻儿老小，还有让年逾八旬的老母受苦。《邹韬奋传》虽获得江苏省人民政府1997年12月颁发的第五次哲学社会科学优秀成果二等奖，但我没告诉戴老。

（作者为江苏教育学院教授）

"我是一个编辑"——戴文葆的编辑生活

杨　进

一

1951 年夏天，父亲戴文葆自上海调到北京，进入成立不到一年的人民出版社。此前，他在上海《大公报》任国际政治版编辑记者，同时也是社评委员。

往前说，1946 年夏天，他离开重庆回到上海，经沈钧儒先生推荐，到上海《世界晨报》编辑部工作；同年十月，又经章靳以先生介绍，进入《大公报》。

再往前，1945 年夏天他从重庆复旦大学毕业，先后在两所高级中学担任文史教师，直到 1946 年。在重庆参与争取各项民主活动的同时，他还致力于写作，为重庆和上海的报刊撰写政论和杂文。

继续回望。1940 年秋他考入上海复旦大学，继而又转入重庆复旦大学学习，在校期间，积极参加学校和社会上的争取民主的斗争，还担任了党领导的在重庆出版的《中国学生导报》的总编辑，被国民党特务和反动当局列入黑名单。

1940 年以前，他在家乡江苏读小学和中学。这一时期的两件事，影响了他大半生。

在镇江省立高中读书时，因日本入侵，只好放下书本回到阜宁老家自学。他回忆道：

> 邻居是一家承印民办小报的印刷所，有一部脚踏的四开机，按廿四盘序列上架的排字房。这个商报的主持人出身于本地诗书之家，不事生产，以书法清丽得名于桑梓。他的报社只有两个工作人员……原有的一位内勤编辑，不久前随着从上海来的抗敌演剧队北去淮海了。报社的社长和印刷所主人是我的父执，他们要我去暂时顶替那编辑的空缺。

> 我居然做起编辑来了。在昏黄的灯光下，打开收音机，抄收南京、武汉和福州三处广播电台每晚的记录新闻，负责整理编写，标题编排，直到深夜一两点钟，自己把稿子送到排字房去付排。伴送着我的是深巷的犬吠，还有一碗汤团在排字房里等着我。我不怕沉寂的昏夜了，我非常高兴，能把每天电波传来的电讯从高空收录下来，整理转告家乡的父老兄弟姐妹，吸引他们都来关心神圣的抗战和祖国的命运。那时我才十五岁吧，无意中竟和编辑这种行业结缘了。

那时候他对做了"编辑"多么欣喜啊。

可另一件事就不那么美妙了——

那件事发生在 1940 年，他高中毕业，想到上海和内地升学，为解决一时的生活问题，经亲戚介绍，进入县政府的一个机构工作。孰料想，这个机构是国民党县政府的所谓"情报机关"。虽然在里面不到半年，而且他自己已经意识到不对，留下一封信悄然脱离，但还是留下了"污点"。

这个"污点"，当时年轻的他自以为"自动脱离，且再无任何联系"，同时也自以为对组织上已经说清楚了，并从此走上一条追求光明进步的道路就没事了。但是，日后的多次发作，如噩梦般纠缠着他几十年的日日夜夜。

一并伴随他的，是"编辑"这个终生职业。日后，他感叹道："我哪里想到，偶然的接触竟决定了我大半生的'天路历程'，使我饱尝了'知识之树'上苦涩的果子"。

对他调到北京，有不同的一些说法，有说是"上面"指派调入；有说是他自己坚决要离沪北上的；有说是他那时不愿搅入报社里的派别争斗，坚决要求离开。开始时候，上海不批准，屡次争取，在李纯青同志的支持下，上海方面同意放人，北京也有意接受。其实无论哪种说法，调动都是需要经过组织同意并履行手续的。

二

那时候，人民出版社刚成立不久，中央也十分重视出版工作，经常对出版社的工作有很具体、很明确的指示和安排。

建国还不到两年，百端待理。鉴于新闻出版单位是重要部门，成天与亿万读者、听众相见，针对所出现的种种情况，中央指示着重抓传媒和出版物中的质量问题。在新闻出版单位中开展消灭错误运动势在必行。父亲初到，正赶上消灭错误运动。社里号召人人要树立严肃不苟、认真负责的工作作风。他在夜晚阅读了社里承印的几期《保卫和平》杂志，对译文、译名、编排、校对等方面存在的问题，做了比较详细的札记，供社里参考。社里还派他协助梁涛然同志办"错误展览会"，父亲觉得"无异保送我进编辑工作先修班学习，受益匪浅"。他还曾在文章中回忆说，那时人民出版社的领导，还曾将列宁致苏联国家出版局局长的批评书籍错误、提出改进要求的一封信译出，并致重酬特请琉璃厂著名书法家，以墨笔工整写在泥金红纸上，装入玻璃框，悬挂在会议室，以为警示。

父亲在人民出版社曾经先后任政治书籍编辑室、国际问题编辑室的负责人。据与他共事多年的同事回忆，当时，为配合全国学习运动和其他各项政治运动，父亲参与了出版社组织编辑出版的大量时事政治书籍与刊物，如《中国历史小丛书》、《新华时事丛刊》、《抗美援朝小丛书》等。1954 年春，为配合周恩来总理出席日内瓦会议，父亲协助吴冷西编辑《亚洲和平与安全问题大事纪要》，并执笔写了第一部分（在《人民日报》连载）；印度总理尼赫鲁访华，父亲组织翻译了尼氏《印度的发现》，自己还翻译尼赫鲁为中国读者写的序言。1955 年英国首相艾德礼访华，父亲与黄绍湘等合作编写《右翼社会党》一书（由人民出版社以"世界知识社"名义出版）。上世纪 50 年代中期，中国同前苏联及东欧国家关系密切，文化交流活跃，人民出版社承担代印《和平民主报》等国外所编刊物的任务，他负责这些译稿的审读工作。这期间他还拟定了翻译社会主义名著和国际工人运动著作的计划，并参与组织实施。编辑之余，他还写了大量国际问题时评和杂感散文，后来收入他的散文集《中国走在前面》、《刽子手麦克阿瑟》（由平明出版社出版）。

三

1954 年，中央批转中宣部《关于改进人民出版社工作状况的报告》。《报告》除陈述了几年来人民出版社所进行的工作、取得的成绩，也指出不足，并提出改进的意见和办法，详尽而具体。

特别要指出的是，《报告》里明确提出：

> 为使人民出版社集中力量做好上述工作并提高工作质量，应在人民出版社内部设立三联书店编辑部（目前三联书店并无单独的编辑机构，也没有独立的编辑计划），编制上仍为人民出版社的一部分，但须有独立的编辑方针与计划，以充分发挥现有著译力量。

此时的"三联书店"，虽然从其前身生活书店成立算起已经有二十多年历史，从 1948 年在香港正式成为"三联书店"也已经有了几年，但实际上从 1951 年起，内地就没有了正式的机构建制，被合并在人民出版社里，仅"保留三联书店的名义，以便出版一部分不宜用人民出版社名义出版的书籍"。

现在，落实了指示，在"人民"内部设立了"三联书店编辑部"，陈原同志担任主任，父亲担任副主任，协助陈原同志工作。编辑部也在制定"独立的编辑方针与计划，以充分发挥现有著译力量"。

《报告》提出：

> 对于学术著作应采取积极鼓励的方针。凡属经过认真研究，在某一方面说来有些价值的著作即应使其有适当的出版机会。

> 许多旧的学者的著作，特别是关于中国历史的各方面材料的整理和考据的著作，对于我们还是有用的，这类著作一般可由科学院出版，但人民出版社和三联书店亦可酌量选印。

吴道弘同志回忆这段时期：

> 他们到全国各地访问学者教授，又分三批人马，分别到华东、中南和东北等地了解著译力量，组稿出书。这是新中国成立以来头一次大规模访问作者、展开组稿活动，当时形象地叫作"翻箱倒柜"，发掘稿源。

对翻译书籍，《报告》还提出：

> 除马克思列宁主义的著作外，各种古典学术著作也应陆续有译本出版。……三联书店可以较多出版社会科学其他古典著作的译本。

因此，编辑部集中力量开展深入的普查工作，制定了不同学科门类的长期翻译规划，还有计划地整理、重印过去出版过的有价值的著作。

这段时间，父亲还参加了《世界知识年鉴》（也有说是《世界知识手册》）的设计和定稿，后来这套年鉴被称誉为"资料翔实，内容广博，集各国历史、地理、政治、经济、军事、文化大全，是外事工作者案头必备"。

1954 年夏，纪念韬奋逝世 10 周年。当时由沈钧儒先生邀集了胡愈之、胡绳、徐伯昕、范长江、柳湜、史枚等韬奋的生前友好，组成《韬奋文集》编辑委员会，商讨编辑出版《韬奋文集》的问题，当时决定先请范长江负责审阅韬奋所有的著作，提出编辑计划。父亲协助范长江编辑了新中国成立后第一部三卷本《韬奋文集》。

父亲还是小学五年级时，就听老师在课堂上讲到《生活》周刊，"至今记忆犹新"。"民族危亡的报道，从此时时牵动着我的心，唤起了民族意识的觉醒和爱国思想的增涨，总想早日去观察和参与外部世界的剧变"。韬奋先生那时就给他留下深深的印象，如今他可以参加先生文集的编辑事务，是难得的学习机会，所以在他写的《编者的几点说明》最后附注说"《韬奋文集》三卷本，长江同志主编。作为导言的《韬奋的思想的发展》即为长江同志所作。我是这个文集的助编"。日后，他还曾经参与三联书店的工作，真是冥冥中的缘分。

总之，这段时间里，父亲十分忙碌，频繁的开会、讨论、出差、饭局……。他回忆说"承担了日常编辑行政工作，内外联系，以及一部分书稿复审，直到安排计划、签发稿件等等。一时书稿审读工作颇为繁重，特别是退稿意见要审慎考虑，与老作者的通信文字要仔细注意"。

他特别提到："那时，领导对编辑部虽然抓的很紧，但关心人，较为生动活泼，工作虽然繁忙但精神充实。"

的确，他有这样的感觉是有道理的，也是由衷的。不久前，他刚刚经受了他在解放后的、在人民出版社的第一次政治冲击。有人向上峰指证他的"历史问题"，上面严令处理。他给友人的信里这样说这件事："难得那位曾和她共事，警惕性颇高的革命老大姐，在宫阙办理机要、公务繁重中还记住我这个并无作为的人，竟然使我在大人先生中间博得了不实的浮名。"幸亏坚持原则的曾彦修同志，顶住压力，派人两到苏北，走访多家政府单位，翻找档案，不仅弄清了"问题"的真相，还居然找到他当年留下的那封信，证实他当时的确是自动脱离，算是暂时"澄清了他的历史"。

年轻时的一时不慎，便永远背上了包袱。此时，感受到直接领导的认真慎重、通情理解和公正客观的态度，怎不让他把全副身心都交给工作以为报答。

那份《报告》里说：

> ……对于在某一专门学科上有著述能力和翻译能力的人才，都应采取爱护扶助的态度，而不采取排斥歧视的态度。对专科以上学校教授及党校教员均应进行组织写稿的工作。对于作家的书稿必须认真处理，借以提高作家的写作积极性。

《报告》还说：

> ……应估计到中国目前的理论、学术研究的现有水平，不要求过苛，特别是对待不涉及当前政策问题的学术著作，标准可以较宽。三联书店应当更多出版著作书籍，以便使党员和非党员作者的各种虽然尚有某些缺点，但有一定的用处

的作品都能印出来。

当时编辑部同仁们情绪是愉快的，工作也很有效率。写此文时查《三联书店总书目》，据粗略的统计，仅自 1954 年到 1958 年，三联书店编辑部出版了各类书籍约 400 余种，其中包括陈寅恪《隋唐制度渊源略论稿》、张荫麟《中国史纲（上古篇)》、戈公振《中国报学史》、夏曾佑《中国古代史》、漆树芬《经济侵略下之中国》、高名凯《语言与思维》、陈登原《国史旧闻》等一大批著作。也有焦菊隐《北洋军阀统治时期史话》、罗尔纲《太平天国史论文集》、唐长孺《魏晋南北朝史论丛》、向达《唐代长安与西域文明》、吴晗《读史札记》等，都是十分有价值的著作。书目中的许多种，后来曾多次重印。有这样的评价，说这些经典之作，对有的人来说更是一生的代表作，构成了 80 年代文化学术复兴后，各领域再出发的起点，也是青年人进入专业的必读书，并为三联 80 年代后形成自己的出版特点打下了重要的基础——比较独立的学术品格。

这大概是"三联书店"曲折的历史上不受政治压力干扰、能按照出版工作规律行事的华彩篇章。

可惜，好景不长，大好的局面仅有两三年，反右风暴刮起来了。人民出版社成了重灾区。老账新翻，父亲自然难逃，历史、现行，双料坏蛋，他在人民出版社再次受到政治冲击。这次没有人能保护他了，他的编辑之路也戛然而断，其后遭遇毋庸赘言。

四

转眼到了 1962 年。"右派"帽子已摘，但是，承蒙领导许诺多日的单位编制尚未解决，好在可以参加一些编辑工作。据说初回人民出版社时，他的日子并不太好过，幸而中华书局商得文化部同意，借调他到"中华"编书。他回忆道："我到中华书局工作，隶属近代史组。虽属'员外郎'，愧蒙一视同仁，给我安静的学习与工作条件。我接受的第一个任务就是整理《朝鲜李朝实录中的中国史料》"，接续此稿的编辑事务。

吴晗先生在清华求学时，就钻研明代史实，发现清代官修的《明史》事多失实。他说："我们纵不能把它重新改造，至少也应该用清儒的治学精神，替它再逐一校勘一遍，补缺正误。"为此，他从研究建州女真史入手，博览浩瀚的明史资料，从清朝禁毁的史籍中搜寻蛛丝马迹。终于发现朝鲜《李朝实录》一书，对"研究明朝历史，特别是研究建州历史有极大地帮助"。他以坚强的毅力，把《李朝实录》中有关明清两代和朝鲜 500 年关系的史料辑抄下来。"从 1932 年开始，每逢礼拜六和礼拜日都往图书馆跑，一直跑了几年，足足抄了 80 本"。

1954 年，三联书店编辑部为了发展学术著作，父亲曾去拜访吴晗先生，得到吴晗热情接待。访问的结果，是吴晗选录过去发表过的 11 篇论文，编成《读史札记》交三联书店出版，同时还答应修改《朱元璋传》。时隔十余年，经历了"反右"大风浪后，父亲"有幸担任他书稿的责任编辑，真是难得的机缘"。

　　"摘帽右派"的父亲接受这项工作后，读稿遇到问题时，就到北京图书馆善本阅览室查阅《李朝实录》，核对作者的抄录，大约有一年左右。不料大祸临头，"文革"爆发，此稿又被压下。

　　这一压，就是十几年。1979 年后，中华书局通知父亲，要为《朝鲜李朝实录中的中国史料》编制一份完整的目录。"十年动乱"，父亲当年读稿和查阅原书的笔记，早已与他的年华一样失去了。即使仅为一个小问题也只得再去北京图书馆。睽隔多年，物是人非，善本室搬迁，原来熟悉的工作人员早已离去，当年查阅的《李朝实录》居然被"保密"了。父亲凭着新闻界出身的关系，乞得一年长老者协助，才得以借阅。

　　此书终于在 1980 年出版，作者遗愿也终于实现。望着这命运多舛的 12 册书，父亲作为本书最后的责任编辑，感慨作者之勤奋谨严，此书编录之艰苦，遭遇之离奇，价值之不同寻常。想到作者夫妇和女儿在惨绝人寰的"文革"中被迫害致死，不能见到书稿出版，身为最后的责任编辑，他连续写文章记述此书的出版历程，介绍此书的学术意义，纪念作者。父亲痛苦地写道"读到他热诚的审稿意见，面对他手辑的十二巨册史料，想到他忠于共产党，忠于学术事业，想到他在盛年抱屈而去，人琴俱亡……"，父亲"不禁潸然泪下"。吴晗曾促成清代历史学家谈迁的著作出版并写文推荐，"他评价谈迁'忠于学术研究，忠于国家民族的坚贞不拔，不为困难所吓倒的精神气节'，他大约没有想到，这正是他作为勤奋诚实的历史学家的自况"。

　　60 年代中期，父亲还改编和校勘《谭嗣同全集》（增订本），编辑了《严复集》。

与这两种书有关，各有插曲。

一是《严复集》。父亲对工作一贯热忱、勤恳、严谨、一丝不苟，不计较个人得失。有许多书，是由他编写的，却没有他的署名。许多著述，他甚至代作者去搜集、查证资料。例如为《严复集》尽可能编得详备，他多次代编者到北京图书馆、北京大学图书馆查阅大量图书报刊，并根据种种线索，向各地博物馆等单位广泛征集严复遗稿，获得了不少珍贵材料，然后全部提供给了编者。

另一件是《谭嗣同集》。据钟叔河先生说，80年代，父亲应邀到长沙讲课，主人安排到张家界游览，他却放弃欣赏"世界自然遗产"的机会，独自去浏阳，寻访谭嗣同墓。他说，他编过《谭嗣同集》，正在编《樊锥集》，想多了解些那一辈人的生活环境和身后的事。对从事的工作坚持、执著，对感兴趣的事物不倦追求，是他终生不变、一以贯之的人生态度。

1964年，按照上级要求，人民出版社、中华书局等单位着手组织编辑《蒋介石言论集》，父亲也奉派参加了这本书的编辑工作。由于从全国各大图书馆及南京国家第二档案馆广泛收罗一切有关书刊报纸资料，并从香港购进台湾及海外出版的报刊，以及蒋介石的著作，"看了平常不易看到的许多材料，倒也一饱眼福，苦中有乐"。

时至1966年，狂飙再起，父亲在"人民"和"中华"均不是正式人员，所以两个单位都顾不上他，侥幸躲过本单位的冲击。但北京城已经不容他了，他取顾炎武《日知录》中总结历朝动乱自保之"小乱隐城，大乱隐乡"的策略，又一次抛下编辑行当，

"诏许还家老贫贱"，回到江苏家乡，洒扫厕所，接受监督。

五

11 年后的 1977 年底，父亲又回到了北京，参与文物出版社《文物》月刊的编辑事务。

尽管平反、纠错改正了以前的所有不公正对待，但毕竟"人民"带给父亲太多不愉快的回忆，所以他当时并不愿意再回"人民"，拟留在文物出版社。可是经不住彦修和范用等同志的诚挚要求，"前度刘郎今又来"，他又回到了"人民"。

"而立"之年进"人民"，近"不惑"时蒙难，"知天命"后流放，年近"花甲"的父亲再次走上编辑岗位。

"老干已如铁，逢春又着花"，他一如以往地投身在繁忙的编稿中。

日子总算比较平静了，从那时起他集中精神做了许多事。除了《朝鲜李朝实录中的中国史料》一稿的编辑，我并不能完全清楚地了解他究竟编了哪些书稿。有材料说他审读了许多有关近代思想家的"学记"。此类书记述思想家的学术贡献、治学方法、经验和教书育人的风范，多由三联出面邀约组稿，积累有年。是由相关学者的同辈友人、门下弟子，对其学术确有认识体会者，撰写的学术性论文或记叙文，阐发他们超越前人、补史证史的功力，也论及治学方法、待人接物等等，是一种学术性的回忆。这套书体现了对国内学术文化积累和发展过程的关注与思考。记有黄侃《量守庐学记》、《章太炎生平与学术》、吕思勉《蒿庐问学记》等。他还审读编辑了潘光旦所译的蔼理士《性心理学》。他编辑的重要著作还包括《宋庆龄文集》、《宋庆龄书信集》、《弘一法师书信集》、《文明的进程》、《胡愈之译文集》等。他还曾参加曾彦修主编的《鲁迅选集》（两卷本）的选编工作，新写了全部注释，等等，这里无法一一记述。

但还是有需要记述的，就是《六十年来中国与日本》。这部集中日关系史料与学术研究于一体的史论专著，与20世纪中日关系的变化息息相关。书稿成于抗日烽火乍起之时，于30年代初出版，当时陆续出了7卷，由于战争影响没有编齐，尚不足60年，是个缺憾。作者王芸生因著此书而成为中国研究中日关系史的专家和日本问题政论家。作者为竟其事，决定编写第八卷，"计划续作大事记"。但是，出版社拿到的原稿，经大家审读，都认为存在重大缺点。原来芸老修订之初，即住院疗养，病中困顿，体力不支，特委托原大公报同事代为执笔。由于写作当时所据材料极为芜杂，修订时去伪存真、去粗取精则格外繁复。此时芸老已归道山，当时代笔的张蓬舟老年事已高，有心修订，惜精力不济。大家认为，为作者重印旧著，而且鼓励续编新作，是很有意义的。在此共识的基础上，父亲综合众人之议，写下四千余字的审读意见——

考虑到这一卷在同志们中间讨论颇久，互有所见，如果大家同意我上述的各项建议，为了工作进行方便，不妨责成我来整理、删订、改写、增补。我年轻时，放下书包后，蒙章靳以教授、萧乾教授的推荐，因投稿而认识王芸生先生，即曾在他主持下的编辑部内工作。张蓬舟先生也是前辈老大哥，少时相处甚得。回忆 1965 年我编辑蒋介石言论集时，到永安路大公报资料室查阅旧报，与芸老相见。承他和我商量修改重写《六十年来中国与日本》事，我冒昧进言，劝他老人家不要推倒另写。我打个比喻，好比前门箭楼，不要拆掉另修一座，已成古迹，应予维护。不过这第八卷则系新作，似应有不同要求。往日相处时，且承张蓬老谬奖，过从颇密，我来最后整理，可蒙同意。芸老作古，无以相报，让我用三个月时间来整理他的大著第八卷，使之得以出版，也聊表旧部对他的纪念。

父亲自告奋勇，接过了这个难题。如此，终于促成 8 卷本《六十年来中国与日本》得以出版，圆了恩师的心愿。

六

20 世纪 80 年代，编辑学渐成"显学"，成为一门新兴学科。但初始时并不被人承认，有人甚至将编辑的工作说成"是简单重复的劳动"。这种无视出版文化、贬损广大新闻出版工作者的言论居然出自掌管干部命运的长官口中，无疑受到广大出版工作者的谴责。对此现象，父亲十分感慨，曾这样写道：

多少年，编辑的头上，"天无三日晴"，往往是走马灯式的"多云转阴"、"阴转多云"的气象，使人习惯于蜷曲着身体。现在，灿烂的阳光终于冲破了云层，给大地上的一切有情人带来了春意。纵目看去，优良的传统无疑是值得尊重和发扬的，而有些惰性的封闭型的传统，却仍然是令人望而生畏的。不少该诅咒的东西，衰朽的东西，还想寄生在新的外壳中延年益寿。它使人困惑，使人痛苦。

仅有痛苦是不行的，也不能继续困惑下去，这都不解决问题，尊严求不来，要靠自立。父亲一直特别关注编辑学、出版学理论研究的开展。他着眼于中国历史文化和世界文明的关系，从论述中国文化何以能持续不断发展的角度讲述《编辑工作的重大意义》，他提出关于编辑学的初步思考。认为：

> 编辑学是研究编印书籍，期刊，报纸和图画等类出版物以及利用声音，图象等宣传手段的学问，特别着重选题、组稿、写作，审核，加工整理及美术技术设计等环节。这些出版物及宣传手段，是以提供知识，传播信息，积累文化，交流思想为目的，而以文字，图画，符号，声频，视频等记录于一定形式的材料上的著述和创作，供人阅读、聆听、观赏、收藏之用，旨在促进社会的文明进步，造福人群。编辑就是生产这些出版物，运用这些宣传手段的精神劳动者。

他引经据典，历数从古至今编辑工作的进展历程：

> 人类文明的遗产，绝大部分保存在从古到今的各种书籍中。凭借这些典籍，将人类智慧的结晶，伟大的发明创造，深邃的思想，高尚的情操，优美的文学，动人的艺术，精湛的技艺，随着历史的长河，一直流传到今天，与我们同在，鼓舞我们继续前进。

他鼓励同行：

编辑是人类文明的记录者、整理者和保存者，也是人类文明的发现者、创造者。人类文明得以延绵不绝，世代相传，编辑之功不可泯没。

他强调：

编辑并非可有可无的人，编辑工作并不是简单地重复劳动！

他并不是纸上谈兵，而是积极参与了大量为出版工作者举办的培训班、学习班，广泛地接触在基层第一线的出版编辑工作人员，和他们讨论编辑学和编辑业务。

经过四五年时间的不断反思检讨，他说：

在深入思考和不断讨论中，对建立编辑学的认识，逐步有了变化。原本学生时代受到"新闻无学"的影响，进而盲目延伸为"编辑无学"的模糊印象；由于面对一次偶然的机会，被逼思考编辑学的问题，不想成为认识转变的契机。几年之间，认识过程是渐进的，先以为编辑学应属于应用科学范围内的学问，进而日益体会其深刻丰富的内容，认为应有其理论科学的体系，将随着编辑实践的发展，工作经验的总结，而不断趋于完善。

在《关于编辑学的一些构想》一文里，他论述了这一新学科的涵义、研究对象、对象属性等问题。进而提出了编辑学的研究范围应当包括：编辑理论，编辑工作发展史，编辑业务，版本、校勘、目录、辑佚等学问的讨论，作者、读者、编者三角结构，还有宣传、评论和推广。他希望为大家的讨论提供些参考内容，也清醒地说，研究也需要有开放心态，也将随着改革的需要和实践的活跃而日益明确，不致局限在上述领域之内。

他认为，不仅要认识编辑工作和编辑学的重要性，还应当了解编辑工作的发展史，这有助于开展编辑学基本理论的研究。他先在杭州讲了《中国编辑史述略》，继而把在天津版协举办的编辑培训班上的讲稿，整理补充成《中国编辑史初探》的论文，从编辑工作的原始，讲到孔子整理殷周文化、从战国时代到两汉、到魏晋南北朝、到唐宋时期，到明清，一路讲下来，直至梁启超、张元济……以大量的典籍材料说明我国编辑工作自古以来，对文化传播和文明发展的作用和贡献。

他还进一步地论述"编辑与文化"、"孔丘与六经"、"刘向与藏书"等问题，并整理成《关于中国编辑史的二三问题》论文，更加深入详尽地发表有关编辑史的意见。

这些洋洋大观的长篇专业论文，联系他的《从文化史看编辑工作》等一系列文章可以说是他从业多年的经验积累和思想结晶，是他知识素养和理论水平的体现，也是对促进出版编辑事业进步、提高编辑出版工作者社会地位的贡献。

积多年的经验和实际体会，他觉得，就具体的编务来说，编辑是一种学术性、思想性很强的工作。编辑工作首先是精神劳动。他不同意简单地把通常形式上的选题、组稿、审稿、加工、校对等项视为技术方法，被称为"工艺流程"是不恰当的。把精神劳动简单化为一种工艺，并不适合有活力的编辑部的工作实况：

一个觉悟高、开拓型的编辑，主动精神强，在选题之前，他做了不少不为人知的审读工作，从报刊书籍中搜集了有关作者能力、专长的信息资料。然后他才考虑提出什么样的选题来。一个积极参加社会活动，对外广泛接触的编辑，往往在得知有条件的作者写作意向，或是阅读了他写下的某些篇章之后，才补提选题。如果认定必须从选题开步走的思想，对工作的活跃不可能是很有利的。而总是强调"工艺流程"，会导致忽略编辑工作的学术思想性，而将编辑工作视为一些简单的技术。

为此，他写下关于《选题》、《审读的意义与方法》等文章。

文章里提到，编辑要对新理论、新趋势、新技术、新进展有所了解；要掌握国内外学术界现状、存在的问题、关心的项目和发展的趋势；需要了解读者和作者，"竭诚为读者服务"当年不是空洞的口号，如今也决不能以为写上墙就是继承了传统。要倾听读者的呼声，观察读者的视线，"像追求对象一样去追求读者"，考查他的需要，满足他的正当的要求，被读者牵着鼻子，媚俗迎合是愚蠢的。"任何美妙的选题设想，都要靠作家用心血去完成，不少好书常常是在各种复杂的感性中诞生，选题计划还不能将它们预先一一包括在内，因而必须了解和联系作者"。调查研究是提出好选题的先导……

在这期间，父亲还为《中国大百科全书·出版卷》、写了"编辑"和"编辑学"的条目；主编了《编辑工作基础教程》，参与《编辑工作二十讲》一书的编写。

他热爱他的职业，尽管由于这条职业之路坎坷崎岖；他看到现在有那么多的年轻一代，走上编辑工作岗位，愿意为文化献身，他乐于将自己的体会、经验、教训以至失误都告诉大家。所以他和那些同样有丰富阅历和经验的同事们一起，不辞辛苦地为培养年轻人努力，他们想到是要让编辑事业薪火相继。

经过不懈的努力，终于促成了高校的编辑专业成立。这些老一代编辑与学校的老师们，共同研究中国高校编辑专业的全面规划，制订教学大纲，确立教学目标，安排教学计划。父亲还接受南开大学和北京大学的邀请，担任编辑专业的特聘教授。

南开大学的赵航教授亲历了这一艰难的过程。他回忆说，父亲和人民出版社的许多老同志一起，走遍大半个中国，不仅讲授编辑理论与实践，更重要的是为中国高等编辑出版教育的生存和发展奔走呼号！他们为中国高校首创的编辑专业设计出了蓝图，并亲自实施，身体力行，率先走上了教学的第一线。在他们的鼓励和帮助下，第一套中国高校编辑教材《编辑教学丛书》仅用一年时间就出版了，同时，《编辑工作基础教程》、《编辑

戴文葆参观纪念刘少奇诞辰一百周年书画展览

工作二十讲》等书，也大力推动了编辑专业的教学、科研。

同样，作为"普通高等教育编辑出版专业教材"责任编辑的

辽海出版社李晓晶同志也回忆说，作为"普通高等教育编辑出版专业教材"中的《中国编辑出版史》、《编辑应用写作》、《编辑实用语文》义务的顾问和审定委员，父亲对这套教材出版的关注、倾力、热情，丝毫不逊于在新闻出版署登名注册、获得资格证书的顾问和审定委员。在审定《编辑实用语文》和《编辑应用写作》两部教材中，他坦率地指出问题、参与修改、把关，付出了大量的精力。"正是由于戴文葆先生的认真负责，使编辑工作基本功的书成为'编辑出版专业教材'中水平、质量较高的那种"。

父亲乐于与默默为编辑事业奉献的年轻同志接触，他们不仅是师生，更是朋友。

出书、出好书，直接的意义是符合人民文化需要；间接的意义，出人，出人才，既发现写作人才，也包括造就和培养编辑人才。他送给年轻编辑同志"多读书　常思考　爱交游　勤动笔"12 个字，是他从事编辑事业多年的思考总结。父亲这样认识，也这样实践。记者出身的他，经受那么多苦难也始终坚持学习。他关心中国命运、关心文化命运，对政治、经济、外交、历史、宗教、文物、艺术等各个领域都有兴趣涉猎，各方面的书都读。他腹笥既富，又好客健谈，与人聊天，常滔滔不绝。

七

在具体的编辑实践中，父亲慎重地对待每一部书稿，他说"图书像粮食、空气和阳光一样，它的生产者应该对它精心关注，全面考虑"。

他强调，在审读书稿时，编辑要将立足点放在更高处看。"繁重的审读工作要求编辑具有多方面的修养，首先要求加紧学习理论，学习科学文化政策，注意新情况，研究新问题"。作者编者译者，大多只是从他所写、所编、所译的问题去考虑；而编辑要从多个视角去观察问题，学习对一个问题做出几种答案的思维方法。

> 态度要严肃，思路要开阔，他的立足点要放在更高处，比作者多考虑几个层面。这就要求审读编辑熟悉社会政治生活，了解文化科学艺术的发展状况，甚至应当比作者具备更多的社会和历史知识，清楚有关精神领域的大气候，工作就比较容易做得好些。

80 年代后期，中西文化的比较与对民族传统文化的反思，已经成为理论研究中新颖的课题。怎样评价我们民族的文化，对传统文化所持的态度，是编辑工作需要格外谨慎，同时也需要观念的更新。父亲有这样一段话，表明了他的意见：

> 有人认为目前对东西文化问题的注意，有点像"五四"运动的前夕，但那时的注意力在于揭发中国旧文化的缺点、不合理的东西，而现在则是更多的在于发现其积极的一面。有人认为中国传统文化是自然经济产物，没有经过近代历史严格而健康的改造和现代世界新潮流的冲洗，正与今天中国现代化事业发生广泛而激烈的冲突，成为走向现代化的文化意识和思想的障碍，必须有一次新的思想文化启蒙运动。有

人对于传统文化的讨论，并不反对从政治层面去予以批判，但强调在学风上应有严肃的科学精神，不要用简单化的作法，急功近利，一味强调其落后、封闭、保守的习性，把什么都归咎于传统文化，是难以收到成效的。有人指出现在批判"全盘西化"是找错了靶子，从未有人提出过全盘西化的问题，而我们对传统文化还缺乏一种彻底的自我批判精神。西方的社会科学也含有人类文化的先进成分，否认了这一点，就不能正确地估价全部人类文化的成果。我们审稿的同志，要十分关心如何对待传统文化和外来文化的讨论，从中吸取教益。

他在编辑林毓生《中国传统的创造性转化》一书时，只"在编排上，体会作者原意和内容，加以调整，使内容连贯，可以看出作者思路。在作者《自序》中一句话下加'＊'号，写了一个编者注，交待了全书的问题"。由于国情，对书稿"内容中的问题"的处理，这个"＊"号下面加的编者注说：

> 某些论文的极个别段落中，在不违背作者意愿和不变动论述形式的条件下，在编辑时作了必要的文字删省，而在总体上则力求保持其原状。

这里并不仅仅是编辑的方式和技巧，更是对政治问题把握得透彻深刻、对现实的敏感度也很高。

处理政治方面的问题，是积极地考虑如何能更有利更有益，实事求是，并不单单是消极的"不出差错"，所以编辑不仅要政治性强，理论素养也要高，就能够把握出版与政治现实之间的平衡与尺度。对学术著作而言，这点更可以体现"百花齐放 百家争鸣"的态度。《中国传统的创造性转化》是三联书店"海外学人丛书"的第一种，成为这套书的编辑范例。

八

写此文时，又翻阅他的著作，有《〈石鼓文鉴赏〉序》一文。一位素不相识、经人介绍而来的作者多年研究石鼓文，写下《石鼓文鉴赏》一稿，希望推荐。父亲"于古刻全然门外"，但"从弘扬祖国传统文化着眼，固当效绵力"。对青年学者亦应帮助鼓励，但"学术为天下公器，然亦极严肃端重之公事。是故首应酌情为之敦请专家予以鉴定与指导"。父亲深知石鼓文之研讨存在问题尚多，作者的研究是"提供探讨驳难之资料"，故此序并不对稿件本身过多评价，在讲述事情经过后，根据搜集的有关大量材料，详解石鼓文，说明石鼓文研究的现状、这项研究对书法、考古、金石、诗书可能的贡献及有关文史研究的重要性，并反复叮嘱作者要继续深入探究，虚心恭敬地求教于专家学者。此序完全不同于有些充满溢美之词的捧场文章，反而着力于阐释学术研究的方法和态度，别开生面。尽管他预料"此稿面世，必可引起驳议"，但仍肯定了作者的努力；他指出学术问题应当以认真负责、实事求是的态度来提供新资料、新观点；同时也不忘提出，要有宽容的肚量，应当让中青年学者的学术研究成果有机会公之于世，以便得到学术界的批评指正，"盼有宏论公表"；更重要的是学术争鸣应当严肃而平和；顺便也称赞出版社的气量和胆识。

他觉得"编辑应当不断寻觅和发现作者，了解审视作者成果，在原则范围内尽可能帮助作者出书，尤其要为新进作者开路"。这类事情他做了很多。

对并不熟悉的石鼓文他借此做了一番研究，对其他少接触或不清楚的事物也同样有热情和探究到底的态度。

友人相约游览京西妙峰山，因故未能成行，却引发他关注妙峰山的历史文化故事和当年顾颉刚先生对妙峰山的考察。他查考有关书籍，对书中的描述发生疑问。恰好当时他正在广济寺里"挂单"，认得宗教界服务和生活的朋友，可以方便真实地了解当年的社会状况。他写下《妙峰山之妙》一文。文章在生动地还原了当时的风俗场景时，更揭开了热闹背后的辛酸苦难与丑恶。因而提出要历史地看待顾氏调查，也不要离开具体的社会环境做苛刻的批评。同时也谈及调查研究的立场、观点和方法问题。

"文革"中他并没有资格去到干校，但后来极有兴趣地参加到湖北咸宁文化部"五七干校"的回访。他不是游览者，他观察、研究、思考，动用积累的知识，检阅《读史方舆纪要》，求教制图专家，参考军事书籍，写下具有历史地理研究论文性质的《怅望向阳湖》一文，揭示咸宁地方的地理沿革变化，革命斗争历史，似为讲述历史文化地理，实在着意于通过在这里曾经发生的种种，提醒人们痛定思痛，铭记历史。

九

父亲自 20 岁跨入编辑之门，到他离世凡 60 余年，其间中断近 20 年。当年见巴金先生在灯下，冒酷暑聚精会神地执笔批阅一份笔迹凌乱的稿件。趋前一看，居然是自己写的稿子，顿时汗流浃背、羞愧不已。此一情景，始终不敢忘。得此刺激，以后写稿写信，必工整楷书。遇错漏，必按稿纸格式剪切纸片补贴，不使有涂抹痕迹；若需行中加字，也必将字体改小，不使行间溢出。这个习惯，贯彻始终，直至晚年病衰，手抖不能控制。此时，也不忘为此向阅读者说明，表示歉意。所以，曾彦修同志为父亲写的挽联中有句"事事认真平生不作行书字"。

　　他的认真还不止于此。《鲁迅研究月刊》是他喜爱的刊物之一，阅读也格外仔细。对一篇武汉大学金先生的文章里，有"副文本"一词，并不能完全理解。见注释中有这一概念的出处和译者，遂据此向出版社去购买那位法国文论家的译作，弄清这个概念的内容和意义。虽烦该社朋友购买，不料却得知该社并未出版过此书。不得已，只好写信给金先生。又恐将近过年，不可能很快复信，故请人上网搜检，查得原来出版者在天津，复又去信购书。金先生也来了信，除详细解释"副文本"一词，也抱歉检讨注释的错误。父亲将此事经过特告《鲁迅研究月刊》，说明应当改正那个注释，结果自然是皆大欢喜。但劳师动众，南北折腾，就为弄懂这

戴文葆与老师张明养合影

样一个三个字的词。类似的事还有，可见他的执著认真。

他还随时留意学科研究的每一步进展。湖北英山发现毕昇墓碑的消息披露后，他极为关注，以为意义重大。毕昇是北宋活字印刷术的发明者，但关于他的生平事迹，在我国浩如烟海的史籍中，仅沈括《梦溪笔谈》中记载了 274 个字，而对毕昇的籍贯、家庭、生卒年月等均语焉不详，成为中国史学界一个长期争论不休、悬而未决的谜。毕昇墓碑的发现，是我国文物考古的重大成果，对弘扬民族文化、研究中外文化史都具有极其深远的意义。他不顾 70 高龄，两赴英山，实地考察当地发现的毕昇墓及墓碑，并把这项成果宣传到国外。

十

历史的车轮不停地向前，父亲渐渐对现实的一些状况越来越焦虑。"目前出版界存在的主要问题是出版理念不清。过去老一辈的出版人，出版图书就是为了弘扬学术、发展学术、普及知识，比如张元济、邹韬奋、胡愈之。……出版人必须从学术、文化上着眼，丰富人的生活，把有情趣的，有知识的作品介绍给读者"。他对有些有历史传统的出版社也沦为把低级当趣味的出书之杂不能理解；对已然"堕落"，却要"峰会"不理解；对无实际意义，欺上瞒下的作秀称"战略"也不理解……在出版界呆了几十年的他，被眼下的种种搞得眼花缭乱，但是，他不管外部世界变化究竟成什么样子，心中有他自己的认识：

出版工作自有的规律，决定他本质的属性，使它具有自

身的价值观念和行为规范。违背客观规律，践踏出版工作应
有标准，颠倒黑白，指鹿为马，煽惑人心，罗织人罪的恶劣
书籍，不论如何以势怵人，终将化为灰烬，或回炉造成卫生
纸了。

很多对父亲的回忆文章，都特别讲述到他遭受的那些苦难和
不幸，对他而言，最大的不幸是他人生最好的时光被无情地耽搁，
本应当为国为民做出更多的事却被压抑。被无情的车轮碾压的岂
止一个普通的小小的编辑，那是一代人的悲剧。

我是一个编辑：

编辑是一种很严酷的职业，需要经过艰苦的学习和培养。
这种繁重的脑力劳动很辛苦，对于有志之士，乐亦在其中。
我们既然选择了这个职业，就应该像马克思在《政治经济学
批判》的序言中引用但丁的诗句所说"这里必须根绝一切犹
豫，这里一切怯懦都无济于事"。

父亲这样说，也是这样做的。

（原载人民出版社《往事真情》，作者为三联书店原工作人员）

戴老远行　一路走好

王以铸

文葆同志走了。

他走了，走远了。随着时光的流逝，他的身影也渐渐远去，进入历史的深处。

长时间以来我总感到这不是真的，以为他仍然活在我们中间，随时可以向他请教一些问题。

他走后留下了很大一片很难补充起来的空白，使我们往往产生各种各样痛心的联想以及一些值得深思的事情……

文葆同志和我是从上世纪 50 年代起就相识的。我们是半个多世纪的老朋友。他调来人民出版社负责我所在的编辑室，是我的一位顶头上司。当时我们还都是青年，但是他比我老练得多，他处理编务的能力给我留下深刻的印象：认真、负责、爽利、漂亮、有始有终，从不拖泥带水。这和他出身新闻专业和有办报的工作经验有关。特别值得一提的是，对待每一具体稿件，他都经过慎重的考虑，提出精炼的意见。另一方面，他虚心听取同志的意见，从不自以为是强加于人。应当说，他负责的那段时期，是我经历过的最好的时期之一。编辑室的所有同志（当时包括比我们年长二十多岁的老一辈的同志）相互间都能以诚相待，有革命大家庭的味道。

后来党要整风，要大家提意见。基于以前参加运动的经历，大家有些犹豫、观望，于是会上会下动员：不要自己见外于党，要作党的贴心人，"知无不言，言无不尽，言者无罪，闻者足戒"嘛！就在这提意见的过程中，忽然从上面变了风向，由整风转入反右运动。

如果是一百年之后的人看反右当时的文献，那局面是要打退右派分子的猖狂进攻。人们会以为所谓右派真的会拉起一支队伍明目张胆地和党对着干，要推翻共产党。而我亲眼所见的事实，人们不过是按照整风的要求提了一些意见，比如说在那以前的三反或五反运动中的斗争方式是否可以有所改进，以免过多伤害无辜的同志；以及党员和群众之间平时沟通不够，需要加强交流、联系等等，如此而已。然而即使这样，党报还是发出了作为反右号角的质问：这是为什么？大家面面相觑，都惊呆了。人们第一次知道任何一群人都是要左中右排队的，而右派则是属于反党反社会主义的敌人这样一个政治范畴。

就是在还弄不清形势会怎样发展的时候，机关里许多知识分子已经不知不觉地陷入阳谋之中，开始了他们长达二十多年的苦难历程。文葆同志和我曾被人事处一位邢同志约去开了一个五六个人的小会。这不是一个斗争右派分子的会，只是要我们谈谈对当前运动的看法，大概有点打招呼的意思吧。这说明我们已被纳入右派的序列了。就我个人来说，我其实什么也没有做，没有写过一张大字报，没有在会上发过一次言，至多就是没有积极参加运动罢，但我做梦也没有想到会反党反社会主义，怎么能和右派联系到一起呢，大概主其事者觉得像我这样的知识分子就"应当"是右派，所以就荣幸地被加冕了。我们这一代的知识分子都是从民族处于深重灾难的日子侥幸活过来的，他们没有任何反党反社会主义的理由。但运动就是运动，在极左思想指导下，运动有它自己的发展规律：革命要靠永无休止的运动来推动，每次运动都要有一大批斗争的对象，对象的数目还有一定的比例，不按比例上报时负责人要担上右倾的罪名。为了保护更多的同志，我社的领导曾彦修同志便是以"我不入地狱谁入地狱"的精神，自动进入右派行列的。右派在上面看不过是一组组的数字，具体到右派个人那就惨了。他们要永受精神和物质方面的双重打击。人被归入另类，被剥夺了政治生命，妻子儿女也受牵累。

据我所见，被划为右派的人无论有多么充分的理由也几乎没有人敢站出来申辩。因为根据以往运动的经验，这就表示你顽固不化，还要加重处分的。根据极"左"的理论，革命胜利取得政权之后，阶级斗争仍然十分尖锐复杂，所以一次运动可以揪出几十万反党反社会主义的敌人。如果真有这样潜伏的敌人，革命队伍岂不早就乱套了。这是没常识也可以判断的。革命队伍争取一个人多么不容易，现在却这样轻率地把几十万拥护自己的同志一下子推到敌人方向去，这到底对谁有利？

记得文葆同志当时曾为他过去早已解决的历史问题写过一段书面的辩护。他曾把那材料给我看过，那的确是理直气壮、掷地作金石声的辩护。但辩护根本不起作用，最后还是被公安机关用囚车铐走了。

反右运动开创了一个十分恶劣的先例：无需任何证据就可以把自己的同志打成敌人。随后的事实也证明，它起了消灭一切不同意见的作用。无论是浪费无数人力财力的大炼钢铁还是亩产多少万斤粮食的大放卫星，再没有人敢说一个不字。

反右运动又可以说是"文化大革命"的一次预演。"文化大革命"是对理性和人之常情的全面突破。既然"造反有理"，无法无天也就成了常态。打、砸、抢的风行给这号称文明古国、礼义之邦的国家，添上了可耻的、血腥的一页。

忘记是什么时候、什么地点在劫后第一次见到文葆同志了。总之那是他已经平反之后重新工作的时候了。他虽然显得比过去苍老清瘦一些，但他精神不倒，还是那样沉稳而自信。以我们的相互理解，不再需要更多的话，握手之后，他只问了一句："还好吧？"我回答得也很简单："还可以。"随后他轻轻地补充两句："那就好，那就好！"

比起许多已经罹难的同志，我们真应当庆幸自己历经劫难还活了下来。这时我常常记起文葆同志（他的处境其实比我困难得多）对我讲的"要相信组织"的话，老百姓本来早已看透了反右运动是怎么一回事，但是要组织上为反右的受害者正式平反，这却有系于整个政治气候的变化。我曾认为把清白还给所谓右派是早晚的事情，但时间不好确定，也许要等到一百多年之后，当事者即有直接利害关系者都已变成古人的时候。没料到反右后二十几年，当我们还不太老的时候，得到了正式的平反。划右派的做法虽属荒唐，但是给几十万人这样多的同志平反，则需要承认和改正错误的巨大勇气和魄力，这依然是值得我们钦佩的勇气和魅力，由此也可以看到中国共产党立于不败之地的深层原因。它不愧是有无数志士仁人参加进来的党。

我们常常听到"堡垒是最容易从内部攻破的"这句话。共产

戴文葆在杭州留影

党遇到极左的"四人帮"和康生之流是很不幸的，因为这些丑类曾窃居高位，打着比任何人都更革命的旗号从内部破坏革命事业。他们曾经迷惑过很多革命同志，所以具有非同寻常的杀伤力。但是中国共产党并没有给他们搞垮。改革开放以来，特别是近十年，充分发挥了党自力更生的潜力。总之，党内有很多位像文葆同志这样，在饱经磨难之后仍然对党忠贞不二，以"虽九死其犹未悔"的精神为党工作的老同志，这是党的生命力和战斗力的可靠保证。这些位老同志既有高度原则性，又通情达理宽容厚道，同他们接近能切实感到组织的温暖，从而汲取到前进的力量。如果不是坎坷的经历，文葆同志也可能更多活十几年，他的贡献将是不可估量的。但是他终于走了，我们不能不感到悲痛，这是自然规律，有什么办法呢。

文葆同志远行，请一路走好！

（作者为人民出版社原编审）

他是个热爱共产党的知识分子

王志民

戴文葆同志去世已 4 年，但他的音容笑貌至今未忘。

我与文葆虽一起在人民出版社工作，但他主要在三联部分，只是偶尔碰到，大家聊得很投机。他见多识广，天南海北，无事不谈。有一年，曾彦修同志要想办一个杂文半月刊，要老戴和我协助他工作，我们在一起工作了半个月。后来，老曾南下组稿，中途得电话通知：叫"不要办了"，于是我们又各归岗位，这半个月是我和他合作共事的一次。

我的印象是老戴为人通情达理，与他谈话可以不设防，而且总是有收获。他学识渊博，为人又诚恳，是可以交心的朋友。至于他自己，则长期受历史问题的纠缠，未得重用，其实哪里有什么历史问题，无端怀疑而已。他是个热爱共产党的知识分子，不过是在"左祸"下，习惯以"左"眼看人，把人看歪了，使人材不能发挥，这样的例子是很多的。

在 2005 年，老戴送我一本《射水纪闻》，这是他生前出版的

从左到右：戴文葆，尤开元，邓蜀生，王志民，吴承琬，郭慎容

最后一本著作，写他家乡阜宁县的方方面面。这是他在"文化大革命"中，回归故里，劳动改造，在扫大街，清厕所之余，搜集资料成书。举凡阜宁县的方方面面，从疆域地理乡镇集市，从历史到人文、民风民俗，无不一一发掘记载，真是一本县志的典范之作。其中关于苏北抗日根据地的创立经过，叙述甚详，极具史料价值。关于出生阜宁的名人以及与阜宁有关系的名人都一一记载其生平，如写《西游记》的吴承恩以及历代阜宁诗人都为之列传。认为《平倭碑》为阜宁人民历史上受倭寇侵害留下惨重一幕。总之，举凡阜宁之大事及重要人物，在《射水纪闻》中都详尽叙述。要知道这是劳动改造，打扫厕所、街道之难得空闲中，所收获所考察。诚如他在赠书中所题"本于敬重传统，走访求

教，调查研究写成杂记"。这样的"劳改犯"，这样的改造中的知识分子，写出这样的著作，真令人敬佩。

可惜，文葆早死 10 年，如果上帝有知，再允许他存活 10 年，不知有几本如《射水纪闻》的精彩著作得以完成出版，为文化多做贡献。

（作者为人民出版社原编审）

我知道的戴文葆同志

马少展

　　上世纪 80 年代末期，因为我搬到颐和园附近中央党史研究室宿舍以后，每天要从北京西郊到东城上班，起早贪黑费时两个多小时，更换三次公交车还常常不能按时到班，所以索性就住在办公室有一年左右。当时，戴文葆和胡靖一老一小，早就住在办公室里。这幢五层出版社大楼，编辑部门就在四层和五层，正好我们这三个人都蜗居在四层各自所在的办公室内。每天下班以后，偌大的办公楼从一层到五层都黑压压空荡荡的，只有我们这三间相隔不远的办公室灯光闪烁。

　　在我住办公室以前，与戴文葆同志、胡靖同志在业务上或个人之间从未任何接触，甚至没有说过话。特别觉得戴文葆同志是专家级人物，与他不在一个等级线上搭不上腔，所以有时在楼道里碰见时，也只是很尊敬的与他点点头而已。可自从我们住在办公室以后，慢慢地才在下班后有些往来，常常是他和胡靖同志来我办公室坐坐，有时他们还带来一些小零食，我们就海阔天空聊

从左到右：吴道弘，戴文葆，王开基，王以铸，尤开元，邓蜀生，
刘元彦，王志民，庄浦明，于干，马少展

聊天。原来戴文葆同志不仅学识渊博，而且为人温和可亲。日子
久了彼此都很随意，不但熟悉起来，似乎成了投缘的朋友。

　　戴文葆同志很健谈，他给我们讲历史讲故事，还回答胡靖同
志对编辑工作中出现的问题。可他总是笑而避谈自己的往事。其
实对他的过去我略知一二，因为在历经政治运动时，特别在"文
化大革命"中，范用同志重大罪状之一，就是所谓"招降纳叛"，
指的就是对戴文葆同志的保护。原来这不过是在戴文葆同志 18 岁
时，由于贫困为解决生活问题，经亲戚介绍到当地国民党政府工
作过，据说该政府有情报机构，他在此处工作不到半年，意识到
极不适宜而主动离去，此后再无任何联系，而且在他投身革命工
作以后，早已向组织交代清楚；孰知年青时误入歧途这一小段经

历，却一直纠缠他大半生。在建国以后的历次政治运动中，都被定为重要政治问题，从不承认他追随革命为革命工作的历程，而短短的几个月使他竟从一个革命者沦为反革命分子，而且连累好友范用同志受过。在我和胡靖同志再三要求下，要他谈谈"文化大革命"时处境，可他总是轻描淡写。他说："我看出'文化大革命'的风暴会是很凶猛的，我有自知之明，干脆主动回到老家——江苏阜宁。"要知道江苏阜宁也在中国这片黄土地上，"文化大革命"覆盖全中国，只要你还在这片黄土地上是谁也逃不了的，他被责令打扫公厕和清理垃圾，并被严加管制。可是，通情达理的故乡人却惋惜他这个才子，管制是宽容放松的。但他仅有的生活费根本不够维持他一日三餐，常常处在饥饿之中，可老戴同志却诙谐地说："我有对策，一口饭细嚼慢咽，配大量喝水，肚子就能鼓起来。"

他还赞口不绝地夸自己是一个顶呱呱的公厕保洁员和清理垃圾的能手呢！他说："清理垃圾可以淘宝——可以从残缺报纸和大字报中得知一点消息，在街上人少时还可以偷看几眼报刊栏张贴的报纸等，否则我就成了与世隔绝的外星人了。"他说的轻松，可我们听了非常心酸。

1977年老戴同志经历了10年的磨难之后，又回到北京、回到出版社工作，对他的以往种种不公正之事给以平反改正，安排了住房。尽管如是，逝去的光阴，失去的青春谁又能弥补？从此年迈花甲的他，老骥伏枥再次走进出版社。编辑工作是他梦寐以求的职业，全身心投入，经他手编辑出版了大量学术著作，如《章太炎生平与学术》、黄侃《量守庐学记》，以及王芸生《六十年来中国与日本》等……这些著作的出版不仅仅是出版社的成就，而且是我们中华文明的财富。这一切都印证了痴情的中国知识分子一颗赤子之心，在他们心灵深处永远揣着一颗炽热的责任意识和人格意识，无论遭受多少苦难和不幸，仍然一往情深地热爱他的祖国，牢记自己的使命，这就是善良的知识分子的苦忠！

老戴同志是我一生学习的楷模！

（作者为人民出版社美编室原主任、编审）

悼念老战友戴文葆同志

金敏之

今年是戴文葆同志逝世4周年，他于1941年春奔赴大后方重庆市北碚区的"夏坝"，入国立复旦大学政治系学习，拜张志让、张明养为师。在党的"利用合法、隐蔽精干、积蓄力量、以待时机"的方针指导下，从事革命活动。在周恩来同志关于"勤学习、勤工作、勤交友"的指示指导下，他在复旦大学与党员保持联系，与进步同学保持联系，争取到中国共产党南方局青年组对他的工作的直接联系。1943年秋，南方局青年组组长刘光同志为加强对复旦大学"据点"成员的领导，建立了由许鲁野、何燕凌、宋峥、戴文葆组成"据点"小组，其后又有曾岛等数人参加。在入复旦前的中共党员杜子才、陈以文、魏仰刚等同志，得到南方局青年组的确认，加强了党员与进步学生的密切联系，并在这些同志的参与和支持下，1944年7月4日，举办了有复旦大学新闻、外文、史地、政治、经济、统计、化学等系三十余人参加的"中国学生导报"社（简称"中导社"）成立大会，建立了编辑部、经理部、推进委员会和财经委员会等四个机构，杜子才任总干事、戴文葆任总编辑、李温任经理（会后补任）。

"中导社"一开始就有校际性质：中央大学、江苏医学院、音乐学院、中华大学、树人中学、重庆女中、文德女中等单位都先后成立"中导"组织。我于 1944 年 7 月 26 日由李温同志介绍参加，成为戴文葆同志的战友，但直到 1945 年 8 月"中导社"成立周年纪念会上我俩才第一次见面。

左起：李忠海，戴文葆，张慎趋，庄浦明，蒋曙晨，吴道弘，金敏之

"中导社"一经成立，就得到南方局青年组的具体领导，刘光、朱语今、张黎群等同志每月都与"中导社"负责人见面一次研究工作。经过近半年的准备，由戴文葆主编的、革命学生的报纸、四开版的《中国学生导报》第 1 期于 1944 年 12 月 22 日在重

庆出版发行，成为青年学生最受欢迎的革命号角。至 1946 年 5 月
共出版 37 期，从 38 期出版上海版，坚持到 1947 年 6 月，被迫停
刊。1946 年 3 月，中国共产党南方局青年组在"中导社"的基础
上，建立了"中国学生社"，使其成为重庆地区学运一支力量。

戴文葆 1945 年在复旦大学毕业，返回上海。于 1946 年 11 月
入上海《大公报》工作，任国际版编辑，直到 1951 年 9 月。1951
年 10 月调来北京，在人民出版社一编室，与我共同编辑《新华时
事丛刊》，我俩得以一起工作，共谈往事、新事、增强了友谊。
1957 年，在整风期间，戴文葆被打成右派，遭送天津市茶淀农场
劳动改造，终因劳累过度而罗致重病，后由他的老友、社领导范
用同志接回北京，送医院治疗。1966 年 6 月"文化大革命"开始
后他返老家阜宁，"四人帮"被打倒后，才得重返人民出版社工作。2002 年 10 月，我与戴文葆、吴道弘、庄浦明、蒋曙晨等人同返湖北咸宁文化部干校旧址探访，并同游李自成墓和武汉东湖、黄鹤楼。

戴文葆和他的老师张明养夫妇

戴文葆同志的一生是
执著革命的一生。他牢记周恩来同志的"三勤"教导，将"勤
学"、"勤业"、"勤交朋友"永远留在他的心中，认真做好出版工
作。他认真学习党的方针政策、学习科学文化知识，努力使自己
成为出版工作的知识里手。他曾说出版书刊，必须认真审改，不

能有差错，有差错是给自己抹黑，对不起人民。他广泛交结朋友，认为朋友都是自己的帮手，有了他们则可以丰富自己的知识。他认为作为一个编辑，自己应该学有所成，只有有了自己的成就，才能于心无悔。正是由于他在出版工作中的兢兢业业，不断有成，最终获得"韬奋奖"。

我们要永远学习他的出版工作精神！

2012年6月15于真武家园

（作者为人民出版社原编审）

一生奉献，编辑出版的楷模

张明惠

今年 9 月 7 日，是戴文葆同志不幸逝世 4 周年祭，思念之情，油然而生。

文葆同志是我在人民出版社的同事，这位老同志文通中西，学识渊博，曾经有不少著作、译作问世。他工作严谨，经验丰富，一生从事新闻出版工作，为新闻出版事业作出了很大贡献，深受出版学术界的极大尊重。

1978 年党的十一届三中全会召开，严冬逝去，春天来临，老戴摆脱了过去曾经强加在他头上的种种"罪名"，重新焕发出美好的革命青春，宛若一匹勇敢的骏马，在神州大地上奔驰。他日夜奔忙，争分夺秒，废寝忘食地忘我工作，他要把浪费的二十多年美好的宝贵时光抢救回来，竭尽全力献身于编辑出版事业。

作为编辑大家的老戴时常会参加各种学术活动。有一天，季羡林先生邀请有关学者在北大开座谈会，老戴也莅会，会后在北大勺园聚餐，老戴有事先走了，不能向季老告辞，他特意给我来电话和短信，说明情况，让我向季老解释清楚。我当天就向季先生转达了老戴的原话，季老说："戴文葆首先是一个编辑，然后才是治学著书"。

后来老戴在给我的信中特意写了一段话："季老的序言我已拜读，我也感谢他老夫子，现在他住院，不便打扰他了，以前在北招留饭，我不告而去，他就不高兴的。又上"。

戴文葆先生 1977 年返回北京后留影

早在认识老戴以前，我已久闻其名，但未谋其面，只知他是出版界文才兼优的著名学者和编辑大家。后来由于翻译朝文书，彼此就有过多次交往。这里，还有一段颇具喜剧性的插曲。1984年老戴在东京召开的出版论坛第四届年会上结识了韩国出版协会会长、韩国古籍同友会会长安春根先生，他向老戴赠送了他的新作《杂志出版论》一书。后来老戴将此书交给中国出版工作者协会学术工作委员会主任吴道弘先生，通过他让我翻译此书。当时我手中已有很多任务，但又无法拒绝，因为道弘先生是我的老领导，对我有知遇之恩，所以我只得答应翻译了此书。老戴同志还精心地为"中译本"写了序，为这个译本增光添彩。

老戴半生饱经风霜，历尽磨难，我原以为他是一个性格内向、寡言少语、不易接近的严肃长者，不曾料想，1992 年我第一次见到老戴同志，同他谈话时，他给我的印象却是衣着整洁、和蔼可亲，谈锋甚健、满腹经纶的儒雅之士。他说："在韩国，我有六七个好朋友，都是出版界的老资格人士，也有著名学者。你是学朝文的，有什么事需要我帮忙吗？"我感谢了他的好意，同时说道，现在翻译韩文书是僧少粥多，我已有许多任务在身，无力再搞别的东西了。

《杂志出版论》出版后，老戴特意在报刊上撰文介绍，抬举我为朝文翻译家，并说我为该书写了"导读性"的序言，令我十分汗颜，诚惶诚恐。我请他将"朝文翻译家"删去，"导读性"改为"助读性"，他只采纳了后者，改成"助读性"。

《杂志出版论》的第一页是"作者致中国读者"的一封短信，全书我都翻译了，而这篇不足 300 字的短信，老戴却另找人翻译了。我小心眼，认为老戴瞧不起我，对老戴有了意见，发稿后财务处让我去领取稿费我也拒领，后经该书责编王一禾同志和老同仁王德树同志一道为我解释一番，我才心中释然。这段插曲，我至今记忆犹新。

1992 年秋的一天，我到社里去开会，在办公楼 3、4 层的拐角窗口处，老戴同志站在那儿，见到我十分高兴，他说："张明惠同志，我正在等你，想和你谈谈。你现在翻译的东西不少，如果时间和身体条件许可，你是否可以写一些东西，我相信你能写好。"

又一次，老戴同志对我说，看了你的译文，我觉得你古文根底不错，你是否可以研究一下韩国的汉诗。

2005年深秋时节，我接到老戴电话，要我寄给他一本我和老伴翻译的韩国临时政府主席白凡金九先生的自叙传《白凡逸志》，我遵嘱立即寄去。没想到2006年春节，老戴给我们来了一信，信中说他把全书看完了，当年他听金九先生作报告时，他才读小学五年级，许多话听不懂，但金九先生慷慨激昂的语调，他至今仍记忆犹新。他很崇拜金九先生，说他是一位坚决抗日，不怕掉脑袋的英雄爱国者。他把此书读得非常仔细，连书中一些细节他都注意到了。例如，老戴家乡阜宁县是个穷困的小地方，为何金九先生会到那儿去作报告，现在他看完《白凡逸志》就全明白了。信中还说天气寒冷，看书速度很慢等等。信的最后一句话是："我现在是毫无遗憾的。"老戴受了二十多年的沉冤，身心备受摧残和凌辱，他却无怨无悔，对党对革命事业一片忠诚，深深震撼着我的心灵，令人倍加崇敬！

2006年老戴给我一信，谈到：

> 现在的一些所谓翻译家，外文似可，而译文用中国的语言文字，译得好的很少，……我希望你们是否可就韩国实学思想中选一本代表作，译出来给中国人思考观摩，在译作中将流传后世，震动中国学者与学界，推动我国学界务实。

戴文葆再拜

2006年1月3日

信中还夸奖我的译文典雅，我实在有些受宠若惊，愧不敢当。

老戴在百忙中挤出时间，多次同我谈话和来信，提出许多宝贵意见，指明努力方向，鼓励我奋发有为。我同老戴交往时，业已退休，他还未离休，工作十分繁忙。过去我也不是他的部属或同一编辑室的同仁，为什么他不惜花时间费心血来关怀我这个微不足道的普通编辑，用他的烛光照亮我前进的道路？只有一个解释，他希望凡是同他接触过的人，都能从他那儿获得力量，日臻成熟，为国为民多作贡献，多么难能可贵的高尚品德啊！

老戴同志不为名不图利，全心全意为他人作嫁衣的自我牺牲精神，在他担任责编的许多重要图书中，表现得淋漓尽致。这种忘我的高尚敬业品德，在老戴的公子杨进同志的《我是一个编辑》一文中，已有全面而深入的介绍，我无须赘言，现仅举数例，可见一斑。

1. 1954 年老戴协助范长江同志编辑了三卷本《韬奋文集》，纪念韬奋先生逝世十周年。

2. 吴晗先生曾编著《朝鲜李朝实录中的中国史料》，1979 年后，中华书局又通知老戴，要为之编制一份完整的目录。作为此书最后一任责编，他不辞辛劳，千方百计到北京图书馆查寻资料。在编纂此书的过程中，老戴想到吴晗先生全家的惨痛遭遇，深感悲愤，潸然泪下，他多次撰文介绍此书的出版过程，论述此书的学术价值。

3. 《宋庆龄文集》、《宋庆龄书信集》这两部重要著作，老戴是主编之一，负责内容选定和注释工作。

4. 参加《孙中山选集》和《蒋介石言论集》的编辑工作。

5. 编辑了《弘一法师书信集》、《胡愈之译文集》等著译作，还参加了曾彦修同志主编的《鲁迅选集》（两卷本）的编选工作，并撰写全部注释，深受彦修同志的敬重。

6. 为《中国大百科全书·出版卷》撰写了"编辑"和"编辑学"的有关条目。

7. 王芸生先生所著《六十年来中国与日本》上世纪60年代出版到7卷，作者不幸辞世，老戴自告奋勇，协助完成，最后第8卷得以出版。

8. 老戴奔走呼吁，支持在大学设置编辑专业，并亲自赴南开大学、北京大学授课。他考察了从古到今编辑学的发展历程，亲自编辑了《编辑工作基础教程》，还参与撰写了《编辑工作二十讲》。

老戴堪称是位造诣很深的教授和著名作家，但他却对编辑出版事业情有独钟，把自己定格在编辑岗位上。

在繁忙的工作中，老戴还挤出时间，殚精竭虑，撰写了不少佳作。如：

1. 月是故乡明（散文集，江苏出版社出版）

2. 新颖的课题（书评，三联书店出版）

3. 寻觅与审视（华侨出版公司出版）

4. 射水纪闻（河北教育出版社出版）

老戴的前半生，演奏了一曲凄怜愤懑的悲歌，却没有听他发过一句牢骚，说过半句怨言，甚至挚友张惠卿同志问起他过去的悲惨遭遇时，他也总是缄口不语。显然他决心独自一人咽下这杯苦酒，让痛断肝肠的往事，深深埋藏在自己的心底。

党的十一届三中全会的春风吹散了乌云，推倒了一切污蔑不实之词。人才就是人才，不管被埋得多久，被埋没多深，最后终会发出亮光，被发掘出来。老戴这位奇才，终于得以展放他的光彩。亲朋好友们为他额手称庆，欢呼雀跃，我情不自禁地要为他高唱赞歌：

　　文才出众命多舛
　　葆光夕阳放异彩

请看，老戴自豪的独白：

　　我是一个编辑。

　　编辑是一种很严酷的职业，需要经过艰苦的学习和培养。这种繁重的脑力劳动很辛苦，对于有志之士，尔亦在其中。我们既然选择了这个职业，就应该像马克思在《政治经济学批判》的序言中引用但丁的诗句所说"这里必须根绝一切犹豫，这里一切怯懦都无济于事"。（人民出版社《往事真情》，第210页）

这是老戴的座右铭，他一生都在严肃认真地身体力行。老戴恪守誓言，一生奉献，无怨无悔。

文葆同志，请安息吧！我们永远怀念您、学习您，永远，永远！

2012 年秋于万泉居
（作者为人民出版社原编审）

不软弱,不自卑,不消沉,不埋怨

吕异芳

中华人民共和国成立初期，人民出版社的工作逐步走上正轨，日渐繁忙。随着形势发展的需要，三联书店、世界知识出版社相继并入人民出版社，一些专家学者也通过有关方面调入，人民出版社的编辑队伍，一时名家倍增，人才济济。当时三编室的主任是史枚同志，戴文葆同志就在三编室担任副主任，在他们的领导下，编辑室虽是来自四面八方，却是老少同心，团结互助，兴高采烈，干劲十足。老的热心指导，年轻人虚心学习。气氛十分温馨，其乐融融。

我是1949年南开大学毕业的，从华北大学学习班分配到中宣部出版委员会工作，后到人民出版社三编室的历史组。三编室的任务是经济、中外历史、学术专著、译著等。当时正好有范文澜同志的《中国通史简编》拟在出版社修订重印，让我任此书责编。此书曾在解放区出版过，只有一到四卷。第四卷是隋唐文化部分。戴文葆同志在审读书稿时提出，范老关于佛教的观点影响太大。一是佛教文化渊源深远，二是否定宗教应慎重。我当时则想，范老是老干部、老专家、是马列主义理论家的权威。无神论是共产党的主张，言论自由嘛！出版社领导曾专门讨论过这个问题，我未参加，但后来书还是按原稿出了。戴文葆同志后来对我讲："看稿一定要知道党的政策！"这个教导让我记了一辈子。

后来，我国国内经历了一个又一个政治运动，先是三反、五反；接着又是肃反、反右，由于政治运动的紧张和压力，出版工作常处于停滞状态。1958年，文化部系统部分干部下乡参加劳动，接受思想改造。我一年后回社，才知道有些人去了北大荒，有的去了劳改农场，有的调离了单位。戴文葆同志去了河北茶淀农场，什么原因并不清楚。三年困难时期，戴文葆同志患了浮肿、胃溃疡等重症，紧急接回北京治疗，多日后才得以恢复。谁知不久，"文革"风暴突袭，戴文葆同志预感自己或有危机，主动申请回乡接受监督劳动。在家乡，戴文葆同志任劳任怨，得到当地领导和群众的好评。1977年才正式回到北京。谁想回京后，由于居无定所，只好住进西四的广济寺。在广济寺，他与寺内巨赞法师交上了朋友，不但与法师聊天说经，还为法师出版了个人著作《巨赞法师文集》，深得这位法师的尊重和敬佩。

这时，同行、朋友得知戴文葆同志回京的消息，纷纷前来探望。文物、人民、世界知识出版社等也来约请他协助工作，他放下了多年来的政治压力，热情洋溢地投入了工作。一时间，他在出版社看稿写稿，去北大、南开等高校讲课，与同行去国外访问交流，参与制定国家出版规划等等，有谁能知道在短短的时间里，他写了多少书，看了多少稿，去了多少地方，讲了多少课，有多少社会活动！他本来体弱多病，又近耳顺之年，在重获自由后，却精神焕发，浑身是劲，成就卓著。

二十多年的政治压力，生活的寂寞凄苦，没有压倒戴文葆同志，而这些事，在他恢复工作后，却很少听他提起。1984 年，终于加入了中国共产党，他欣慰地表示："我还是党的人。"

从左到右：张小平，庄浦明，戴文葆，吕异芳

有位加拿大华侨，是原四编室的年轻人，叫甘耀永，是戴的忘年交小友。他很喜欢小甘的聪明和稳重，交往甚密。小甘每年要从加拿大回北京参加燕京大学的校友返校活动，每次回来，戴与小甘总会安排与好友小聚，开心地叙谈交流，饭后，聊起了故事。小甘问老戴，当年在农村时闲来干什么？戴说，那里有什么"闲来"？但有时也可听到一些趣事。他说，1966 年回老家，那是"带罪"回乡的。当时老母还健在。有邻居问："老二回来了？"（戴文葆排行老二），母亲回答："回来了！"又问："为什么回来

呢?"老人说："得罪了大人物呗!"

老戴望着小甘轻轻地无奈地一笑。接着又语重心长地说："最苦的事是生活的无奈和单调。既无书报可摸，又无熟人可聊。想动笔，不敢写东西，也无法写东西。"夜深人静，"寂寞得与死接近"。后闻老乡家有古籍，借来翻看，很高兴。既可排遣时间，又可神交古人、边看边抄，也可练练手笔！但看到《后汉书》吕后部分，边抄边想，这个吕后真坏！抄完放下笔，又想，对吕后似乎应留有余地，看来她不比江青更坏！我只能在心中暗想。有位年轻人，听说戴文葆同志喜欢看书，就把他家的《鲁迅文选》带了过来，戴文葆一见大喜，他就从此义无反顾地认真看书、抄书，心静神定地干了起来，打发这不长又不短的流光岁月。大家听了以上这些，似明白，又不明白，无言相视了好一会儿。

2004年5月的一天，戴文葆同志让人给我送来一信，信封上写"往事毕竟如烟，奉呈聊借一笑"。打开一看，是两篇短短的文章：(《为了忘却的纪念》抄后记)(戴文葆同志发表在《鲁迅研究》月刊，2004年第1期)，朱正同志的一篇评价(内有"抄书"精装的封面影印照)。我放下手中的活计，捧着来信，老伴也认真地关注着来函，两个人久久地沉默着，禁不住心酸泪流！

多年来，我们一些同志常常为他遭受这么长时间的磨难和波折而同情，为他不平。为他在大好年华长时间没有机会有所作为，贡献他的才华和爱心而遗憾，更为祖国和出版事业的损失而叹息！看了"抄后记"，我惊讶的发现戴文葆同志的另一面：他从"血火流光"、"爱与死的搏斗"里，理解了"生死虽殊，情亲犹一"的事实。鲁迅"过人的清隽之气"、"哀诔怀人"的杰作，深深灼

戴文葆摄于家中

戴文葆手抄的鲁迅作品

热了他的心。他不软弱，不自卑，不消沉，不埋怨！是鲁迅著作给了他力量！他是真正的"刚强勇猛"！读了他的《后记》，又看了朱正同志深情而又真实的评价，我才理解戴文葆同志为什么在那苦风凄雨的年代没有倒下，在他重新回到工作岗位后，迸发出惊人的冲劲，斗志昂扬，精神百倍地重上战场！这一切主要是因为戴文葆同志是杰出的编辑家、出版家，骨子里是编书的人！其贡献和榜样，与历史同辉。

精心抄录、巧手装帧的这部精美的《为了忘却的纪念》抄书，而今郑重完好的保存在鲁迅博物馆里，朱正同志为它找到一个高贵、庄严的殿堂。

（作者为人民出版社原编审）

和戴文葆先生在一起相处的日子

张秀平

　　2008 年 9 月 7 日，著名编辑家、出版家、著作家，我敬爱的父辈般（我的父亲是 1923 年生人、和戴先生同年，惜在 1981 年 3 月 26 日就去世了）的老师戴文葆先生与世长辞，获此噩耗，我和爱人华天惠都惊呆了，虽然知道他因患小脑萎缩多时，视物事人也不清楚了，但最后的时刻到来时，我们还是觉得意外。此前，我们两人正商量周末要去 305 医院探视，正在给他准备蜂蜜和炖莲子白木耳……。"树欲静而风不止，子欲孝而亲不在"。遗憾、悲痛、怀念、懊悔盘桓在我们心底，脑海中频现了无数的和戴文葆先生交往、在一起相处的往事和令人心碎的画面。

　　我是 1977 年 10 月从兰州大学历史系毕业分配到人民出版社工作。先是在校对科实习一年，后按专业分到历史编辑室。当时的历史编辑室主任是刘元彦，他是川军爱国将领刘文辉的儿子，学识渊博，喜好京剧，业有专攻，在中国古史分期问题上有独到见解；副主任陈汉孝是近代史研究专家；另一副主任陆世澄是德国史研究专家。此外，还有美国史研究专家邓蜀生、近代史研究专家林言椒（后来的三联书店副总编辑）、共运史研究专家张郁兰（她的丈夫是中国哲学史专家宋家修）及张作耀（后来的历史编辑室主任、《新华文摘》主编）、江平、吕涛、苏文芳、吕异芳、安长春、孙祥秀、王能雄、沙曾熙、肖远强等，都是学有专长的前辈，可谓人才济济。室内还指定吕异芳做我的编辑业务的指导老师，她和张郁兰、江平、苏文芳、孙祥秀四位都像大姐姐一样帮助我和照顾我（当另文叙述）。刘元彦主任首先安排我登记历史编辑室的样书。这项工作看似琐碎，实则是一项基本功。我按照曾在内蒙古生产建设兵团当过统计员的功夫，设计了作者、分类专题、书名、出版年月、联系方式等图表，一边阅读、一边一一登记造册。我还按分类专题、在书脊上贴了口取纸做了编号，另外还特备一小本作为室内取用登记。经此整理，历史编辑室的样书开始井井有条，为室内的编辑工作发挥了作用，免去有些编辑核对资料要经常往返资料室的麻烦。主任和室内的同人都十分满意。当年人民出版社的各个编辑室，还都配有马恩列斯毛著作的工具书，供编辑随时核改引文时用，编辑室的样书也集中陈列收藏，以便工作时参考使用。这是一种良好的传统、优秀的作风。可惜现在已经不存在了。"洗澡倒脏水"，经常将孩子倒掉，教训深刻。此项工作费时约半年，历史编辑室在"文革"前 17 年出版的图书及作者队伍、联系方式，我都了如指掌。选题和作者及联系方式，是编辑工作的两大源泉，以后的编辑工作都是这个源泉的汩汩细流。

大约是 1978 年年底，我在朝内大街 166 号斜对面的 101 路车站等车，恰逢戴文葆先生也在那候车。我们以前在社里见过面，但只是点头一笑而过，从未有过交谈。听历史编辑室的老同志说，他是被错划为"右派"的老主任，学问很大，令我对他肃然起敬。因没有直接的工作关系，我辈只能经常从侧面仰望。戴文葆先生儒雅的面庞、瘦弱的身躯，猛的一看，似瘦弱而不禁风，但他经常手持折扇、提一黑皮包，戴枣红色宽边眼镜，柔弱的外表下，风骨傲然，有"不言自威"之相。此次在 101 路车站碰到戴先生，我们有了第一次面对面的交谈。戴先生告诉我的第一句话是：我的家是支离破碎的。我每天上儿子处吃一顿饭，每月贴他100 元。我当时听了很吃惊。因此也开始了我们近 30 年的交往。

1981 年，我参加了国家出版事业管理局（国家新闻出版总署的前身）的职称文化考试，我的座位右边上就是他的儿子杨进。我们算是"同科"出身。我们进考场之前没有任何准备，考试的范围是作文和校对的基本功，当年的考试题目是《谈读书》，我迄今都清楚地记得我的作文从北宋的赵普"半部《论语》治天下"谈起，论述读书的重要性，再谈要多读书、行万里路读万卷书；又接谈读好书、读经典书，与开头的"半部《论语》治天下"呼应。洋洋洒洒，十分得意。考试时我看了一眼坐在我右侧的戴公子，他正在搓手。若干年后我和戴先生说起此事，他说杨进是紧张的。但杨进考得也不错。如不是紧张，他应该有更好的发挥。那次考试以后，我们成为了出版社的助理编辑。此后，我们在不同的工作岗位上不断地进步与发展，他成为了生活、读书、新知三联书店的韬奋书店的总经理，靠的是自己的努力（因戴先生曾对我说过他平反回京后的"三不"：不再结婚、不为子女谋利益、不为自己谋私利）；我也从一个助理编辑，历经编辑、副编审、从而是编审。在编辑室副主任、主任、编审的岗位上至今整整干了 36 年、策划编辑出版了重要图书 300 多种、复审出版了图书 200 多种，获得了国家图书奖、中国图书奖等各种国家和省部级的各种奖项 30 余项。

2000 年年中，我从劲松搬到了和平里东街南口北二环河边民旺 19 号院 3 号楼，与戴先生成了一个单元的邻居，戴先生住 3 楼、我住 6 楼。此后直到他去世的近十年里，戴先生经常、有时接连几天晚上来我家聊天。他称我们两口子是"芳邻"、"贤伉俪"（他常说我们是"一块馒头搭块糕"的和谐结合）（附图 1）；我们则是他的谈话对象和听众。华天惠时任中国兵器工业总公司第五设计研究院的计算所所长、高级工程师，爱好看足球比赛，他经常是为我们砌好茶略坐片刻就去另屋看球赛了，戴先生谈兴浓时会突然询问：老华呢？华只得再回到听众位上坐好开始"一杯清茶话平生"。戴先生文思如泉涌，经常从他为《大公报》写的国际评论谈到他在南方局的工作；从"大隐隐于市、小隐隐于乡"的机智、苦难人生谈到他在上世纪 50 年代后期在金钟河畔淀洼地区劳动和"十年内乱"时的死里逃生；有时又谈起他参加的重要书稿的编辑过程中的人和事，令我得益匪浅。和戴先生交往、相处在一起的日子里中，有这么几件事，令我毕生难忘。

1997 年，我责编的、由中国社会科学院政治学所所长白钢主编的《中国政治制度通史》（1—10 卷，下称通史）参评中国国家图书奖。开始的时候就很不顺利。在初评时，因《总论卷》（白钢著）和《先秦卷》（王宇信、杨升南著）在关于中国文明

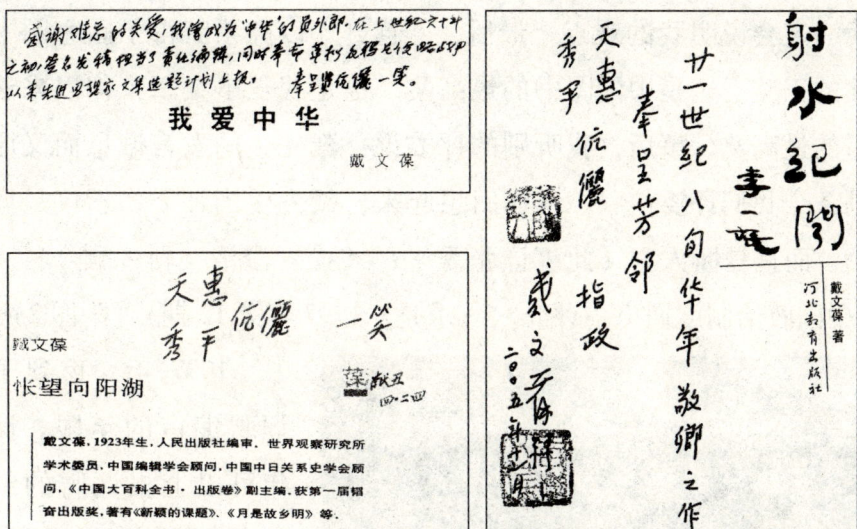

我爱中华

戴文葆

怅望向阳湖

戴文葆

戴文葆，1923年生，人民出版社编审，世界观察研究所学术委员，中国编辑学会顾问，中国中日关系史学会顾问，《中国大百科全书·出版卷》副主编，获第一届韬奋出版奖，著有《新颖的课题》、《月是故乡明》等。

射水纪闻　李一氓

戴文葆著

河北教育出版社

图 1

的起源和部落联盟战争的性质上观点有所不同，因此评委们在初评时就有人提出该书的主编是否"主而不编"？10 卷的观点是否一以贯之？当时的社长兼总编辑薛德震先生很紧张，找到我说了这两个问题、要我做点说明。关于中国文明的起源和 10 卷本的观点问题，我在编辑出版加工时就和主编白钢先生、先秦卷主编王宇信先生（著名的甲骨学研究专家）探讨过。我们比较一致的意见是：史前期、先秦时，因为文字和考古发掘材料的缺乏，这段历史是"天上的封神榜"（郭沫若语）。只要"言之成理，持之有故"，应该允许各卷在整体一致下保持本卷的观点。薛总又说，他是评委、又是社领导、碍于身份不便在评委会上发言、解释，最好由戴先生出面做些工作。于是我就和戴先生商量。戴先生是国家图书奖的连续 5 届的评委，德高望重。戴先生听我说明原因后马上说，这套书我看过了，是本届参评图书中最有学术分量的、我一定会说明我的观点。最后,《通史》以高票获得了国家图书奖的正奖。这是中国图书的最高奖、也是我从事编辑工作以来获得的最高奖。事后,我听别的评委说,戴先生的发言诚恳而又原则,令我们评委信服。现在回想起来,戴先生当评委,不仅是懂书、而且是懂人。(此事详张秀平:《揽辔澄清,剥古酬今——〈中国政治制度通史〉评介》,《求是》1997 年第 12 期)(附图 2)

图 2 戴文葆先生在第三届国家图书奖复评会上

1997 年,我到了评聘编审的年限。该年可以上报评聘的编审名额很宽松,而且分到人民出版社的历届"工农兵学员"中,只有我通过了编审的外语职称考试从而具有参评资格。那个时代的职称评定,因为积压的人多、名额数少而十分紧张。每个单位都有拦截一部分人不能参评的招数,外语考试就是利器之一。我凭借上个世纪 60 年代初中 3 年所学的英语功底竟然获得近 80 分的成绩(60 分及格),为了"脱贫"和"稻粱谋",我又几乎每月都在编辑工作之余在报刊上发表论文、综述、书评等文章,加上我责编的图书刚刚获得了第三届国家图书奖,期望评上编审的愿望特别强烈。在激动和不安中,我等来的结果很意外,因票数未达到规定没有列入上报新闻出版署高评委评审的编审名单中!询问有关人士,得到的答复是"非学术原因"、到底是什么原因?

谁都讳莫如深避而不答。听到这个消息后，我的情绪波动激烈。人生之苦，莫过于期望的破灭。我顿觉前途漫漫，懊恼、不满在胸中运行，随时都会迸发而出。戴先生知道后，特别找到我说：你太年轻了！人生不患无位患无以为。今年没有评上不见得明年评不上，做好事情是第一位的。不久他因编辑《宋庆龄书信选集》到上海出差，他还记挂着我的事、生怕我整出点啥事，又特地给我写了信（附图3），

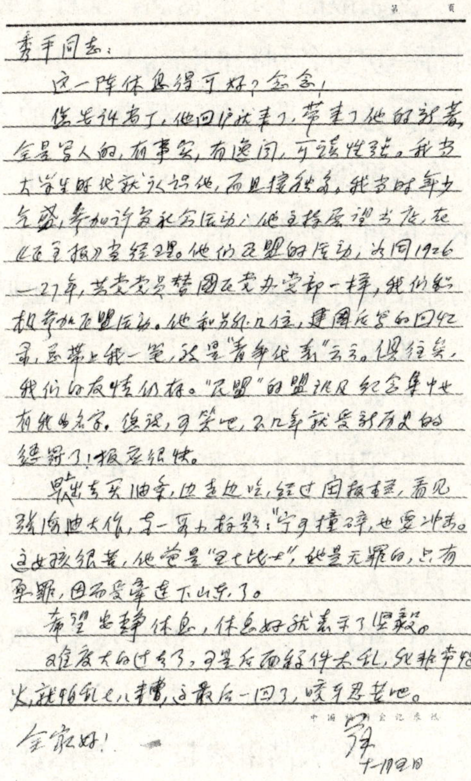
季平同志：

这一阵休息得可好？念念！

尚丁兄来了，他回沪休养了，带来了他的新著，全是写人的，有事实，有感情，可读性强。我在大学生时代就认识他，而且接触多。我当时年少气盛，参加许多社会活动，他主持展望书店，在《正言报》当经理。他们民盟的活动，如同1926—27年，共产党员替国民党办党部一样，我们都积极参加民盟活动。他和另外几位，建国后写的回忆录，总带上我一笔，说是"青年代表"云云。但往矣，我们的友情仍存。"民盟"的盟讯及纪念集中也有我的名字。[illegible]，可笑吧，不几年就受新历史的缠绕了！极感惶愧。

早上出去买油条，边走边吃，经过阅报栏，看见张海迪大作，第一段小标题："宁可撞碎，也要冲击。"这女孩很苦，她爸是"五七战士"，她是无罪的，只有原罪，因而受牵连下山东了。

希望安静休息，休息好就表示了坚毅。

[illegible]过去了，可是后面的事件太乱，我非常恼火，就怕乱七八糟，这最后一回了，咬牙忍着吧。

全家好！

十一月四日

图3

信中除了谈他和民盟的老朋友尚丁先生的见面和感想外，还特地嘱我：

这一阵休息得可好？念念！

……早上出去买油条，边走边吃，经过阅报栏，看见张海迪大作，第一段小标题："宁可撞碎，也要冲击。"这女孩，她爸是"五七战士"，她是无罪的，只有原罪，因此受牵连下山东了。

希望安静休息，休息好就表示了坚毅。……

　　父亲般的关心和惦念，安静、休息和坚毅的建议，是人世间对待一切功名利禄的法宝！一年以后（1998 年），在有关主要社领导薛德震、张惠卿、吴道弘等的支持下。我还是同年龄同年代的众多副编审中第一个评上了编审。若干年后，如若碰到什么过不去的事，戴先生的"你太年轻了！"一语，犹如重锤，时时刻刻都在敲打着我难以平复的心灵重归平静！

　　2000 年年底，中国著名男高音歌唱家李光羲老师找到我，说文化部要给像他这样的老一代歌唱家出传记、他的传记已经邱玉璞先生帮助基本定稿了。光羲老师是民进的北京市委领导，我1989 年入会后，就得到了光羲老师的许多指导和帮助。光羲老师平易近人，开会时经常为大家照相服务而且洗印好后亲自一一寄送彩色照片留影，在 80 年代末、90 年代初，还都是令人值得钦羡的事。光羲老师以"明星"之躯为我们这些新会员做这些事，令我对他的人品肃然起敬。当他告诉我他的传记要出版时，我首先表示要先拜读为快。书稿交来后，我一口气通读一过，觉得书稿对光羲老师个人生平的述写，是共和国艺术家光辉的艺术道路的缩影，很真实、很有典型意义。编辑遇到好稿子，犹如发现了金矿。我马上给光羲老师打电话说明我对稿件的基本意见，适逢光羲老师不在家，我就和光羲老师的爱人王紫薇老师聊了一个小时。我当即就表示、不管在哪里出版，我都一定会尽全力帮助。此后，我们签合同、与作者交换修改意见、和光羲老师一起选图片，一切都比较顺利，但我怎么也想不到书稿交到终审者手里的时候会出现一些莫明奇妙的问题。诸如光羲老师"天生一副好嗓子"的真实性问题？对传主的事迹述写是否拔高？他出身城市贫民为什么还能有点心馅烙糖饼？为什么没有提"毛主席革命文艺路线"？《茶花女》中的"阿弗莱德阿芒"和"乔治阿芒"是不是同一个人？等等。光羲老师开始时还耐住性子尽量修改，努力尊重终审者意见。顺利出版毕竟是第一要务。可悲的是，一部书稿，特别是像光羲老师这样经历的艺术家的生平事迹的述写，对于作者和读者和审稿者都是一种挑战。不懂历史，不懂文化，不懂艺术，不熟悉艺术家的表演，的确很难读懂李光羲！书稿最后做了退稿处理。面对书稿的分歧和不同意见，我是郁闷和彷徨，为光羲老师鸣不平，为好书稿的夭折而悲哀。但我还是履行了承诺，继续做责任编辑，只是换了在朋友主持工作的广西民族出版社出版而已。令人没有想到的是，戴先生看了书稿和审读意见后，认为这些意见反映了编辑应该怎样审读书稿？怎样把关？怎样处理作者编者和读者的关系？是编辑学课程的生动教材。他竟完全赞同我对书稿的审读意见和为书稿所做的一切编辑加工，他还欣然同意为素不相识的李光羲的这部书稿（《舞台是我的天堂——李光羲艺术生活 50 年》）撰写序言。戴先生写道：

> 记述男高音歌唱家、歌剧表演艺术家李光羲艺术生活 50 年的《舞台是我的天堂》，几经流转，跋涉万里，终于印制完成，呈现在对他十分钦慕的广大观众和读者面前了。……这位歌唱家难道就靠天生一副好嗓子，才震动海内外舞台吗？
>
> 其实，我只是一个爱乐者，与这位大歌唱家过去并无往还，而他本人在这本简朴的传略中已经毫不夸张地作出了剖析，说明了自己怎样艰辛走过的艺术道路，并且无意中也向各方有志者提供了一个追求事业成就的榜样。……

本书的笔墨，相当流畅而切实，如同与读者敞开对谈，不夸大炫耀，其中顺带说明上世纪三四十年代津门一些民间生活，当年的文化演艺环境。……音乐是什么？是陶冶性情的大熔炉，是真情、理性和美的结晶体。音乐能促使人保持温馨甜蜜的心态，用理性、平和的目光看待和分析事物。人们有相当久的时间不得不习惯于粗野狂暴的声音，分裂了人性，现在迫切需要美育来提高人群的素质，并致力于改善人们的生活环境。久历动荡打斗，渴求安定发展的社会，需要优美的歌声调教与安抚。……

人民需要优秀的歌唱家，让歌唱家抒发时代的最强音！

这是"著名编辑家、出版家、著作家"对有争论书稿的有针对的评价！是"解放思想，实事求是"精神在编辑工作中的具体体现。寥寥数千字，超越了世俗的傲慢与偏见，突破了审读书稿的僵化的模式。2001 年的 12 月底，北京下了历史上可以列入记录的大雪，这场大雪造成了当年交通的大瘫痪，许多北京人迄今都记得当天是在深夜或第二天的凌晨才回到家的历险经过，我们就是在这一天拿到了《舞台是我的天堂》的样书。不久，我们又在西单图书大厦举行了作者签名售书和首发式，著名歌唱家杜声显、李元华……都来了。光羲老师当场再唱《祝酒歌》。"歌剧王子"的歌声感动了在场的每一个等待签字的购书人，其中就有当时来京公干、1 年后即奉调来京任人民出版社社长的安徽新闻出版局局长黄书元。我们当时并不认识，多年以后，无意中说起了此事。黄社长说：我当时就在现场，看到你们忙忙碌碌，场面既热烈又感人。从此，光羲老师开始了艺术的第二个春天。2009 年

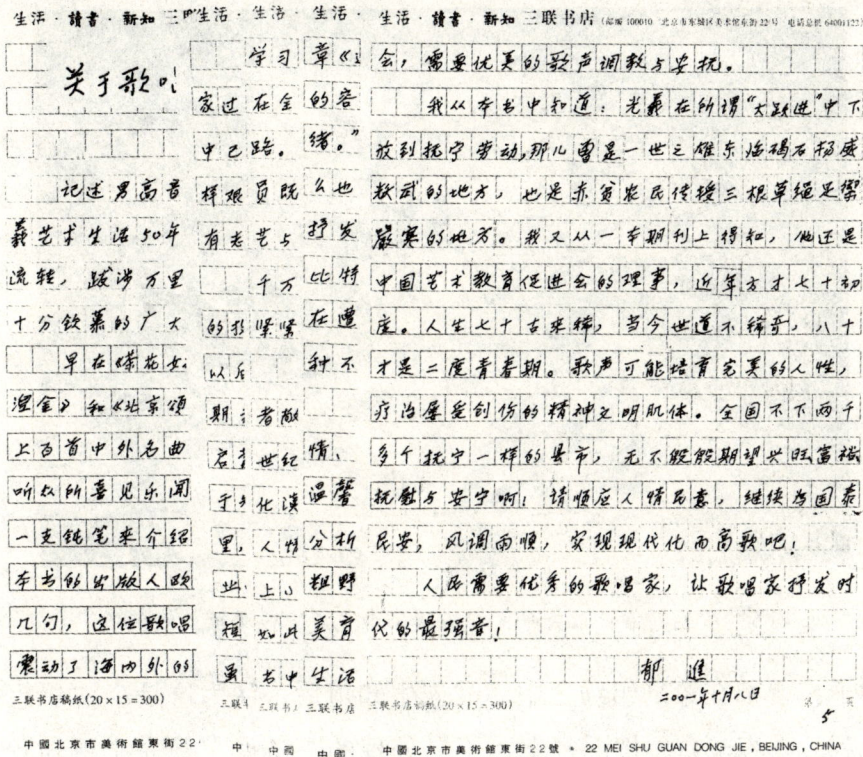

关于歌唱

记述男高音戴艺术生活50年流转，跋涉万里十分钦慕的广大早在《樱花》《渔舟》和《北京颂》上3首中外名曲听众所喜见乐闻一支钢笔来介绍本书的出版人歌几句，这位歌唱震动了海内外的

会，需要优美的歌声调教与关抚。

我从本书中知道：尤其在所谓"大跃进"中下放到抚宁劳动，那儿曾是一世之雄东临碣石招魔较武的地方，也是赤贫农民传统三根草绳足裹最寒的地方。我又从一本期刊上得知，他还是中国艺术教育促进会的理事，近年方才七十初度。人生七十古来稀，当今世道不稀奇，八十才是二度青春期。歌声可能培育完美的人性，疗治医学创伤的精神之明肌体。全国不下两千多个抚宁一样的县市，无不殷殷期望兴旺富裕娱戏与安宁啊！请顺应人情民意，继续为国泰民安、风调雨顺、实现现代化而高歌吧！

人民需要优秀的歌唱家，让歌唱家抒发时代的最强音！

郁进
二〇〇一年十月八日

图4

国庆60周年的晚会上，他和女儿李棠还在天安门城楼上代表中国向全世界放歌。戴先生的"让歌唱家抒发时代的最强音!"愿望终于实现了。(附图4、5)(此事详见张秀平:《共和国艺术家光辉艺术道路的缩影》,《民主》2002年第11期)

　　2002年秋，黄书元任人民出版社社长之后，我很快就策划出版了《20世纪著名人物群体传记》书系，第一批《宋氏三姐妹》《宋氏三兄弟》《毛氏三兄弟》《贺氏三姐妹》等获得了很好的社会效益和经济效益。短短三个月内，《宋氏三姐妹》连续重印了3次并被不法书商盗版。第二批《周氏三兄弟》《荣氏父子》《蒋氏

图 5　从左到右：张秀平，邱玉璞，李光羲，戴文葆，欧薇薇

父子》等都在策划组约之中。戴先生知道后，认为这是个"思想锐利、内容丰富、情况复杂，不易处理的"选题。戴先生得知我拟请朱正先生撰写《周氏三兄弟》时认为是："颇知鲁迅的韧性战斗和工作精神，久仰鲁迅研究的名家朱正先生的思想、文才与卓越成就。"朱正先生是著名鲁迅研究专家、学问家和注释家，他对许广平先生的《〈鲁迅回忆录〉正误》享誉学术界。1985 年我主持《祖国丛书》编辑室工作时就和朱正先生认识，他是《祖国丛书》中"五四以来著名文学家传记"《鲁迅》的作者。但我和朱先生联系约稿时，他却首先向我推荐钱理群，其次又推荐王德厚，再次又推荐孙郁。戴先生听说后对我说：任他推荐任何人，你就一路去！果然，我坚定地表示约稿意愿后，朱先生马上同意了。不过，当时正值"非典"时期，他提了两个条件：一是要给他借一套《周作人文集》（朱是湖南人民出版社总编辑，因出版

《查泰莱夫人的情人》被免职。他当时住在北京儿子的家。他的图书资料都在湖南长沙）；二是要给他领 500 张 500 字的稿纸。一个月以后，朱先生就给我来电话称他越写越顺利，已经写到三兄弟的"兄弟失和"了。两个月后，《周氏三兄弟》就交稿了。三个月该书出版后，果然获得了新闻出版总署优秀"选题奖"。戴先生为此写了《关于〈周氏三兄弟〉的选题》的推荐信（见附图6）。戴先生认为：

> 选题工作是出版社的重要工作，必须内外上下都来经营，吸取有关人士的意见、帮助。从选题拟议之日起，要听多方面同志意见，或得较广泛人士议论、指导，做到必要的准备事项。选题并不是一谈、一批示、一呈报就算可以完成了，……策划要细密，多听批评意见。责任编辑要时常关心，开本的设计，纸张的选择，装帧与设计，封面的绘制，营销的安排，校对的掌握，装订的商讨，成本与订（定）价统一合计，适当照顾到读者的利益，联系有关传媒，切实回答外地爱书者来函，不以个别少数忽视，照顾远方读者的求书的迫切心情。……

《周氏三兄弟》出版以后，我们又出版了朱正先生和蓝英年先生、邵燕祥先生合作的《重读鲁迅》以及蓝英年先生（《日瓦格医生》的译者）独著的《从苏联到俄罗斯》。我还约请王春瑜先生撰写《皇帝与他的大臣》之《朱元璋与他的大臣》（因故未成）。每本书出版后都引起了学术界的反响。出版一本好书，犹如树立了一面旗帜，出版人的品格和作者的学术操守一定会引来更多的作者和具有"自由的精神，独立的思想"的书稿。2005

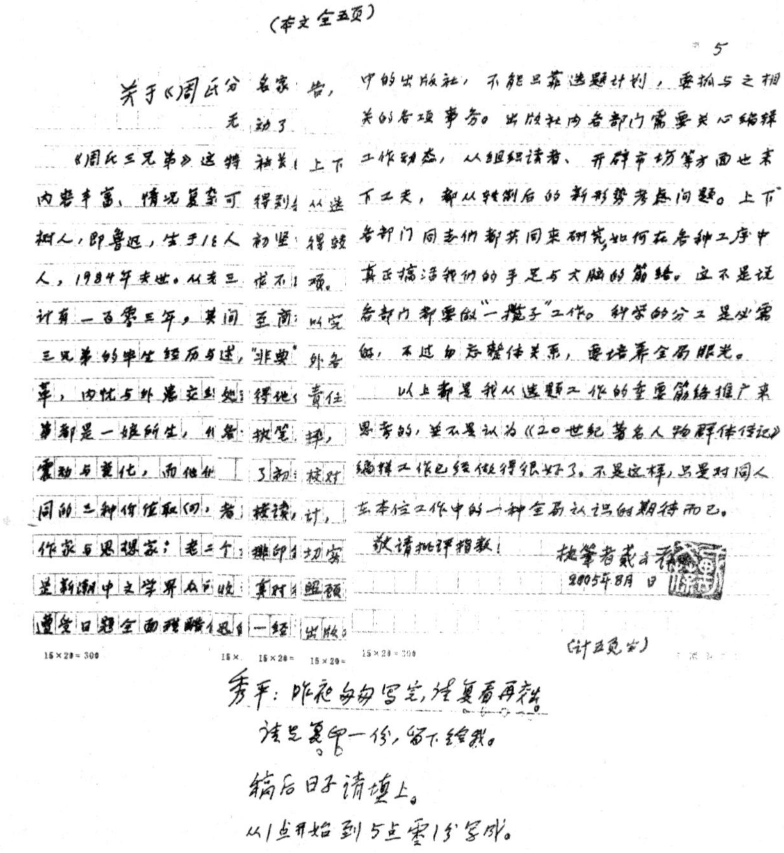
（本文全五页）

5

中的出版社，不能只靠选题计划，要抓与之相关的各项事务。出版社内各部门需要关心编辑工作动态，从组织读者、开辟市场等方面也下工夫，都从转制后的新形势考虑问题。上下各部门同志们都共同来研究，如何在各种工序中真正搞活我们的手足与大脑的筋络。这不是说各部门都要做"一揽子"工作。科学的分工是必需的，不过要添整体关系，要培养全局眼光。

以上都是我从选题工作的重要筋络推广来思考的，并不是认为《20世纪著名人物群体传记》编辑工作已经做得很好了。不是这样，只是对同人在本位工作中的一种全局认识的期待而已。

敬请批评指教！

执笔者戴文葆

2005年8月 日

（计五页半）

秀平：昨夜匆匆写完，没复看再改。请先复印一份，留下给我。

稿后日子请填上。

从1点开始到5点零1分写成。

图6

年，我策划出版的《现代稀见史料书系》和上述诸位先生的指导和帮助密切相关。人要“知恐惧、知艰难、知不足”才能经得住大浪淘沙，更要“懂得好歹、知恩图报”才能再上一层楼。（附图7）

2003年的冬天，戴先生得了肺炎住进了协和医院。来社不久的黄书元社长要去看他，我自愿陪同。当我们看到戴先生因病房紧张不得不住在用布屏风隔起来的简易病床以后，心痛如刀割一

图7　从左到右：张秀平，朱正，庄浦明，蓝英年，戴文葆，黄书元

般。要知道，戴先生刚刚在央视录播了"东方之子"的专访，这么大的年纪、这么重的老年肺炎、随时都有可能并发症危及生命，怎么住在这么简陋的病房！经社长交涉后，院方答应马上调换。更令人心痛的是我们离开病房时，戴先生一直伫立在走廊上目送……黄社长只得轻轻提醒着说：快点、快点拐弯，免得戴先生站久了再着凉感冒。大约从这年开始，戴先生的肺部一直有阴影，肺部感染也随时和他相伴。他也曾经数次和我的爱人华天惠商量要否住院和怎么治疗问题。他很信任华先生。戴先生的女儿杨眉依靠自学成为国家文物局的高级工程师，经常在全国各地的文物修复现场指导工作，参与并主持了天津独乐寺、青海塔尔寺等国家重点文物的修复保护、一年之中和家人是聚少离多；儿子杨进

任三联书店韬奋书店的总经理，也是百忙中无空闲，经常难得一见。我们成为近邻后，难得戴先生认可我们、信任我们。"十年相处总生情"，他爱小酌，我们认为可下酒的小菜，都先打个电话让他开门，再由华天惠送到 3 楼；每年春节，我们都要举家回浙江临海探望我的母亲，我们将报箱的钥匙交给戴先生（我因担任市政协的舆论评议小组成员，共有 10 余份工作报刊），请他代为收取。假期结束回京时，戴先生即会送上捆扎整齐的全部报刊。他家的热水器龙头不出水了、电视机不出声了、天然气的报警故障等，他都让华天惠帮助解决。杨眉称之为"技术支持"。每每有这些事时，戴先生总是先打电话，温文而又客气地说：老华（秀平）同志，请你来一下。被人信任、特别是被戴先生信任，我们都感到幸福无比。

晚年的戴先生，受多种疾病的困扰。首先是年老体弱肠蠕动减弱引起的便秘，他要经常服用"麻仁"丸；其次是假牙不合适而引起的咀嚼困难，他在逝世前 3 年左右曾花了 15000 元做了一副牙齿；再次是肺部的阴影一直折磨着他，直到

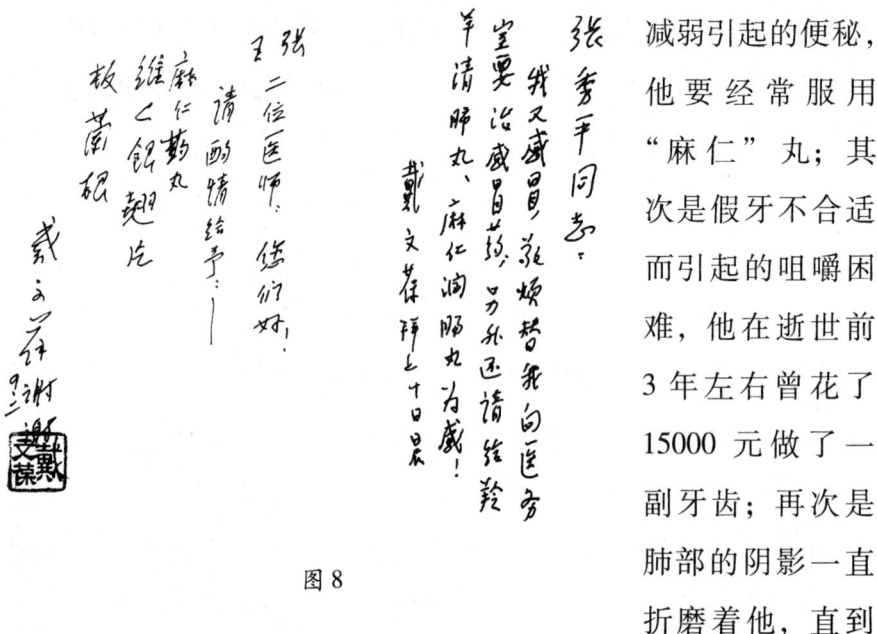

图 8

逝世都不得安宁。（附图 8）2008 年的五六月左右，戴先生最后一次入院前，我在小区的楼前看到他，他几乎用尽力气对我大喊：你要多做事、做好事！单薄的身躯，若不是保姆在后面拦着，他几乎向后仰去，我突然觉得戴先生的日子不会太多了，"书生事业未多许，二寸毛锥老未休"。他是在奋力地嘱托啊，我当时即泪眼婆娑地告诉戴先生：放心吧！我去看您时再聊。此次入院后，戴先生很快就"视物事人也不清楚了"，再也没有走出 305 医院。这也是他有意识时对我说的最后一句话……

如若"天堂再相见，握手又擦泪"。敬爱的戴先生，我们还是"芳邻"，我和华天惠还是您心目中"一个馒头搭块糕"的"贤伉俪"，好吗？

2008 年 9 月 10 日于朝内大街 166 号 510 室

2012 年 7 月 9 日修改于隆福寺金隆基大厦 422 室，

文中图片、信件均为作者本人亲自保留之一部分

（作者为人民出版社编审）

读戴著《射水纪闻》感言

宋木文

题记

戴文葆是一位多才、极用功、认真到底、非常难得的人才
（曾彦修语）；是一位知识渊博、善于独立思考、敢为人先的编辑
大家；虽历经苦难，仍能顾大局，识主流，意志坚强。我视他为
师为友。我本想以他写给我的信和赠书（《射水纪闻》）为主要内
容，综合写一篇怀念文章，但查阅相关资料和深入阅读后，竟情
不自禁难以自控，在两个月时间里，接连写了三篇：《从戴文葆
写给我的信中想到的》，主要是以他给我的信为线索，回顾他的
一段革命历程和他对编选《胡愈之译文集》的贡献（此文见本书
第 1 页）；《读戴著〈射水纪闻〉感言》和《读戴文葆致曲家源
信—记〈射水纪闻〉成书点滴》，都是关于《射水纪闻》的评论，
更确切地说是对这部史著的学习体会。

　　《射水纪闻》是戴文葆在"文革"逆境中所作的方志作品，

更是他在那个特殊年代忧国忧民、尽所当为的真实书写。"文革"风暴袭来之时，戴文葆是一身为两个单位（人民出版社和中华书局）打工的"员外郎"（非在编人员），仍想"依靠组织"找个去处改造自己，但未能如愿，便以顾炎武《日知录》中总结历朝动乱自保的"小乱居城，大乱居乡"，辞别京城，南下老家阜宁。历经 10 年，查阅、抄写、评点阜宁保存的方志及其他古籍，积累数量可观的笔记，仿宋代司马光《涑水纪闻》定名为《射水纪闻》，密藏于安全之处，"以待他日自炊举火"。

从两次赠书说起

戴文葆对自己的这部作品十分珍视，2005 年出版后亲自题辞赠送友人。我曾两次收到他的赠书。2006 年元月 2 日的赠书扉页书写着"源于敬乡之诚，出于桑梓之情"；2007 年 7 月 10 日，他正在病中，又蒙再次赠书，扉页题辞改写为"源于爱国敬乡之诚，感谢领导言教身教之恩。苏北射水之畔人戴文葆拜上"。两次赠书的题签上下，都各有一枚印章，如此认真和用心，令我心生敬意。从两次赠书所写题签看，戴文葆手迹已由苍劲有力变得老态失衡。此次病中赠书还写下附言：

拙作一件：

关于老家江苏阜宁历史地理，及抗日战争中黄克诚创建抗日民主根据地，刘少奇任政委，重建新四军。我应家乡大众之命，为地方申述历史文化，保家卫国。拙作受到地方群众欢迎，并蒙国家图书馆发给"荣誉赠书"一件；我原在北京图书馆所收拙作，并二十余种获得登记，并征收阅读费。（这样一来反可能没人借读了。）

敬请宋署长指教

我难忘曾分配西总布楼房给我居住。我迁居和平里后，原署日（分）三室一厅归人民出版社所有了。

感谢宋署长诸多关照从不敢忘。

戴文葆

（2007年）7月10日

重读附言，我感受到病中的戴文葆，既珍视此书的写作，向我倾诉他撰写《射水纪闻》意在"为地方申诉历史文化，保家卫国"的赤诚之心，又对此书的命运深有牵挂。附言重提不忘分配西总布住房一事，则反映了这位饱经风霜、惨遭厄运的老知识分子对党和政府为纠正错误、落实政策所做的一切努力"从不敢忘"的真情，而不是只对我个人说的。

我开始重视《射水纪闻》，是在2008年戴文葆逝世之后，为写一点纪念文字翻阅赠书之时，特别是较为认真地读了戴文葆有感而发的几篇跋文之后，深感这决不只是一般意义上的敬乡怀旧之作，更是这位资深编辑大家在逆境中对"文革"那个特殊年代的党和国家一些大事的深度思考。

2012年5月22日，我在电话中，把我对《射水纪闻》读后所感并准备写出来告诉我的老朋友、资深编审吴道弘同志，他表示同意我的看法。5月23日我收到吴道弘来信以及他送来的《盐城师范学院学报》（人文社会科学版2012年第1期），内有山东大学刘光裕教授所写《一曲正气歌，一把心酸泪——读戴文葆

〈射水纪闻〉》。我读后认为此文的确"很有见解"（道弘信中语），很有说服力，应当引起重视。

据《射水纪闻》整理者曲家源回忆，戴文葆 2002 年因肺炎住院"好像一下子垮了"之时，"才想起有一件重要事情早该做而未做"。"这就是我在'文革十年'中抛妻别子，只身被发配家乡阜宁，在与世隔绝、心情极度压抑环境下所写的大量笔记。当时我用抄书自勉，用书写自励，它们构成了我生命的一部分。我非常珍惜它"。这就是戴文葆拿给曲家源看的四册线装书样的《射水纪闻》稿。曲家源看到这些"文革"中精致的自制书，"用的是毛边纸，折页双面，手工线订，里面都用钢笔写满了工整的小楷，每本都有一二指厚。由于装订得非常细心，书脊上下头都衬以小花布，外观几乎与图书馆里的线装书没有区别"。重读这些文字，又经思考，我似乎理解了戴文葆为什么那么珍视这部《射水纪闻》，又为什么两次向我赠书并写下"为地方申述历史文化，保家卫国"附言的深意！

编辑大家的慧眼时评

戴文葆是中华文史根基很深的编辑大家。他运用司马迁作《史记》"太史公曰"、蒲松龄作《聊斋》"异史氏曰"的笔法，在节录一段方志史实或人物之后，总是以跋语形式发表某种议论（或曰"时评"）。此种有感而发的"时评"，《纪闻》中随处可见。我在此选其卷十一，略作剖析。

戴文葆癸丑（1973 年）仲夏曾环行里下河地区，秋冬随其栖身效力的集体制小厂厂长推销产品，冒风雪出塞，奔波辽沈旅大，回程专访京西。一路上目睹武斗打派仗、停产闹革命乱象，祖国壮丽河山横遭作践，内心痛苦，思考甚多。甲寅（1974 年）居阜宁读《后汉书》，以对时势观察之所得，鉴古喻今，生发出一段善与恶的议论：

> 夫善恶之辨，考其实际，凡切合社会最大多数人之公益者，即谓之善；反之，则谓之恶可也。民人生息蕃衍于天地间，不可以一日无治生之具，无教化之设。故凡有助于发展社会生产力，提高大众经济文化生活，推动社会历史前进，丰饶天下之财富而与天下人共享有之者，则谓之善。如不思所以治生产作业，计工农出入，抒亿兆之力，夺自然之利，而终日狂惑叫呼，侈谈"纲目"，自以为经天纬地，不可一世，皆患神经压迫，病菌扩散，不知末日将至之人也。

经查，此段"时评"被本书整理者完整引入他所写的《射水纪闻后叙》（《射水纪闻》第 359 页），而在本书正文"卷十一甲寅跋"中却未见前引"如不思所以治生产作业……"之后的一段文字。（《射水纪闻》第 221 页）不知是何原故？事关重要细节。可惜整理者曲家源已于日前逝世，我通过戴文葆之子杨进（随其母姓）转请原稿收藏单位上海出版博物馆帮助查阅原稿，现已查明，前引《射水纪闻》359 页未见的那段文字，在上海馆方直接寄给我的原稿复印件中清晰可见，又因出版者河北教育出版社印制档案今已失存，此大段论善恶之文字，应以上海出版博物馆保存的书稿原件为准（亦是曲家源抄稿之所据）。

读《中国共产党历史》第二卷下册，1973 年（癸丑）的大事，当属召开党的十大，但在极左思潮再次抬头背景下的这次大会，不论是在思想路线、政治路线还是在组织路线上，都继续了九大的左倾错误；1974 年（甲寅），"四人帮"借"批林批孔"、"评法批儒"、"反'文艺黑线'回潮"，使周恩来、邓小平为恢复生产、改善民生的努力严重受挫，全国经济出现大幅滑坡，极左思潮再次抬头。这是从京城腹地扩散至边远城区，大江南北，长城内外，概难幸免。戴文葆据观察所得，暗自写下以是否"有助于发展社会生产力，提高大众经济文化生活，推动社会历史前进"为善恶之标准，无需多说，都会使人深感这是非常难能可贵的，我这个过来人更是敬佩他的敏锐、勇气与远见卓识；而他对"终日狂惑叫呼，侈谈'纲目'"，"不知末日将至之人"的警告，更可以理解其锋芒是对着"以阶级斗争为纲"及其严重后果的。

《射水纪闻》卷十一，多有警世时评。读《玉山诗文钞》为清代一"不负所学，不愧于职责"地方官而寄语今人：

> 祝愿青年后生，万勿自卑自弃，亟宜自强自律，典型俱在，努力奋起，为淮甸争光，为吾多灾多难之祖国复兴再思，三思！

读《杏仙残稿》为辛亥英烈雨涵就义前诗句"人生乱世头颇贱，黄祖能枭祢正平"而赞曰：

> 今览遗泽，非徒诗歌小技，自有壮烈大节，实乃乡邦光焰，足为海曲增辉。

在《〈赵家吟〉读后》，对"赵括之事仅谓'长平遗恨'，未得其实质"，剖析曰："须知死读兵书，不务实际，终至乱军祸国，此正墨守教条之贻害也"；以秦赵高"篡夺政权，指鹿为马"，"遂导秦以亡"，警示曰："此为野心家阴谋家之标本，剖析之可为治国从政者戒。"（《射水纪闻》第 217 页）

此时的戴文葆，自叹"以病弱之身，处交困之地，敢不自爱自重，识时识己"，"坚忍伉直，守志不移，地裂山崩，不可自乱凝定之志"，"所争当在吾行之是非"，"超荣辱，出溺途，毋为胁肩谄笑之觍颜"。戴文葆对他在癸丑、甲寅观察之所得颇为看重，并有意得之感，在甲寅跋之结语处写道："由是观之，斯集如成，亦足为予遭际之一纪念也。"（《射水纪闻》第 222 页）

身居沟壑志在天地

此题句是对"丘曰匹夫不可夺志也，轲曰人不可以无耻也"的引申。戴文葆"愿坚匹夫之志，明修恶之耻"，誓以"志士不忘在沟壑，则沟壑亦志士之天地"，作为身处逆境险境之座右铭和世界观。这从中华文化之孔孟而来，亦是深受马恩唯物史观和辩证思维的滋养。

戴文葆终生之志在爱我中华，卫我中华，强我中华。外敌入侵，跟党走，以笔作枪，勇敢战斗。为争民主，求解放，年轻激进，奋发有为。建设新中国，编书著文，献计进言，意气风发。政治运动，屡遭摧残，信念不改，意志犹坚。深陷沟壑，大志未泯，无自由表达之机，则深藏抒怀文字，以待他日自炊举火。一生以读书编书为业，"任何环境均离不开读书，与每天需要进食一样"，而《射水纪闻》中之历史故事与人物，则是读后录存以古鉴今之言、借彼抒己之志。《剑南摘英跋》引马克思"作品即人"名言，纵观陆放翁一生，抒发戴文葆之志。在评述陆放翁一生"有其年而不得其时，有其志而不有其用"后，慨叹曰：

> 年华虚度，宏图成梦。时已失，心徒壮，请缨无路，投效无门。一怀愁绪，辛酸郁结，满腹感慨，幽愤难平。垂钓碧潭，日望中兴之运；独对青灯，空洒忧时之泪。"报国欲死无战场，志士凄凉闲处老"，此等诗句，当是滴泪为墨，研血成字，用生命写就，千载后犹令人同声一恸！（《射水纪闻》第338－339页）

不难看出，这是用陆放翁之遭遇抒发自己之感慨、日望我中华复兴之伟业。此跋收笔，时在己酉（1969年），戴文葆在跋后以抄者自注："书于淮浦客舍，其时蚊雷蛙吹，灯昏人寂，风雨欲来，予心如石。"读此境此情，也使我为之一恸：志士在沟壑，自有志士新天地！

戴文葆并未停留于沟壑中之慨叹，而且还以马恩之言，诉说济世之良策。他从议论《同乐厅楹联》前代风人的作品中，得出富民裕国乃"千古公认之普通政治道理"；进而曰：

> 民为邦本，本固邦宁。而锅灶为人民性命所系。揭锅不空，香气扑鼻，民情乃安，此所谓"民以食为天"也。古来贤哲持此说者不一，至近世始大昌明。马恩尝为吾人描绘灿烂动人之图景，大地涌现无穷无尽之生产力，集体财富之一切源泉均充分涌流。社会经济结构及其所制约之社会文化发展之物质与精神产品，悉归全民所有。海隅茅屋与京都大厦

笑语洋溢，将不复为渺不可及之高超理想也。（《射水纪闻》第 266—268 页）

这不仅同前引以是否有助于发展社会生产力为善恶之标准同义，而且还直接引出马恩社会发展之图景，不能不说是以马克思主义原理批判那些在生产力落后、生产又大幅度滑坡的形势下还在大批特批"唯生产力论"的极左派们。戴文葆回顾曾经有过的砸锅炼铁、面对时下偶有饥荒，在此跋文之末再次请出马克思、恩格斯，"予祷斯人化身千百万众，使吾民熙熙而乐，同跻于马恩所示之乐园。予虽为之执鞭，所忻慕焉！"

苦难磨砺之后的清醒与坚定

戴文葆 1977 年从阜宁返回北京，在十一届三中全会以后的新时期，更加勤奋也更有创造性地投入到编书写书的实践，更加倾注全力地编写多种编辑工作教程和编辑史著作，同时也活跃在单边与多边中外编辑出版学术交流活动中。他在回顾返京后这段工作经历时说：

我通过所评介的图书，歌颂了这个清醒的时代。希望之星已经升起，痛苦的觉醒之后，发生了令人振奋的转变。对于我所读到的书籍和创作，我说出了我的认识，也坦露了我的襟怀。没有理由隐瞒我的善善恶恶的倾向，因为我们有幸躬逢容许和鼓励讲真话的时代。（《〈新颖的课题〉自序》第7 页，三联书店 1986 年 11 月版）

1987 年 9 月 9 日，他荣获全国第一届韬奋出版奖，代表十位获奖人在大会上致答词说"能够和韬奋伟大的名字联系起来，大家都引为殊荣"，而他个人只是十一届三中全会以来作了大量工作的各出版社编辑的"普通一员"，"我真实地理解，今天不过是代表人民出版社和三联书店（笔者注：此时戴任职单位）的同志们，来为他们拜领这份荣誉。"

怎样理解返京重新投入工作的戴文葆呢？在我看来，戴文葆对党和党领导的事业，可以说几十年来都是忠诚奉献，然而他却屡遭厄运，在大局变化和痛苦觉醒之后，难免仍有疑虑和保留，但从根本上说，他没有因个人不幸遭遇而与他几十年前就选定并一路追随的党所领导的事业分道扬镳，而是更加看重党用自身力量纠正"文革"及其以前的错误，更加看重十一届三中全会路线必将为我们祖国带来伟大的复兴，更加看重他一生为之献身的新闻出版事业在新时期的蓬勃发展和累累硕果。这种清醒与自信，决不是偶然的。因为在"文革"中他就很清醒、很坚定，就认为找他调查地下党活动的造反派，是"要把南方局领导的青年运动抹黑，'伟大旗手'煽动起来的这帮小子，就是要破坏共产党，污蔑党的革命历史"。他当时就"已感到'文革'如此进行，将来必定否定它自身！"（《射水纪闻》第 370 页）同这种清醒与坚定一脉相承，从阜宁返京后，他就按《黄克诚自述》和《李一氓回忆录·模糊的荧屏》，摘抄有关记叙，在《射水纪闻》第二卷之《阜城沿革》之后补入了《开创苏北抗日民主根据地》、《八路军新四军会师白驹镇》、《刘少奇陈毅进驻盐城》、《皖南事变后在盐城重建新四军》、《华中局在阜宁单家港举行扩大会议》、《根据地开展各项建设工作》、《局部反攻解放阜宁》、《三师与苏北人民鱼水情》、《苏皖五十三座旧县城获得解放》等章节，凡党领导的与阜宁相关的革命历史之大事，都补入他精心撰述的这部史册。前已提到，即或是向我赠书也不忘写上："关于老家江苏阜宁历史地理，及抗日战争中黄克诚创建抗日民主根据地，刘少奇任政委，重建新四军。"起初粗读《纪闻》时，我曾以为有关八路军、新四军与阜宁这些往事，也是在阜宁苦居时写的，并对杨进讲过我的惊叹和敬佩，但细读之后才发现是返京之后特意补入的。这使我更加确信，如果不是同党所领导的革命事业长期息息相关、至今还同党在政治上保持紧密联系之人，是不可能做到这一点的。

戴文葆是一位见多识广、勇于善于独立思考之人。他对党和国家的一些大事常有深入、冷静的观察思考。2005 年，在一篇回顾"文革"的文章中说，"文革"被否定了，否定"文革"的《历史决议》做出了，然而"后人习惯上很容易忘却"。他郑重地向他跟随一生的党进言："否定'文革'，并不是冷藏'文革'。……现仍迫切需要把 1979 年后的实事求是的思想解放，继续开展起来！"（《射水纪闻》第 376 页）说得多么真诚和恳切，可别当作异见置若罔闻啊！

做好研究与补编佚文的建议

对《射水纪闻》，本文只评论了部分内容，有些重要卷章，如对射水、阜宁政治、经济、文化历史沿革的记述，本文基本未能涉及。戴文葆向我赠书所写附言特别说明"为地方申述历史文化"，"受到地方群众欢迎"，但我至今未能读到（不是说没有）反映有关情况的文字，如有机会定会悉心捧读。

《射水纪闻》是一部有特殊意义的近现代历史著作，需要给予重视与研究。山西师范大学曲家源教授及其夫人白照芹教授，作为此书校阅整理者付出的辛勤劳动，使我们的学习与研究成为可能。我们要重视与研究已出版的《射水纪闻》，还要重视与研究现存于上海出版博物馆的书稿档案。我在本文开头谈到，曲家源教授说他曾看到 4 本戴文葆在"文革"中"精致的自制书"，不知这些保存历史记忆的重要资料是否仍按原样存留。近来为撰写此文，我曾请上海出版博物馆提供有关文稿档案获得实效，并且意外地收到馆方特供的几件跋文原稿复印件，其中两篇跋文值得在这里提出。

一篇是戴文葆壬子（1972 年）夏为偶遇名伶柏叶所写的《跋》，《射水纪闻》卷十第 197—200 页以《邂逅柏叶君》收入正文，两相比对，发现赵炳麟（笔者注：字竺坦，号柏巌，1876—1927，广西人，清翰林院编修，民国后任北京湖广会馆参议，两次当选广西出席国会的参议员）撰《柏巌文存》"记清名伶程长庚逸事"一大段未收。《中国大百科全书·戏曲曲艺卷》第 37 页称程长庚"继承了徽班兼容并蓄的传统，冶徽调、汉调和崑腔等多种声腔于一炉，为京剧艺术的形成作出了重要贡献。有'徽班领袖，京剧鼻祖'之称。"《中国京剧史》以专节对程长庚的生平与贡献作了评介。（中国戏剧出版社 2005 年《中国文库》版第391—397 页）。1986 年我在文化厅局长会议上为"尖子"演员破格晋升作专题报告，讲杰出表演人才特殊作用时，也特别谈到

"程长庚的贡献，使他成为京剧形成的奠基人，京剧的鼻祖"。（《宋木文出版文集》第674页，中国书籍出版社1996年版）按戴文葆向柏叶叙述"古有优孟"以来历代名伶故事看，此处讲起程长庚也顺理成章，而其人其事又是为时人和后人所称道。比如讲鸦片战争失败后，清廷割让香港，卖国求荣，程长庚演《击鼓骂曹》饰祢衡，指堂下怒骂曰："方今外患未平，内忧隐伏，你们一班奸党，尚在此饮酒作乐，好不愧也。有忠良，你们不能保护；有权奸，你们不能弹劾，好不愧也。骂罢而唱，唱罢而骂，髯目皆动"。戴文葆作跋说："此等演奏，予爱其雅而旨、谐而庄也，与柏叶漫语时，倏然而忆及之。"不知何故，戴文葆对柏叶讲程长庚逸事以及因"此等演奏"对柏叶倏然忆之言均被略去。读后颇感缺憾！

另一篇是说花论兰之跋文，其中云："岁在辛亥（1971年），两春夹一冬"，"予方辑订所写《纪闻》成集，有风北来"，"拂面不寒"之时，戴文葆从《左传》、《离骚》直至清初桐城派诗文，博引众说，论述兰花之生长规律和特征。文末综论曰：

> 予辑订此集《纪闻》时，正值兰花风信之期，蛰处山海之滨。鱼龙寂寞，寄平生风谊之感，桑梓敬恭，谢父老江东之责。风起草末，巧合兰候，因信笔率而书之，是为跋记。

我读后想，戴文葆借兰抒怀，深有寓意，不知何故，竟未收进《射水纪闻》，不能不说是另一缺憾！

近悉，吴道弘正在为编辑《戴文葆序跋辑集》收集材料，拟将《射水纪闻》跋语部分辑在一起。我在此建议，将前述《邂逅柏叶君》未收程长庚逸事和以兰抒怀之跋语，也补入《戴文葆序跋辑集》，以为读者欣赏与研究。近日上海林丽成告我，9月出版的《出版博物馆》季刊，拟将拙著此篇《感言》刊出，同时刊发戴文葆为邂逅柏叶君和以兰抒怀两篇跋文，我即表赞成，并致谢忱。

> 壬辰年五月，公元2012年6月，
> 年逾八十又三，写于京城寓所
> （作者为国家新闻出版总署原署长）

戴文葆在各地讲学时留影之一

读戴文葆致曲家源信

宋木文

《射水纪闻》从原始文稿到整理成书，主要靠曲家源、白照芹教授夫妇的忘我劳作和精心编纂。此间，戴文葆与曲家源书信往来频繁，倾心交谈。前不久，照芹教授又把全部信件交出，为戴文葆研究者提供了宝贵资料。戴文葆致曲家源信，始于1992年，止于2005年，约60余件，我读过1999年以后的26封，都是商谈《射水纪闻》整理出版之事，更涉及他一生的经历。我庆幸他在劫难中得此成果，更为他忠诚于党却屡遭劫难深感痛心。

劫难中的抗争

戴文葆在信中多次谈到他10年苦居时抄录、评点那些古籍轶事的心境与感受。其一，"难中自慰"："我当初写作时不过解闷遣怀"。"抄抄写写，以求安心处置流放"，"平安度过劫难"，有些"是为自身诵读的。不知何日是'文革'尽头，我总要念一些前人诗文，滋养自己"。其二，常有警世时评：抄录合为一集之后，"往往写序或跋，序跋可能暗露牢骚，讽喻数语。当时非常自珍，视之为生命之一页"。其三，又怕出事：动笔用文言，以利自保；密藏于安全处，以防暴露。摘录本县人著作，"未明白注出诸人生平，是我害怕败露于世，可能危害他们的后人（有人还生存）"，对有的人名则"假托以避祸"。其四，待人处事高度警惕："我待罪闲居，虽对我表面客气，我不能把'客气当福气'"。凡此种种，都如他信中所言："抄抄写写收心，同时又怕为人发现出麻烦，心情是很复杂的"。

戴文葆 2003 年 5 月 16 日信中说："当时只身流放，若以王禹偁为文相比，不是写《待漏院记》的心情，而是与写《黄州竹楼记》心情一样，不知明年又在何处呢！"王禹偁为北宋文学家，在庙堂为官敢直言，"屡以事贬官"，修《太祖实录》，"直书史实，为宰相不满，出知黄州，后迁蕲州，病卒"。享年 46 岁。所著"《待漏院记》、《黄州新建小竹楼记》颇传诵。"（《辞海》第 6 版缩印本第 1943 页）政论文《待漏院记》"规劝执政者要勤政爱民，而不能'窃位而苟禄，备员而全身'，义正辞严，笔触锋利。"写于贬官黄州（今湖北黄冈）时期的《黄州新建小竹楼记》，"文中极力渲染谪居之乐，把省工廉价的竹楼描绘得幽趣盎然，含蓄地表现出一种愤懑不平的心情"。（《中国大百科全书》第一版"中国文学卷"第 909—910 页）戴文葆将"自我流放"阜宁著《射水纪闻》，比作与王禹偁写《竹楼记》的"心情一样"，表明他不仅有适应时下逆境之心，更有对时下政治愤懑和抗争之志。

由此可见，戴文葆能够在那劫难随时而至的特殊岁月平安度过，为今人和后人留下一部有历史价值和现实意义的《射水纪闻》，是值得庆幸的。

自制线装稿与抄稿的取舍

戴文葆寄送曲家源的书稿，起初主要是两部分："原线装书式与新抄有格子稿，一并分批寄呈"。

2003年5月2日信说了两类书稿的由来："我现在开始寻找《射水纪闻》十三本的原稿及另外的散篇未订的稿子。当年（上世纪）77年北来时未带来，后送来时似有散失，都未及整理。……77年来京后，到八十年代收到原订成的线装书式《纪闻》后，才请友人找人按横排抄写在正式稿纸上，当时奋力干新工作，绝大部分抄成后未能校对（但付款酬谢了的）。"

戴文葆自称的"原线装书式"稿，即曲家源看到的被戴文葆视为生命一部分的"文革"中自制线装书稿。由于新抄稿"未能校对"，有的"还不够好"，下决心做出牺牲，为曲家源方便改，在多封信中反复提出，把字迹清晰、便于笔削的原线装书样稿拆开来使用。他对这些用生命换来的自珍之物放出狠话："将来身与名俱灭，不值得保存！"由于整理者不能拒绝他的要求，我在《读〈射水纪闻〉感言》一文说到并且希望看到的那些保存历史记忆的"文革"中"精致的自制书"可能看不到完整的了。不过，也不能看轻了那些回京后请人抄写稿的重要作用，比如我以上海出版博物馆寄来卷十一跋文抄稿作比对，关于善与恶的议论，

《后叙》比正文多出的那一段重要文字，原来就是曲家源依据戴文葆信中所说用出版社"下面空很大、准备自己写什么的"稿纸抄写稿；这段话何以在正文中缺失，经我征求出版者意见，很可能如邓子平（时任河北教育出版社社长）来信所说，是"戴老在看校样时自己将这段颇有见地的文字给删掉了"。

付梓前的瘦身与增新

读戴文葆致曲家源信，最引我注意的是，《射水纪闻》付梓前，对书稿"还要'瘦身'和增改"。2005 年 6 月 15 日信中说他三月初告诉出版社：对原作当时我有两事不能自觉："一是学术问题，另一是政治问题。'史无前例'中我都没法自觉。现在必须：甲、'瘦身'，删去我过去写的某些部分，整篇整段不要；乙、新增，阜宁沿革后，同时加写：'开创苏北抗日民主根据地'，根据中共方面刘少奇（华中局）、黄克诚（新四军）文献资料，老实地严肃写出，这也是阜宁沿革历史有关的新事，几乎是抄录。"在此信稿纸下端又补注："删去的多，新增的少。"又说，经同出版社"不断交换意见，始得沟通，稍加改进与谅解"，也"给出版社添了不少事"。不过，又在信中申明，对整理者曲家源所写《后叙》"不得删简，能说明原作原意"。

从信中看，所谓"学术问题"与"政治问题"，都是为"瘦身"而设。为确定编次、控制规模（10 万字左右），在 2003 年 6 月 5 日信中说："我不要太多无意味的东西，浪费人家的钱，我也被人斥骂。虽然，我重视为我生命的一页，但不能滥，务乞斧削，审核。地方志无书可查，凭您本人鉴别即可，也可作为'野史'无凭证对待。我这些东西不是学术作品，只能作为乡土杂记而已。"为对读者负责，不把自己那个特定条件下的作品视为学术著作，让整理者放手斧削。这封信为吾乡裴荫森所作《七省纪游》整理人集（内涉"防倭"、"剿捻军"）说："我写有跋语，请痛删套语，改为前言，留此文来历、抄件实况，把左派的介绍语大删，修改。所有《纪闻》稿，评介人物只用中性，不用意识形态语言。"在 2003 年 8 月 4 日信，为得整理者一序，情真意切地说："务恳为拙稿写序，将贤伉俪之费心力救助成书经过写明。想来看我在大难中写出文言文，手中又无参考用书，且时刻提防骚扰，此中情况，不用多言，您

戴文葆在家中书柜前

来为拙作写序，可以解剖我心。摒去美言，直述其事。"我想，此时，已有人——整理者，朋友，出版者，对戴文葆"文革"中所思所为有过"美言"，也许这即是信中"不用意识形态语言"来"美言"他在《纪闻》稿中那些"暗露牢骚，讽喻数语"的文字。这亦是从政治上考量后必须"瘦身"的另一内容。关于新增——在阜宁沿革后加写中共"开创苏北抗日民主根据地"和南

方局、新四军在阜宁的重要活动，是作为抄录历史资料而提出的。其实，这更是从现实政治出发的。顺便指出，我在《读戴著〈射水纪闻〉感言》一文曾强调指出，"凡党领导的与阜宁相关的革命历史之大事，都补入他精心撰述的这部史册"，表明他虽屡遭厄运仍然在政治上同党站在一起。这是读信前写的，我读信后仍不改此前所言。

巨大创伤仍未愈合

戴文葆对《射水纪闻》稿的"瘦身"与新增，不仅引起我的注意，更引起我的思考再思考。

戴文葆 1940 年代就跟随党投入抗日爱国民主革命运动，1949 年后为新中国建设施展才干，意气奋发。但令这位革命先锋、建设主力无法想到的是，1957 年只因考虑出版不同于物质产品提出不要苛求品种、册数、印数、纸张、利润"五项指标"而被打成右派，从此被打入另册，走上 6 年劳改、2 年编外和 10 年流放的漫长苦难人生。大半生的灾难，使他妻离子散，陷入深渊。1978 年后重新归队，获得新生，勤奋工作，编书著文，成就突出，1987 年获得全国出版界最高奖首届韬奋出版奖，在政治上思想上都发生了大变化。2003 年 10 月 10 日给曲家源的信讲述了这个大变化。在晚年，他要"盘点精力，重新铸造形象，做编审，写文章，讲学"等；而处境也变好，因"老共对我不错，后来认亲了"。此言有点怪异，但表明了真情。他列举许多亲历之事以作证明。如每年元宵节都请他出席党中央政治局常委们同知识界在人民大会堂一起吃元宵、看节目。又如党中央约请百位知识分子，在中央政治局委员李铁映全程陪同下，视察长江三峡工程，听取意见，邀请他参加；在酷暑期专请 50 名知识分子，由中央领导陪同在北戴河休假半月，也有他参加。我在这里替他补上一句，2007 年春节，中央政治局常委李长春亲自登门慰问祝福。这些都表明，戴文葆已全面恢复名誉，政治地位获得极大的改善。但是，一位知情老同志告诉我，一直到去世，戴文葆心中的巨大创伤仍然没有愈合。遇到知己，又是私下对话，致曲家源信中多有流露。

2003 年 9 月 21 日信："你们伉俪把我废稿救活，我当然感激！我不想从头说我是怎么走过来的，国人中有人知之甚明。这时刻能当真吗！请您只就文论文，叙事纪实，说明为什么给我写序，应我之请，情不可却，'以文为（会）友'而已。千请不要深化。我是另类人中命运好的。我在南方一报上说我是阿 Q 的哥哥，阿 P！P 在 Q 之前，我这一生只是屁用而已。那文章极短，是花城黄纬经约我写五六千字刊出。一生未写好一篇学术论文，老师、老前辈人中有人叮嘱我多次，至今悔之无及。效命于何许人啊！一个好姑娘，遇人不淑，自怨自叹而已。"同一信，为编个人署名的《胡愈之文录》和选个人发表的文字编辑《编辑学问题求索札记》（副题拟用《在狭窄的编辑室中零乱的足印》），向曲家源倾诉："你看，我还想不管力衰，是为名为利么！不是，那是为什么？忆旧瞻前，往者已矣，现在如何过这余年呢！天仍梦梦，不尽欲言。"

2003 年 9 月 26 日在回顾自己一生遭遇的长信中，对"天仍梦梦，不尽欲言"，更有深入诉说。讲未去文化部"五七干校"，又应约不得不写《怅望向阳湖》（文化部"五七干校"地处湖北咸宁"向阳湖"）一文的心境时说："《怅望》等于'文革'处理报告，文字借考据历史地理说明，以充篇幅，少诉苦。我以为天仍梦梦，言多必失，受罪已足，受者应无言了。"何以如此？为"敬畏'引蛇出洞'者"。"公安部及各机关烧毁右派档案，我不太相信，至少要留摘要卡片的，以便日后工作需用。我的熟人知之甚透彻，故始终畏天敬上，在大难中不敢享有负于恐惧的自由，至今仍有余音绕梁。"信末以母亲"如油干灯灭无痛感而亡"和苏东坡诗老来"骨肉疏"、"僮仆亲"谈体会："我仍在力求心理与病理扯平，不会发难，生当乱世，历尽艰难，还算幸运儿呀！"

2003 年 10 月 10 日，就在讲党给他很高礼遇的信中，又对曲家源说："您是最合适为我写序的人，请就文论文，就事论事，不多讲政治，关于'文革'，请参考《怅望向阳湖》笔法委婉说一点，否则把我从河里拉上来，还是在反 T 反 S，不感恩，真是'三反分子'了。我说过的'天仍梦梦'是我引用顾炎武的话。"这封信又说："我久经动乱，长了一生见识了。85 年就不写杂文了，不谈大事了，从不讲体制，不讲德先生赛先生等等了。我在苏东之前看到他们自灭的前途了，不写了……。"

戴文葆在信中回顾自己走过之路深有感慨："我们在上个世纪 49 年前是自由主义的读书人，从自由主义的报界出来，当时想融进窑洞里走出来的'同志'们，结果仍然成为'游离'的人。"此时想到从组织到同事都把自己称为"老干部，离休者"，便有一种"游离失所"的感觉。

这的确表明，二十多年的劫难，给戴文葆造成巨大创伤，而且没有愈合。

再说几句话

对前引信中那些平时很难看到听到的私下对话，不用多做评论，人们都会各有自己的判断。我想强调一点，戴文葆对《射水纪闻》稿的"瘦身"与新增，尽管自称是要避开政治，而实际上都是出于政治考虑。为什么要删削"文革"时自制线装式稿本（或抄稿）中那些"暗露牢骚，讽喻数语"的文字？为什么一再劝说曲家源写序务必"摒去美言"（有信称"臭显摆"）？为什么不太相信公安机关烧毁右派档案？为什么对"文革"的回忆要使用委婉笔法？究其根源，不能不说是考虑"言多必失，受罪已足"，"敬畏引蛇出洞者"！不能不说是因为劫难中深深埋下的"畏天敬上"心理，"至今仍有余音绕梁"！

戴文葆在青海日月山留影

戴文葆为什么在大局改变、自己被全面恢复名誉之后，还会对反右派斗争心有余悸呢？《关于建国以来党的若干历史问题的决议》，在指出"反右派斗争被严重地扩大化了"之前，又明确肯定"对这种进攻进行坚决的反击是完全正确和必要的"。据知情者言，也如他在信中"私下对话"所流露的，戴文葆内心深处，仍"敬畏'引蛇出洞'者"。

戴文葆也曾对《历史决议》否定"文革"感到高兴，但同时又向党进言：不要"冷藏'文革'"。在戴文葆看来，否定'文革'以后，在实践中，有些举措，有"冷藏'文革'"之虑，因而在他著文讲起"文革"时才采用"委婉笔法"，以求安全。

戴文葆是一位敢为人先的思想者和富有创新品格的编辑大家，在同时代知识分子中有一定的代表性。我觉得，党和国家有关部门，理应对戴文葆之人之事深入思之、省之、行之，以利于更好地团结、依靠知识分子和国家的长治久安。

戴文葆与我有着个人的友情，我视他是亦师亦友，而他对我则是亦官亦友，有时官在友上。我曾经说过，作为"政府出版官"，能同这位编辑大家为友，乃平生之幸事！我在《读戴著〈射水纪闻〉》一文中，曾对他在十一届三中全会以后顾大局、识主流的清醒与坚定，有过明确肯定，读过致曲家源信中那些私下对话——发牢骚、露不满，并有怪异言论，不但未能改变看法，而且更加同情他的遭遇，力求做出符合实际的理解。

2012 年 8 月 8 日

（作者为国家新闻出版总署原署长）

平淡似水——一段不事张扬的佳话

白照芹

戴文葆先生是中国当代出版界久负盛名的巨匠，他把自己的一生，都毫无保留地奉献给了新中国的出版事业；他亦是敢为人先的思想者和实践家。

承蒙中国传媒大学李频教授向我的先生曲家源①约稿，希望他能为戴先生的专题写点什么。但遗憾的是我的先生已于 7 个多月前因病远离了人世。现在这个任务落在了我的肩上，虽勉为其难，但我亦应承下来，这也算是对两位逝者的在感情上的一个交代。抑或能对研究戴文葆先生的学者、教授增加些许感性的资料，仅此而已。

一

也许有人不解，一位在北京的人民出版社离休的老编辑家，在急于想把自己"流放"家乡阜宁 10 年的呕心沥血之作《射水纪闻》付梓时，怎么会找远在深圳的山西师大退休教授曲家源来通读、梳理书稿呢？曲家源虽曾前后在吉林师大学报、山西师大学报做编辑工作，但认识戴文葆先生却来自一个偶然的契机，起于文字交往。

曲家源长于古代文学、宋史等历史方面的研究，涉猎的学科比较广泛。1986 年，他曾在参加青岛一次现代史的学术研讨会上得知，关于抗日战争研究中还有许多争论不休的悬案，例如究竟是谁挑起了这场旷日持久的残酷战争？日本的史学界的许多人仍强词夺理地认为被侵略的中国是战争的罪魁。为此，曲家源开始专注于抗日战争的课题研究，从 1987 年起，与日本一些现代史学家展开了关于卢沟桥事变起因的论争，并先后在《抗日战争研究》、《近代史研究》、《世界史》及《山西师大学报》等刊物上发表文章，驳斥日本史学家关于卢沟桥事变"偶发的"或是由中国挑起的种种谬论。到 1992 年，曲家源根据新搜集的资料，把过去的观点重新整合写成一本 10 万字的小册子，想找一家出版社帮助出版。但当时国内史学界封闭的太久，研究抗日战争，还未能进入国际的大领域中，中国同日本仍是各说各话。在日本，攻击诬蔑中国挑起卢沟桥事变的奇谈怪论层出不穷，非常嚣张；而在我们国内却一点反应也没有。抗战史著作只讲共产党如何积极抗日。中国史学会会长刘大年先生公开发表文章称：我们国内的观点是一致的，没有分歧，想要争论，那是庸人自扰。曲家源把书稿送给其当时所在的山西人民出版社，一位副总编亲自对他说："你争论的对象都是日本史学家，他们的观点在中国没有市场，所以你的书最好送到日本出版。"试想，日本史学家的错误观点都是诬蔑攻击中国的，我们可以不闻不问吗？曲家源批评反驳他们的观点，他们会欢迎并给予出版吗？曲家源曾到北京找过两家有关的出版社，他们也都以不是其系统，不在出书计划内而婉拒。

在北京期间，曲家源去拜访大学时的同学陈琼芝②和窦英才夫妇，他们同在中国青年政治学院任教。提到他想出版小册子的事，陈琼芝说："现在倒有个机会，华侨出版社正委托戴文葆先生主编一套'毋忘国耻'历史丛书，我向他提一下，看能不能把你这本书编进去。内容似乎还符合要求。"

陈琼芝与戴文葆先生相识，也起于文字。1982 年，陈的文章《在两位未谋一面的伟人之间》被《新华文摘》全文转载，曾引起戴文葆先生的注意。一次在出版家李湜家的聚会上，当李湜先生向文葆先生介绍这位是"陈琼芝"时，他立即想到了那篇文章。此后，他们经常来往。关于文葆先生为华侨出版社编"毋忘国耻"丛书，他也曾向陈提出推荐作者的事。因此，当曲家源把书稿交给文葆先生后，他非常高兴，立即通读了全稿，同意编入那套丛书，并在给曲家源的信中说：卢沟桥事变发生时，他正在读中学，从报刊上了解一些情况。1947 年他在《大公报》编国际新闻时，对日本的一些推卸挑起战争责任的谬论很是气愤。但后来他离开了新闻界，具体情况并不了解。他说：

今天收到了大作《卢沟桥事变起因考论》。琼芝同志前已相告，我很愿意拜读大作。

迄今为止，很少见对日本侵略行为的确凿考辩，比如"南京大屠杀"等等。卢沟桥也是如此。我读冈村宁次的回忆录，对他的辩解令人气愤！日本军国主义者及受其蒙骗的一群人，对广岛挨炸事，仿佛日本鬼子倒成为受害者，当年的美国是侵略者，向全世界大肆宣传，年年纪念，颠倒黑白。直到今日，鬼子还不承认侵略中国，还假借种种"研究"来逃避，推卸罪责。

您的研究有国际意义。咱们中国人太丢脸，国家不关心这些研究，社会上研究的人又很少。从哪一方面讲，严肃文化、正经学术没人支持，男盗女娼、卖弄吹拍的"文章"与"作品"得到流行，太可耻了！

我先给您回一信，请您放心，大稿也已收到。容我拜读一过，再和你通信讨论（不会太迟）。恐您悬念，匆此奉闻。

戴文葆（签名）　十月六日

在审读书稿的过程中，文葆先生不但亲自为其校对史实，尤其注意当时日本军政人员的职衔"不能有误"，还"最怕文字出错"，连19张图随文的胶印片都一一审看。这些亲自校勘书稿的情形，他都是用书信随时写给家源的。在十几封的来信中，看落款有时写于上午，有时是下午二时，有时竟是午夜十二时……这让我们不仅看到一位资深编辑家严谨、责任、学养，更看到他对于历史，尤其是给世界带来影响、给本民族带来巨大灾难的历史的重视，他是在从社会现实出发，欲借图书文化传播以推动社会进步。他的使命感，他的精神、品格打动并感染着家源，真是情深意切啊。此书稿在戴文葆先生的帮助下，于1992年6月出版了，并且获得了较好的社会评价。文葆先生很偏爱这本书。他后来给曲家源的信中说，除正常发行外，为扩大影响，他把这本小册子还分寄给许多他的外国朋友和他熟识的外国图书馆，如日本国会图书馆、日本东洋文库及库长渡边兼庸、东方书店社长安井正幸、岩波书店总编绿川亨、日本京都大学教授尾崎雄二、韩国汉阳大学教授任桂淳、美国夏威夷大学图书馆刘马秋雯等。文葆先生在信中说："我希望大著在东洋引起讨论，也是您撰著的本旨。"他还特别强调"我的目的是推广，使研究者注意"。是的，曲家源写这本小册子就是要让日本人知道，对卢沟桥事变，他们胡说八道是不行的！后来曲家源陆续收到一些日本学者的反馈，又写了一本小册子《卢沟桥事变史论》，也是在文葆先生的全力促成下，1997 年 7 月在人民出版社出版了。曲家源这两本小册子使日本原先肆无忌惮的编造与谎言基本消停了，也使国内史学界原来顺着日人的说法是所谓"第一枪"引起卢沟桥事变，改为是驻丰台日军借口"失踪一名士兵"引发事变，并且促成日本同意与中国史学家合编一部现代史专著。就这样，曲家源和文葆先生有了交往。宋儒张载曰"为天地立心，为生民立命，为往圣继绝学，为万世开太平"，这是中国知识分子的传统美德。作为出版家戴文葆先生，他是以文化传承自任，是一种了不起的文化担当，凭着对时代的感知、对社会进步的关注，借图书知识传播以推动社会进步，是这位中国出版界的思想者坚定不移的理念。

从此，曲家源与戴文葆先生由文字交开始结成了诚挚友情，并且以后曲家源每次到北京都会去看望他。在交往中，似乎有种共同的社会、政治的责任感，共同的理念、价值观，使他们有种"仰不愧天，俯不愧人，内不愧心"的心灵契合，当然也有文葆先生对家源的古文功底和驾驭文字能力的欣赏，也才有文葆先生委托曲家源帮助整理记录"文革"时他流放家乡阜宁时生活的旧稿的后话。

二

关于戴文葆先生委托曲家源的具体过程，曲家源在《射水纪闻·后序》中已有说明。笔者在这里只作简单的介绍和补充。

那还是在 2002 年 9 月，曲家源途经北京，去探望了病愈后的戴文葆先生。他不顾疲弱，急切地翻找出四册线装书样的东西给家源看，并用嘶哑的声音述说，这是他在"文革"10 年中抛妻别子，只身被发配回家乡阜宁，在与世隔绝、心情极度压抑的境况下所写的大量笔记中的一小部分。当时他以抄书自勉，用书写自励，所以他非常珍惜这已构成他生命一部分的岁月纪录，并拿出李一氓前辈的隶式题名《射水纪闻》。但他却已无力完成这些在艰难的日子、为磨练自己，用文言写成的东西了。文葆先生有望于十多年来，对其始终以朋友相称、无话不谈的曲家源，希望他既能整理出条理，又能保持原文的风格的书稿来。应该说，从年龄上文葆先生是家源的师辈，且多年来得到过文葆先生的无私帮助与指教，接受托付当义不容辞。便当即商定：由家源整理编排，待排出大样后担任终校，并可以对文字进行修饰。

由于此后文葆先生又住进了医院，直至 2003 年春节后方才回家休养。他在给家源的信中说，出版社已把《射水纪闻》列入今年的出版计划。这当然是好消息。同时他还在信中说，原来曾有朋友答应帮忙，但因家中新增了病人，"实在不能寄望于他"了。这样，整理文稿的工作只好全部由曲家源来做。于是，文葆先生在北京家家关门闭户、一时长街冷落的"非典"时期，也关在家里翻箱倒柜，全力查找他的《纪闻》，从 5 月 16 日开始，给家源寄出第一部原稿 6 本。后来，随找随寄，至 9 月 26 日，家源共收到 9 包原稿。其中有装订成册的《纪闻》手稿 19 本，清一色的蓝钢笔竖写，每页均用仿格衬套整齐划一地排列 8 行，每行 18 字。而引文和注释的书写则字略小，每行 25 字或 30 字不等，显示出作为编辑家的风格和细致。家源做了粗略统计，19 本手稿总计有 3200 页，字数当在 50 万左右。随着原稿的不断寄来，文葆先生亦不断寄来信件，除提出对《射水纪闻》修订整理原则意见和介绍当年的写作情况外，还回答了家源在整理时提出的一些问题。虽然文葆先生健康状况不佳，眼睛又出现散光，写信已是一件很是吃力的事情，在他信件的潦草字迹的字里行间，感觉得到的是他手指无力、但却又是异常急切的心情。在整理期间，他们两人就是通过频繁的信件来往交流。例如在谈到原编体例时，文葆先生说，他当时写作不过解闷遣怀而已。当时只身流放，没有固定想好的题目，谈话人物从老到少，所谈随缘，而后用香烟壳子拆开来记，记到一定程度可以汇集成文时再写。每积到约两万字，大体可以成一卷了，才考虑合订。编例略仿前人成集体例，从建制、沿革、大事、景物、人士到地方土特产糕点、豆腐等等，从上到下合为一集。每集写序跋。序跋可能暗露牢骚、讥讽数语。当时非常自珍，视为生命之一页而已。是啊，这是他在家乡射浦颠沛流离十年的"流放"生活的辛酸痛楚、难以忘怀的一段时光，文葆先生自己珍惜，家源为他整理也感到荣幸。面对这近 2 尺高的原稿，家源与笔者商量，由他按着文葆先生的要求疏理编排，由笔者电脑输入，从 6 月 14 日开始，我们便全力以赴地投入到颇为紧张的整理工作中。由于当时笔者刚学电脑打字，用全拼汉字输入，常常因古文字的生僻，字表难查而费时费力。经过酷热的七、八、九月，终于整理、输入排字、校对一次完成了文葆先生 20 万字的《射水纪闻》书稿。

面对打印机吐出的样稿，与其说我们感到的是欣慰，不如说是对一个不屈者的灵魂的震撼、感佩。《射水纪闻》主要记述的都是射浦古今的地理变迁、人物名胜、文物古迹和家乡风俗。但作者把盐阜一带地方的这些人和事，放在了宏观的大范围来考察，用颇具历史深度的叙述，就使这些地方事物具有了特殊意义。我们深切地感到《纪闻》静静流淌出的是射浦人们的命运，折射的是整个民族的命运，看到的是时代真实的缩影，这些足以唤醒人们沉睡的记忆，这就是透过字里行间喷发的能量。而且，他的思考又不局限于家乡，每当著文够满一集，他都写一篇跋，谈那一段时间的所思所想所感。这使我们感到《纪闻》好似一时光的漩涡，凝结着作者的生命呼吸，在那些岁月悄无声息的流淌中，在那些过往的时光中，展现出作者充满悲情的生命曲折。他是"赤手南归，退居射水之浒"，是痛苦地"毁家出走"，是"割二子之爱，拂袖南走"。作者把这些在逆境中的感慨形诸文字，透过文字捕捉记忆的断片，不就是他生命另一段旅程的倒影吗？这是对生命热度的再加温。虽是他个体心灵史，亦显得弥足珍贵，因为它会为历史赋予生命和体温。德国心理学家哈拉尔德·韦尔策曾提出"社会记忆"的概念，主张以个人命运折射社会历史，认为"能保持下去的唯一具体历史，永远是那种基于个人叙事的历史"。殷鉴不远，文葆先生在流放中笔耕不辍，并以此作为自己的心灵励志书，其现实意义确实是深远的。他是一个燃烧自己的举火者！

三

从 2003 年曲家源为戴文葆先生整理书稿开始，到 2004 年最后由河北教育出版社付梓，前后有两年时间，他们间的书信来往频繁。文葆先生一再要求家源能为《纪闻》作序，认为家源最了解他的心境。这使家源感到的是很大的荣誉，亦是莫大的信任，但又觉得以自己的资历或能力都是不够格的。但文葆先生嘱之殷殷，盼之切切，盛情难却，于是就试着写一篇"后叙"，把《纪闻》的整理经过和有必要向读者介绍的文章背景，及其整理过程中的体会概略地说明一下。从这个角度也许还有必要，这就是

戴文葆在各地讲学时留影之一

"后叙"的成因。

正是在这两年多的时间里，由于文葆先生与家源基本是通过书信，彼此信赖，倾心交谈，其信件竟有 38 件之多③，且文葆先生的来信大都较长，除交代整理中应注意的事项外，有不少是叙述经历，讲述现时身体状况及思想情绪的文字；还有些是对家源提出的问题的惠示及有关其经历的 9 份材料。慢慢地、书稿整理完成了，文葆先生的曲折命运、坎坷的人生经历也清晰地展现出来，家源觉得他的生平和遭际反映了中国现代的历史变革和这其中许多正直知识分子的命运，具有普遍意义，是研究中国现代知识分子特点和历史地位的第一手材料，这是促成家源写《戴文葆传》的主要原因。他把写传记的想法告诉了文葆先生并得到认可，表示会注意分寸，主要是想存实，不是颂扬。

但传记写成后，并未公开发表（家源 1996 年退休，对报刊界已陌生，不知道该投向哪里）；后从美国探亲回来，才得知文葆先生离世，于是匆忙在新浪、百度、天涯社区等博客中把《戴文葆传》公之于世，以表对文葆先生的哀思、纪念。文葆先生命运的转折是 1957 年反右。其时我们正在大学读书，亲历了那场让知识分子胆战心惊的风暴。家源因父亲的历史问题，被当时所在的班级批判了 3 天，虽未被扣上右派帽子，但却留有挥之不去的阴影，他被这无形的"政治包袱"压抑了二十多年。二十多年中，他一直谨小慎微，努力工作，就是为了争取政治翻身，直到 1976 年，他去支边、参军、入党。所以他对文葆先生的经历和思想情感的变化是充分理解的。至于更深入的剖析，有待更多了解情况的人来作。

写到这里，笔者颇为感慨，对于戴文葆先生和曲家源来说，人生的过场已经瞬间消失，但从两位那起于文字的简单、平凡、毫无功利目的、彼此异常信赖、无怨无悔的深厚情谊中，看到了知识分子的忧患、自我完成的尊严和荣光，令我们仰望和怀念。

注释：

① 曲家源（1936—2011），1960 年毕业于东北师范大学中文系。曾任山西师范大学学报副总编，兼任文科学报（社科版）主编。曾任中国诗经学会理事、中国高校文科学报研究会理事、山西省古典文学学会常务理事。主要著作有：《水浒传新论》、60 种曲之《紫钗记》评注、《紫箫记》评注；《卢沟桥事变起因考论》、《卢沟桥事变史论》等，以及中国古代文学、宋史、抗战史等方面的论文几十篇。

② 陈琼芝（1938—2005）湖南常德人，1960 年毕业于东北师范大学中文系。在吉林省延边大学任教 26 年，1986 年调入北京中国青年政治学院，在两校均讲授"中国现代文学史"。发表过多篇关于现代文学的论文，编辑过《活的中国》、《巴金自叙》等书，曾参加人民文学出版社新版《鲁迅全集》的注释和编辑。著有人物传记《生命之华·巴金》。

③ 曲家源与戴文葆先生书信往来频繁，从 1992 年开始至 2005 年大约收到戴文葆先生 65 封信件。

2012 年 3 月 18 日脱稿

4 月 29 日修改

（作者为山西师范大学中文系原教授）

一曲正气歌，一把心酸泪

——读戴文葆《射水纪闻》①

刘光裕

　　2005 年冬天，收到戴文葆先生惠赠《射水纪闻》，扉页题辞曰："源于敬乡之诚，出于桑梓之情。拙作奉呈光裕大兄伉俪教正，戴文葆拜上，2005 年 12 月 20 日。"钢笔手迹，书法苍劲；题签上下，各有印章一枚。如此隆重，令我惶恐。这些年来，《射水纪闻》一直置于床头，不时翻阅。在电话中我们交谈过几次。我说，你"文革"中写这本书，通篇用文言，不见一个"文革"词语，对你来说"文革"似乎不存在。他只说"是的"，什么原因没有讲。作者文言功底不错，典故以《史》、《汉》为多。不过我想，做惯白话文的人，做文言总是吃力一些，其中必有缘由。

　　记得多年前，文葆先生对我说："光裕，我们是文友。"我与他原来素不相识，所以成为朋友完全是由文章引起的。起初，我一篇文章写了与他针锋相对的意见，其实是批评他②。1991 年秋

《射水纪闻》书影

天出差北京，到朝内大街人民出版社办公楼登门拜访，才初次见面。首次会面源于学术上不同见解，这样"以文会友"，大概与其他"文友"有些不一样。他长我13岁，为兄长辈。我们性格上都有点固执，不肯轻易放弃自己见解。不过，随着交往增多，彼此了解也增多，于是发现我们之间相同的见解，其实比不同见解更多、更重要。本来，人们的看法不可能事事一样，处处一致。特别是在书生之间，因为喜欢独立思考，产生不同看法几乎不可避免。不论老朋友新朋友都可能出现意见分歧，然而真正的友谊大都不受意见分歧的影响。我们都已年老，我在济南，他在北京，主要靠参加学术活动经常见面。2005年秋天一个下午，我在北京约了章宏伟、陈静，还有汪家熔，一行4人造访和平里民旺大院文葆先生寓所，在他书房里，天南地北、无拘无束地畅谈。记得他说，不能写东西了，也不能看东西了，什么事情都不能做了，连寄信也由保姆代劳。那天，他心情很好，谈笑风生；与年轻人章宏伟、陈静也谈得很多，关系非常融洽。后来，我们又约了林穗芳先生，一起在附近餐馆吃晚饭。用餐之后，章宏伟、陈静陪送戴先生、林先生回民旺大院寓所，我与汪家熔直奔地铁车站。这次以后再也未能见面。

《射水纪闻》内容为阜宁地方志，是戴文葆生前出版的最后一本书。书名为李一氓手书。我对它始终怀有兴趣。在一次电话讨论中，他说："光裕，给我写个书评吧，写好后交给我就是。"我没有犹豫，马上答应了。可是，答应的文章迟迟未能动手，原因不是别的，主要是书中有些地方弄不明白，希望有机会面谈一次。不料，这样的机会永远不会有了。文葆先生于 2008 年在北京去世的消息，我在济南很晚才知道。去世以后，答应的文章没有写，负疚之心更重。如今在北京朋友督促下，鼓起勇气写这篇文字，谈谈读《射水纪闻》的一些感想。

"文革"流放留存的文字
——作者蛰居阜宁 10 年

戴文葆，生于江苏阜宁一个书香门第，自幼酷爱文史，博闻强记，以聪慧好学，闻名乡里。他第一次崭露头角是在十五六岁时，短期主持《淮滨商报》编务，大胆鼓吹抗日救国，声振阜宁③。二十来岁在大学读书时，有国际政治论文刊于著名的《东方杂志》。23 岁大学毕业后，报界巨擘王芸生爱其才，在《大公报》委以重任，先为国际版编辑、社评委员，不久升任管理委员会委员、副编辑主任。凭自己写得一手好文章，一帆风顺，青云直上。少怀大志又早负盛名的戴文葆，可谓春风得意马蹄疾，锦绣年华，前程无量。那么，好端端一个戴文葆，怎么从北京回老家阜宁，撰写阜宁地方志——《射水纪闻》呢？

1971 年（辛亥），戴文葆 49 岁，为《射水纪闻》撰"自序"说：

> 丁未（1967 年）秋，予以幽忧之疾，云山万里，赤手南归，退处射水之浒。旧居数椽，可庇风雨；涓人工俸，足易稻粱。长日安闲，一夜酣睡。平素漱涤五脏，练精易形，不复与闻当世事矣。④

1966 年秋天，作者"以幽忧之疾"，从北京"退处射水之浒"的阜宁。阜宁，地处江苏盐城之北，射阳河畔；"射水"，即射阳河。这里有两个问题：一是作者为何从北京"退处"阜宁？二是纠结于心的"幽忧之疾"究竟是什么？书翻了数遍，我仍旧不清楚；心想作者不说，自有其苦衷。一直到 2009 年，读了上海《出版博物馆》杂志上杨进先生文章《风雨飘摇中的戴文葆》，接着又见曲家源先生网上文字《戴文葆传》⑤，才算有些明白。

杨进，为文葆先生儿子；随母姓，故姓杨。他文章中说："1957 年，一场全国范围的政治运动掀起。父亲戴文葆在这次运动中被定为'右派分子'。由于他的所谓'历史问题'，还加戴'历史反革命'的帽子，成为'双料坏人'。"⑥我们了解作者为何"以幽忧之疾"从北京"退处"阜宁，不能不从杨进所说那个"历史问题"讲起。

事情发生在抗战初期。1937 年日寇侵华战争爆发以后，戴文葆在读的盐城中学解散了，只得回阜宁家中自学。后经一个远房亲戚介绍，无意间进了国民党在阜宁的一个外围组织。当他发现该组织有问题，就给那个远房亲戚写了一封诉说疑惑与不满的信，主动离开那里。1940 年 2 月，戴文葆 18 岁，背乡离井，从阜宁投奔抗日战争的大后方⑦，转辗到了重庆。考入从上海内迁重庆的复旦大学读书，直至 1945 年毕业。在复旦读书期间，加入中国共产党，成为中共中央南方局领导的复旦"据点"成员之一，积极参加党领导的民主运动。1944 年 22 岁，在党领导下创办《中国学生导报》，并任主编。抗战胜利后，原安排到上海筹办《新华日报》，因当局阻挠未果；旋即在《大公报》任国际版编辑与社评委员，迎接全国解放⑧。结合戴文葆后来冒着生命危险积极为党工作并卓有成绩看，蓝衣社外围组织这件事，无非是年幼无知时一次误入歧途，年龄为十七八岁，时间为半年左右。解放后的外调中，他给远房亲戚诉说疑惑与不满的那封信找到了，可以证明他自己发现问题，又主动离开那里。从审查干部的要求看，这个历史问题已经搞清楚了，也已经解决了。可是，当年在错误路线支配下，这个不是问题的"问题"，始终被组织抓住不放，戴文葆因此遭受一次又一次劫难，如打成右派，开除公职，劳动教养，也包括流放阜宁十年。杨进说："这段短短的历史，却成为他一辈子的污点，他经历的苦难，都与之分不开。"

对中国知识分子来说，1957 年是一道难过的鬼门关，转眼间被打成右派的人，马上变成无产阶级专政的对象，与"地、富、反、坏"一起成为另类与贱民。戴文葆在 50 年代初从上海调北京工作，他在人民出版社被打成右派，从此跌入十八层地狱。怎么打成右派的，杨进这样说："50 年代初，父亲到北京工作，出版社就接到指令，对此人要控制，不得重用。所以，1957 年他出事情几乎是必然的。"看来，他不做右派也不行，关键还是十七八岁时那一次误入歧途。打你右派，本来不需要什么理由。欲加之罪，何患无辞？

1957 年，戴文葆 35 岁。这一年，以翻云覆雨、震惊中外的反右派运动彪炳史册，因而成为中国当代史的一个重要转折点。戴文葆在这一年，从早负盛名的青年才俊变成一名罪人，从此"运交华盖"二十年，受尽折磨，差一点丢掉性命。

过了一年，他被开除公职，押送农场"劳动教养"。杨进写道："1958 年初，父亲被戴手铐，从人民出版社由警车押走，送半步桥监狱关押。"接着，押送天津茶淀农场劳改。茶淀农场，又称清河农场，位于汉沽与塘沽之间，地属天津市宁河县，然而是北京市监狱管理局管辖的一块飞地。他到茶淀农场第二年，身体就不行了。杨进说："劳改农场绝不仅仅是让人劳动，身体上受折磨那么单纯而已，还有许多精神上的折磨。……体力劳动，且是在看管下，带着沉重的思想包袱和看不到希望的心情，如此伙食，别说是文弱书生，就是一个膀大腰圆的汉子，这样过两年也是吃不消啊。"

经数年劳改折磨以后，戴文葆重病缠身，卧床不起。曲家源《戴文葆传》说："1961 年初，戴文葆也得了浮肿，后来发展为下肢萎缩，胃溃疡。至秋，病情加重，双脚不能行走，终至卧床住院。"杨进文章也有类似记载。眼看生命垂危，农场方面决定送他回北京治病。

1961 年，他 39 岁。农场将奄奄一息的戴文葆，用平板车拉到茶淀火车站；人民出版社党委副书记范用同志从茶淀车站把他接回北京。回京以后，身体康复也较快。为此，戴文葆拼命工作。

从 1962 年到 1966 年 6 月 "文革" 开始以前，大约 4 年左右时间，他一直为中华书局工作，后来又同时为人民出版社工作，自称 "在两个单位做工的'员外郎'"（366 页）。为何自称 "员外郎"？因为他一直是编外人员，上面两家出版社都不能解决他开除公职后的正式编制问题。在这 4 年里，他所做工作重要者有：一，为吴晗辑录的《朝鲜李朝实录中的中国史料》做整理与校对工作；二，增订《谭嗣同文集》，并做全部校勘工作；三，编校《严复文集》，并帮助编者搜集佚文；四，整理润色陶菊隐的《袁世凯演义》。在此同时，还奉命参加三个集体项目：其一，编蒋介石演说集；其二，编赫鲁晓夫文集；其三，重编《饮冰室文集》。以上工作，涉及中外政治、中国历史、文献校勘等不同专业。4 年时间，一个专业编辑做上面一项两项就不错了，戴文葆则是一个人做了那些工作。在三个集体项目中，有两个项目即编蒋介石演讲集与赫鲁晓夫文集，是人民出版社与中华书局共同承担的保密项目。关于编蒋介石演讲集，戴文葆回忆说：

> 我们先在朝内大街砖楼里工作，后因资料太多，陈列不便，迁到翠微路宽敞的楼内。从 1912 年辛亥革命时期编起，一直编下来，按其人活动实际事迹，先是数年一册，后来一年一册。主席规定先排印为试编本，送呈周恩来审定。开初尽快排印了两本，遵照指示，赶紧送去请示可否。……到了丙午年（1966 年）暮春，已编到 1965 年，约有一千多万字了。（367 页）

> 还须精心出版选编本，按各个时期、各种事件加以剖析，写出按语，并译成外文传播，立意高远。（368 页）

以他这种身份，参加中央两个保密项目，除了才华出众，无可替代，我想不会另有更重要原因。

这样埋头苦干 4 年，终于一个人完成几个人的工作。国际政治是他的本行。此外，娴熟英语，精通文史，博古通今，故而不同专业的编辑工作无不得心应手，似乎出版社没有他戴文葆编不了的书。事实再次表明，戴文葆非同凡响，乃不可多得的人才。有句俗话说，没有功劳也有苦劳。戴文葆这 4 年，既有功劳，也有苦劳，乃劳苦功高。可是，4 年的劳苦功高，不能为他落下一个好，最后仍旧是一个编外人员。苦难命运看不见尽头，真的是"苦海无边"。接下来"文革"开场后，再一次把他抛到惊涛骇浪之中，一场更大劫难降临了。

1966 年，他 44 岁。这一年，"文革"拉开序幕，最终酿成史无前例的"十年浩劫"。这是一场自上而下的政治动乱，四海之内无有避风之港湾。曲家源《戴文葆传》说：

> （1966 年）7 月份，戴文葆就没有领到工资。至 8 月份，他去已被"工作组"控制的中华书局讨工资的时候，主动提出去劳改队，但无人理会。他去宣外北京市公安局第五处（劳改处）请求收容，以不合法律未被接受。他还曾去茶淀清河农场，请求回场劳动，但农场也已被闹得焦头烂额，无暇顾他，买一张火车票又送他回北京。这时候的戴文葆成了一个真正的流浪者，白天去派出所请求发配，夜晚路（露）宿街头，火车站候车室、东单公园长椅曾是他借宿的地方。后来派出所告诉他，可以暂且在东四四条居住等候。这样过了一年，1967 年，"六六通令"下发以后，戴文葆获准只身

回故乡江苏阜宁，接受"群众监督改造"，路费自理。

1966、1967 这两年，人间所有苦难几乎都落到戴文葆头上。他自己这样记述 1967 年离京以前的可怕处境：

> 那时候，盛传大兴县"无阶级村"已经建成，"革命者的后代们"，一天之间，把阶级敌人全部从肉体上消灭，有的投入一口废井，封好盖紧。在北京市内，也叫嚷要实现所谓"水晶化"，容许留住京城的居民、干部及革命者、红五类人等，都应是无色透明、干干净净的结晶体一样，一个黑点也没有。（369 页）

> 那时我想起顾炎武《日知录》总结历朝动乱自保的一条：

> "小乱居城，大乱居乡。"……天街久已不是我辈立足之地，及早离去为妙。（369 页）

对戴文葆来说，北京已经成为毫无安全可言的恐怖之地，随时都有生命危险。

鉴于这些原因，戴文葆于 1967 年秋天被迫离京，只身赴阜宁。回故乡阜宁，并非为了探亲，更不是荣归故里。他因"文革"而不得不离开北京，被迫去阜宁"接受群众监督改造"，这与罪人流放并无二致。一直到 1977 年，才被准许回北京。他是一个"文革"流放者，流放阜宁长达 10 年之久。他这样回忆流放阜宁这段辛酸岁月：

> 我到了大运河东侧一家小厂当杂工，先干清洁工，打扫两个厕所，收拾下脚料和破损的工具等，不久进了保管室，

坐班当保管员的下手。后来跟厂长出差销货，以后便经常外出商订合同、推销产品、洽购材料，成为采购员了。……我四处奔波，拎包送土特产，找销路，为地方集体工业效劳苦吃饭；同时沿途苦中作乐，顺便观览祖国壮丽而横遭作践的河山，内心充满说不出的滋味，但总算是在大灾难中因祸得福的人哪！（370 页）

"十年浩劫"是一场全国性大灾难，神州少有幸免之人。时称"臭老九"的知识分子，大都经历挨斗游街，"牛棚"劳作，干校"洗澡"等种种磨难，结果死难者不计其数。戴文葆因为是"员外郎"的缘故，没有具体单位管辖，因而未有"牛棚"、"干校"之难，得以到阜宁一个小厂做了采购员，最后幸免于死，一息尚存，故以"因祸得福"自嘲。

《射水纪闻》这部书就是作者流放阜宁的产物。当灾难来临之际，他选择"大乱居乡"，回故乡阜宁，其中有保存自己，等待时机的用意。阜宁的生活稍有安定以后，想做点老本行，于是想到了方志。手头缺乏图书资料，别的事情做不成，撰方志成为一种可行的选择。一面在小厂做采购员，挣钱糊口，一面暗自撰写方志。将断断续续写成的方志作品积累起来，便是如今所见《射水纪闻》。前面，我不厌其繁地介绍作者的苦难经历，并非有意翻出那些陈年老账，令人徒生不快；只是为了说明一个问题：《射水纪闻》是一个历经磨难、意志坚定的"文革"流放者写下的文字，这部书的特殊性与特殊意义，全在于此。

孟子有言："读其书，不知其人可乎？"比如作者说："予以幽忧之疾，云山万里，赤手南归，退处射水之浒。"要是不知道作者苦难的人生经历，读这些话就像雾里看花，无法弄清其中意思。"幽忧之疾"这类话，书中随处可见。例如："复以幽忧之症，辱蒙不洁，负疚良深。"（92 页）又如："心有闷疾，学殖荒落。"（93 页）又如："予以心疾，退托山林，复患风痹，麻木不仁。今已年届知非，此圣贤所谓不许乱说乱动之时，而当制心克情，省察自反者也。"（159 页）读者要是知道作者蒙冤受屈的人生经历，这些话是什么意思就不难理解了。再者，今天我国社会环境与数十年前相比，已经发生了翻天覆地的变化。若从今天社会环境出发，读者对数十年前作者那些苦难经历，恍如隔世，已很难理解。所以，今天读《射水纪闻》，不仅要知道作者苦难经历，还要将作者经历放到当年社会环境中考察。这样，才能准确把握书中内容，充分理解这部书。这就是古人所谓"知人论世"。

笔者以前对作者经历，未闻其详。这次为写文章整理材料，大为震惊，不断惊呼"怎么会是这样"？了解这些经历之后，再读《射水纪闻》，得到的感觉与以前大不一样。我以为，《射水纪闻》是一个"文革"流放者心中流淌的伤心曲，更是冒着生命危险谱写的正气歌。我介绍作者这些苦难经历，希望对读者理解作品有所助益。

"明察知耻，尽所当为"
——君子以自强不息

1957 年反右是戴文葆人生的转折点，从此到 1977 年为长达 20 年噩运。《射水纪闻》撰于阜宁流放时期。阜宁流放从 1967 年到 1977 年，年龄为 45 岁到 55 岁。这个年龄段对知识分子来说，是思想成熟、大有作为的黄金时期，可是对作者来说，却是右派劳教以后的又一次沉重打击。当时，国家处于"文革"煎熬的水深火热之中，戴文葆孤身一人在阜宁艰难度日，漫长暗夜看不到尽头。在此情况下作者撰《射水纪闻》，无论是心境还是用意，都与一般人写方志不一样。且看本书"自序"中一段话：

> 窃思流离颠沛，志士仁人视为进德修业之良机，砺志发愤之正时，只须忘我忘家，切忌患得患失。捶胸击首，贻人笑柄；吁天呼地，徒乱身心。亟应明察知耻，尽所当为；其利害荣辱，不足撄我之心。

"明察知耻，尽所当为"，前者意为自觉加强道德修养与道德约束，后者意为尽量多做该做的工作。戴文葆深怕自己在蒙冤受屈的社会环境中，患得患失，意志消沉，不思进取，故以"明察知耻，尽所当为"这句话告诫自己，要求自己。撰写方志，就是"尽所当为"的一种表现，同时也是"明察知耻"、"进德修业"的一种手段。在我国传统文化中，爱家乡与爱国家，两者紧密联系在一起，不能完全分开。戴文葆把主要精力放在方志上，目的之一是以桑梓之情"自爱"，以敬乡之义"自律"，勉励自己信守节操，发愤图强。他说："予既欣然返籍，懔于敬乡之义，益自砥砺志行，屏绝世虑，不以夷险而异节，不以外间声色而动吾之耳目，致有辱于予所眷爱之乡国与亲朋也。"（93 页）又说："百年易过，天地无穷，愿为国自爱，为吾桑梓自律，益宜自勉，得毋玷污吾射水之清流焉者也。"（"自序"）从这些话，可知作者有意借方志之内容，浇自己胸中之块垒。所以对作者来说，《射水纪闻》并非仅仅是方志著作，同时也是他的砺志之作，也是他的悲愤之作。

我国方志以明清为盛，其体制源于正史。方志内容也与正史一样，政治、经济、历史、文化、地理等无所不包。与正史的区别，主要在于地域性。

《射水纪闻》凡 18 卷。其中，前 5 卷记述阜宁历史沿革，与我党建立盐阜根据地之史实。从第六卷到第十八卷，凡 13 卷，其中除第十七卷是作者为自己手抄名著所作序跋外，其余 12 卷都是记叙历史人物、乡邦文献等。阜宁原有县志。戴文葆旨在拾遗补阙，并不是重修县志。"自序"说：

> 所记多属乡邦逸事、闲史里乘，前人故事，地方利病；皆为昔日所见所闻，或前辈谭告。爰就人之所忽者聊记二三，以显微阐幽，纠谬正讹，不致贤者泯灭，风流歇绝。

《射水纪闻》选择的人物与作品，大抵以"清流"为准，不出"清流"或"贤者"这个范围。作者学习司马迁的《史记》笔法，一篇文字最后常常发一段议论，犹如"太史公曰"。下面，列举三例。

例之一，卷七《陈潢治河》。陈潢，清康熙年间任黄淮河务官，杰出的水利专家。阜宁地处淮河黄河入海口，上游来水量很大，再加地势低洼，水患连年不断。陈潢到任后，以自己独特之法治水："借水攻沙，以水治水"；数年之内，制服洪水，百姓得以安宁。后来，黄泛区屯田一事触犯豪强利益，受诬免官，含冤而死。《陈潢治河》全文一万余字，戴文葆最后评曰：

潢对治河理论之贡献，对疏导工作之劳绩，对两河流域生民之关念，及其所执持之伟大理想与实践精神，实乃吾国历史传统中无价之宝，当为百代所钦重。然语及潢之生平遭际，不禁为之搁笔悼惜；论其治河抱负与夫无畏人海之飓风骇浪，则又予人无限激励力量，固应奋不顾身，为民兴利除害，以求河清海晏。（128 页）

例之二，卷十一《〈玉山诗文钞〉残卷》。《玉山诗文钞》为阜宁地方文献。作者项樟，是阜宁历史上第一个进士；清乾隆年间历任四川、湖北县令，官至安徽凤阳知府，乾隆二十六年（1761）卒。项樟为官，关心民瘼，勤政爱民。时人赞曰："当官不阿，为民请命。"戴文葆在介绍项樟作品与为人之后，评曰：

予遵竹园老人之嘱，读《玉山诗文稿》残卷，得知景贻（按：项樟，字景贻）其人之文章与为人之行事，从而于残卷中得见其人之风范，不负所学，不愧于职责，诚为有清一代地方官之模范也。谨记之以告吾乡人，勿忘贫瘠之乡土，终能成长此等高尚人才……。祝愿青年后生，万勿自卑自弃，亟宜自强自律，典型俱在，努力奋起，为淮甸争光，为吾多灾多难之祖国复兴再思、三思！（210 页）

例之三，卷十《王汝》。王汝，既非达官，又非贵人，而是阜宁城厢一个无业游民。他父母早亡，家无恒产，孑然一身，常年寄居城隍庙，靠在茶馆装烟敬客之类维持生计。王汝的同宗兄弟多为地方豪绅，以王汝低贱，有辱门庭，一再提出赡养他。王汝以为"与其寄人门下，不若自守贫贱，自食其力，栖卑就枯，而保素志"，因而坚持谢绝赡养。日寇来犯，阜宁沦陷，其人不知去向。《射水纪闻》所写人物，以王汝最为特殊，别有风致，作者最后评曰：

> 予犹记王汝，状貌如质朴老农，须发皆白，能豪饮。维时汝垲（按：汝垲为王汝同宗兄弟）门庭鼎盛，争附之者甚多……汝在同宗三服之内，犹不肯往，坚谢赡养，虽饥寒不之顾。泥涂贱役，朝夕困于衣食，非关清流之誉，而其自爱自信，坚毅不移如此。噫嘻，盖有古高士之风焉！（196 页）

上面三例，作为史书记事的要旨是：其一，"为民兴利除害，以求河清海晏"；其二，"典型俱在，努力奋起，为淮甸争光"；其三，"自爱自信，坚毅不移"。从这三例，大体可知作者选材之标准，也可知作者写作之意图。这三例，基本上都是人物评论。阜宁留存的乡邦文献，数量不多。与江南一些府县的地方文献相比，戴文葆对阜宁文献有"贫乏寒碜"之评。本书评论乡邦文献，以评它们的作者为主，所以也可视为人物评论。本书入选的人物，大都是为国、为民做出贡献者，其中也包括一些身怀一技之长者。总之，本书为"贤者"或"清流"树碑立传，如作者自己说，"不致贤者泯灭，风流歇绝"。

根据上面三例，我们联系"文革"时期社会环境，进一步考察作者所持思想观点。

例一与例二，作者热情颂扬的是封建时代两个官员，或称"吾国历史传统中无价之宝"，或称"有清一代地方官之模范"。例三，作者故意抛开阶级分析与阶级斗争，赞美无业游民的"古高士之风"。作者这些思想观点，在"文革"当局看来至少有两大罪名。其一是，"宣扬封、资、修，贬低或诬蔑劳动人民"，如称封建官员为"无价之宝"，为"模范"之类。其二是，不作阶级分析，抹杀阶级矛盾。"文革"一开始，全国文史学者包括学校里教授文史的老师，无不因为这类思想观点而挨批斗，进"牛棚"，甚至丧失生命。经历过"文革"的人都知道，戴文葆这些观点在当年有"开倒车"或"大逆不道"之类的可怕罪名。

由此可见，作者写的是阜宁地方志，其中表达的思想观念却与"文革"当局的观点针锋相对，背道而驰。这类思想观念《射水纪闻》书中很多，区别只是有的明显，有的隐晦；有的直接，有的间接而已。找遍全书，你找不到一句提及"文革"的话，也找不到任何"文革"专门词语；对作者说来，"文革"似乎不存在。这部著于"文革"时期的作品，故意完全回避"文革"，原因不是别的，是因为作者对"文革"不满，是因为心里反对"文革"。

"文革"一开始就非常不得人心，反对者所在多有，这一点毋庸置疑。1967 年 2 月前后，一批老帅与副总理在政治局会议上对"文革"提出强烈批评，结果被当局以"二月逆流"之名镇压下去。老帅与副总理反对"文革"，照样无情镇压，遑论一般人？"文革"当局凶残无比。只要想一想共产党员张志新以反对当局的言论罪，被"文革"卫士残酷处死，就知对待异端是多么残忍，多么没有人性。因此在"文革"十年间，"腹非"者多，国人敢怒不敢言，更不敢录为文字。戴文葆性格特点之一是外柔内刚。面对残酷镇压，不得不忍气吞声，不得不逆来顺受；然而在思想观念上，则是我行我素，依然故我，暗自坚持独立思考，坚持自己的思想观点，并且将这些"大逆不道"的观点悄悄写到自己作品里。以他这种身份，撰写与"文革"唱反调的文字，后果之可怕是显而易见的。《射水纪闻》基本上都用文言。作者在一篇偶尔用白话的文章中说："我特别另用白话文把这段感想说清楚。我不害怕，这不是什么'变天账'。"（295页）由此推想，作者故意用文言的原因之一是，提防有人以"变天账"为名陷害他。懂文言者少，阜宁更少，用文言或许可以安全一些。不过，我以为用文言的另一个重要原因是，作者在观念上与"文革"格格不入，用文言可以避开"文革"词语（观念、概念）的干扰，足以令他心情舒畅，灵感丰富。毫无疑问，这样的文字无法马上公诸于众；马上公诸于众，等于自投罗网，自取灭亡。戴文葆不是神，他是人，当然害怕这种文字万一曝露，必有大祸临头。1972年，当第十卷完成后他写《跋》说："姑藏之，以待他日自炊举火。"（205页）。可见，他把文稿秘密隐藏起来了。阜宁有乡亲庇护，藏匿文稿尚不太难。把文稿藏匿起来的目的是，耐心等待来日，等待将来时局出现转机。他不可能确切知道时局何时出现转机，但他相信将来会有出现转机的时候。

从最终结果看，他那些与"文革"唱反调的文字，通过秘密藏匿都保存了下来，并在2005年公诸于世，终于获得最后胜利。在"十年浩劫"的狂风暴雨中，戴文葆身为戴罪之人，且处于危难之境，头脑始终保持冷静，内心远比一般人坚强。《射水纪闻》数十万言，既表现作者的大胆与机敏，又表现他的自信与坚定。要不是坚信国家在大乱之后可能出现转机，要不是坚信自己的冤屈总有一天可以清洗，怎能安下心来撰写方志呢？又怎能想方设法藏匿自己的文稿呢？无论怎样的艰难，都不气馁，不消沉；无论怎样的困苦，都坚持自强不息，坚持奋发有为；无路之时不甘于束手，无望之中执著于希望。这就是戴文葆与众不同的独特个性。古人云"拍案而起，非英雄也"。戴文葆能屈能伸，以柔克刚，无疑是一个智者，也是一个真正的强者。

"以富以教加诸庶"
——以忧国忧民为己任

前面，我们初步考察作者在作品中表达了与"文革"针锋相对的思想观念。下面，再看作者与"文革"的基本路线——"以阶级斗争为纲"唱反调。"文革"赖以安身立命的基本理论——"无产阶级继续革命的理论"，其核心内容就是"以阶级斗争为纲"。当年报刊上，最常见的一句话是"纲举目张"，意思是只要抓住阶级斗争这个纲，所有工作都能跟着好起来。"纲举目张"的例子之一是"抓革命，促生产"。所谓"抓革命"，就是抓阶级斗争；宣称只要抓住阶级斗争这个纲，生产就能繁荣起来。尽管"抓革命"的结果总是，生产萎缩，经济萧条。无休止地"抓革命"的结果是物资极端匮乏，衣不蔽体，食不果腹，经济处于崩溃的边缘，或者实际上已经崩溃了。

《射水纪闻》卷十三有《同乐厅楹联》一文，读后甚觉惊奇，我称之为奇文。同乐厅，在阜宁城中公园内，建于民国初年，两楹的长联为张謇手书：

地可为者淮东，以富以教加诸庶。

士盍观乎濠上，宜风宜浴咏而归。

张謇（1853—1926），字季直，江苏南通人，近代著名立宪派实业家，以教育与实业为国家"富强之大本"，同乐厅楹联体现他的这种思想。

戴文葆借楹联中"以富以教加诸庶"这句话，洋洋洒洒做了一篇文章。开宗明义说："予按为政之道，莫大于'以富以教'也。富之为先，教之为辅；富必施以教，教而后益富。若是，则可导民向上，同登乐土矣。"（266页）接下来，征引史料作评论。先说西汉封"富民侯"，隋代名"富民渠"，并非"真能富民"；再说古代诗人如宋之王禹偁、苏舜钦，都因为未能富民而心有不安。至此，作小结曰：

> 是则"以富以教"，乃任何社会秉钧者之职责，其受益面与能见度固有宽狭远近之别，而此职责之不可推卸，则一也。季直联中所云，不过千古公认之普通政治道理耳。（267页）

小结之后，话锋一转，谈论我中华传统文化中的民本学说。"以富以教加诸庶"的"庶"指民众或百姓，这句话的意思大致是，让民众富裕起来，并让民众接受教育。作者根据民本学说，将"以富以教加诸庶"从"普通政治道理"，进而视为古今贤哲的治国方略。他说：

> "民为贵，社稷次之，君为轻。"此孟轲之言也。"苟无民，何有君？"此赵威后之言也。害民者，称民贼；贪黩者，

称民蠹；亿万人民所瞩望者，称民望。民为邦本，本固邦宁。而锅灶为人民性命所系。揭锅不空，香气扑鼻，民情乃安，此所谓"民以食为天"也。古来贤哲持此说者不一，至近世始大昌明。（267 页）

将民本学说与马恩理想联系之后，作者又想起唐代柳宗元倡导的"吏者民之役"。所谓"吏者民之役"，用今天话说就是官员乃"公仆"。戴文葆认为，实现"以富以教加诸庶"，非有甘为"民之役"的官吏不可。文章最后这样作结："予祷斯人化身千百万众，使吾民熙熙而乐，同跻于马恩所示之乐园。予虽为之执鞭，所忻慕焉！"

从文章作法看，抑扬起伏，婉转反复，《同乐厅楹联》在文葆先生论说文中颇有代表性。不过，我称之为"奇文"，并非仅仅因为文章做得好。今天读者需将《同乐厅楹联》置于"文革"大环境中，才能理解它所具有的特殊意义。"文革"期间，全党全国的基本路线是"以阶级斗争为纲"；全党全国的中心工作是，不间断地、无休止地搞阶级斗争。"无产阶级继续革命理论"认为，只有阶级斗争才是社会发展的根本动力。《同乐厅楹联》将"以富以教加诸庶"，称为"千古公认之普通政治道理"，完全抛开阶级斗争是社会发展的根本动力，这是故意与"文革"基本路线唱反调，此其一。作者赞扬张謇、孟子等人政治思想，一字不涉毛泽东思想，此其二。以上两点，无不都是"大逆不道"，罪不可赦。诚然，在三四十年以后的今天读这些话："为政之道，莫大于'以富以教'也。富之为先，教之为辅；富必施以教，教而后益富。若是，则可导民向上，同登乐土矣。"这些观点无疑都是正确的，且有先见之明。可是，在三四十年以前，这些观点都与"文革"针锋相对，其后果之可怕，只要想想烈士张志新如何惨死于"文革"卫士之手就知道。暴政淫威之下敢做这种文章，我衷心佩服，故称之为奇文。

细检《射水纪闻》，类似观念并非偶见，不妨再举一例。卷十一有戴文葆写的《跋》，其中这样论述善与恶：

> 夫善恶之辨，考其实际，凡切合社会最大多数人之公益者，即谓之善；反之，即谓之恶可也。民人生息蕃衍于天地间，不可以一日无治生之具，无教化之设。故凡有助于发展社会生产力，提高大众经济文化生活，推动社会历史前进，丰饶天下之财富而与天下人共享之者，则谓之善。（221 页）

戴文葆这些话，与《同乐厅楹联》中观点如同一辙，完全一致。他所论"善"是，"有助于发展社会生产力，提高大众经济文化生活，推动社会历史前进，丰饶天下之财富而与天下人共享之者"。反过来说，凡是不发展社会生产力，不提高大众经济文化生活者，便是"恶"。这样区分善与恶的基本精神，与1978年12月中共十一届三中全会确立的以经济建设为中心是一致的，这再次表现戴文葆观点之正确，且有先见之明。在上面那些话之后，作者又提出一个问题并作回答：

> 矿物百货之产，禽兽鱼鳖草木之生，皆富于往日，而今世人犹不免言困者，何也？盖以壅蔽蓄冈，众庶之愿望，人物之才情，山川之灵气，犹未得宣泄而骋发也。（221 页）

作者所提问题，其实就是社会上物资长期匮乏的原因是什么？

他的回答受制于环境险恶，不得不含糊其辞。我们今天可以把话说得明白一点就是，执政者违背民意或民意不得宣泄云云。

本书卷十，有《邂逅柏叶君》一文。柏叶，乃淮剧名角。有一次，作者与柏叶在郊外不期而遇。不过，邂逅柏叶是作者借题发挥的一个引子，文章主要是讲古代伶人与政治兴衰的关系。作者说，中国古代的俳优，并非都是"谈言微中，可以解纷"的优孟、东方朔之流。除他们外，也有评议朝政，毫无作用的伶人，还有"倾人家国，夺人性命"的伶人。对"倾人家国"这类伶人，作者故意铺开讲述，重点介绍五代时期后唐庄宗李存勖的故事。李存勖作为一国之主，亲昵伶官，败政乱国，最后连自己也死于伶人之手。文中引用《新五代史·伶官传》对李存勖的评论："故方其盛也，举天下之豪杰，莫能与之争；及其衰也，数十伶人困之，而身死国灭，为天下笑。"戴文葆作文，纵横捭阖，收放自如，文采斐然；广征博引之中，往往旁敲侧击，意在言外。《邂逅柏叶君》也是如此。正当"革命样板戏"备受恩宠、如日中天之际，作者从邂逅一位淮剧演员，讲到上千年前的李存勖亲昵伶官，"身死灭国，为天下笑"，言外之意读者自可体会。

细心的读者在书中，还可以发现其他与"文革"唱反调的文字，不必一一列举。戴文葆中年以后，专心致志于文史，热衷于中华传统文化。他在大学读的是法学院政治系，年轻时的专业为国际政治，所作文章多为政治评论，对如何治国，如何理政，本是很熟悉的，头脑里有上面那些观念并不令人奇怪。可是在"十年浩劫"之中，不顾"圣贤所谓不许乱说乱动"（159页）的警告，犹能暗自坚持这些观念，并且悄悄做成文章，非常不简单，也非常不容易。

在此，我不禁想起唐代思想家柳宗元（773—819）。这位古人也是年少得志。永贞革新失败后，33 岁的柳宗元给岳父杨凭写信，检讨自己是年少气盛的"狂疏人"，做事未能"外圆内方"。古代的年轻人学了"修、齐、治、平"一套道理，初涉世事，往往年少气盛，棱角分明。经过生活不断磨炼，特别是遭遇重大挫折之后，棱角未免磨平了，性格也变了，或为"外圆内方"。"外圆内方"，是古代士人待人处世的一种成熟性格。戴文葆早负盛名，年少气盛或许难免。从反右开始接连遭受劫难，"文革"中流放阜宁。面对无法抗拒的权力，不得不忍气吞声，不得不逆来顺受，不得不低调度日，可是内心并没有屈服，默默坚持独立思考，坚持自己的思想观念，甚至暗自挑战"文革"淫威，我行我素，依然故我。这种性格，大致就是柳宗元所说"外圆内方"。这样的"外圆内方"，不失为另一类型之铮铮铁骨。故而我再说一遍，戴文葆非同凡响。

本书作者生于阜宁书香门第，在家庭里受过良好的传统文化熏陶。他出色的文史修养，主要来自书香门第的耳濡目染。从他"外圆内方"的性格看，我以为受中国古代士大夫文化传统的影响最大。中国士人有两个重要传统：其一是，以忧国忧民为己任；其二是，反对暴政，或不与暴政合作。从忧国忧民出发，必定反对暴政，孔子、孟子都是最好的榜样。

面对暴政肆虐，暗自写下这些文字，他的胆量来自何处？我以为戴文葆的大胆，固然与个性有关，然而主要源于忧国忧民的思想观念。凡忧国忧民，必定光明正大；凡光明正大，必定理直

气壮。既是理直气壮，自然胆子大，底气足。他十五六岁时主持
《淮滨商报》编务，鼓吹抗日救国，说明自幼知道报效国家，也
说明敢说敢做，胆子比别人大。流放阜宁时期已是报国无门，心
里不能没有矛盾。一方面，"不复与闻当世事"；另一方面，又不
甘心做隐士。内心矛盾的结果却是，就像当年行吟江畔的楚国三
闾大夫，九死一生，不悔爱国爱民。1971 年，也就是到阜宁第五
年他写道：

> 自忖年华已暮，学不加进，资质愚柔，百无一能。势不
> 能如祖士稚之击楫中流⑨，力不能如班仲升超之效命绝域⑩。
> 不复能为国供奔走，为民献智能，皇然抱愧，负恩深矣！
> （"自序"）

虽为衔冤之人，戴罪之身，依旧心系国家，心系人民。长期
孤身在阜宁，不得不以抄写名作的方式纾解胸中之闷。尤其爱抄
陆游诗，为此作《剑南摘英跋》，其中说：

> 予观其《夜闻秋风感怀》有句："数篇零落从军作，一
> 寸凄凉报国心！"斯言的当，最足概括其全部作品之真价矣！
> （338 页）

又说：

> 垂钓碧潭，日望中兴之运；独对青灯，空洒忧时之泪。
> "报国欲死无战场，志士凄凉闲处老"，此等诗句，当是滴泪
> 为墨，研血成字，用生命写就，千载后犹令人同声一恸！
> （339 页）

戴文葆与陆游，两人前后相隔上千年，他们心理上存在相通之处便是："报国欲死无战场"，"一寸凄凉报国心"。《射水纪闻》那些文字，内容都是为国为民、不出忧国忧民这个范围。悄悄写下这些文字，本是光明正大，理直气壮。问心无愧就心安，无需胆怯，只需把文稿妥善藏匿起来就行。

他把文稿隐藏起来，耐心等待未来时机，这样做也说明对未来抱有希望，怀有信心。那么，他这种信心从何而来？

中国封建社会的历史虽然很长，然而暴政时间并不长。像秦始皇焚书令行 5 年，结果被两汉士人口诛笔伐长达四百多年。5 年暴政，被后人批了四百多年，这就是中国士大夫反暴政的传统。当年有些书像《诗》，因为靠口诵方式传承，这类书本是烧不尽的。这一点，汉代人心里比谁都清楚。在汉代人看来，问题不在究竟烧掉多少书；问题在于秦始皇焚书坑儒，是靠血腥暴力解决思想观念上重大分歧，这就是暴政。凡是暴政，必须反对。汉代以来的中国士大夫，两千余年间，从来都以反对暴政为荣。参与暴政，乃为虎作伥，与暴君一样遗臭万年。诚然，并非没有敢冒天下之大不韪而鼓吹暴政之人，究其原因，一是过于迷信手中权力，二是过于轻视反暴政传统之不可抗拒的强大力量。中国古代史反复证明，暴政总是无法持久，暴君终究没有好下场。戴文葆熟读史书，故而相信历史演变，相信"文革"这种全国性劫难迟早会有结束的一天。他把文稿藏匿起来，耐心等待来日，其思想基础就是坚信暗无天日不可能长久维持下去，历史的转机迟早会来。这也是懂史学的好处。

"检书代药，捧文熨怀"
——艰难的流放生活

《射水纪闻》不只是冒着生命危险谱写的正气歌，也是一个"文革"流放者心中流淌的伤心曲。作者在阜宁一个小厂，先做清洁工，后来一直做推销员，苟且度日罢了。这些伤心事，书中记录很少。本书各卷后面的"跋"，记述抑郁情怀较多，读者不妨留意。经劳改折磨以后，体质已弱，他经常生病。如 1972 年（壬子）清明后四日记；"时染外感，顽热不退，肢体如分解瘫痪也"。（291 页）又如 1973 年（癸丑）冬天，为工厂到东北推销产品，"中途两度呕血，跨越万水千山，是以心力竭蹶"。（221页）身处流放之地，只身孤影，又是疾病缠身，冤屈未伸，生活之艰辛，可想而知。

蛰居阜宁的艰难岁月，身心交瘁，有可能给抑郁心灵带来慰藉的，主要是读书与作文。他说：

> 伏处海峤，萧然独居，间涉陈编，黄卷中得与中外圣贤高士相对，如亲训诲，以自策励；复记闻见，用自娱悦。岁月易得，转眼又成《纪闻》三则，优哉游哉，砚城笔阵间诚别有天地耳。（335 页）

又说：

> 予以疲病，心纷如雪。青鬓暗换，朱颜憔悴。素琴尘封，情思寥落。居恒检书代药，捧文熨怀。（336 页）

检书代药，捧文熨怀。

成为阜宁流放生活的重要特点之一。

有书可读，有文可作，有时令戴文葆忘却蒙冤受屈之苦难，心里感到很快乐。辛亥年（1971）中元节（农历 7 月 15 日）夜晚他写道：

> 昨承竹园老人亲携史籍二十余册，枉顾敝庐，留供检读。屡辱过访，谬蒙眷爱，我得此犹如小儿得饼，忻感殊深。仅仅这本小书（按："小书"指《虾沟里乘》），便使我不知不觉地打发了一日两夜的时光。一卷在握，忘却了身在沧州。——啊，又欢快地过了一天，生活是多么地美好！（234页）

阜宁多故人眷顾，多乡亲关怀，《射水纪闻》屡记乡亲赠书之事。再如：

> 拾遗老人知予志在乡土，流离道途，犹访求闾史里故，乃特为发箧检赠旧藏光绪阜宁县志初稿一册，以供烟云之赏。予再拜而受之，灯下展诵，竟夕不倦，感忻良深。（112页）

在撰写方志的过程中，常常浮想联翩，给他带来美好回忆。记阜宁之寿安寺，不禁想起自己童稚时代的嬉戏之地。

> 予之未能忘怀于寿安寺者，并非琳宫梵宇，缁衣黄冠，而为殿后银杏一株，月门前紫藤一本。银杏植于明代，高可六丈余，干广三抱，特繁茂。春日开小白花，入秋结实累累。紫藤满架，浓阴一院，花时下垂一二尺，若无数小蝶成群飞

集。香色皆不凡。予儿时常嬉戏于树畔花下，乐而忘
返。……而今发带秋霜，旧国重归，梦魂犹不时回绕于谢家
桥之花树，故为文以志。（62 页）

《射水纪闻》两次记阜宁一位硕学名流——陈为轩。一次在
卷十，记陈为轩其人其事。另一次在卷十四，专门记陈为轩之
"野叟联语"，后面有一段回忆称：

> 忆予童稚时，屡随先兄沐华谒叟[⑪]，为之研墨提纸，观
> 其运腕挥毫。向阳宅第，墨香与烟香扑鼻；风流文采，学力
> 共腕力夺目。至所谈论，不甚了了。夫人系京口籍……予等
> 至时，每以茶点饼饵见饷。（291 页）

这类充满童趣的回忆，将作者带到天真烂漫的孩提时代，也
给寂寞苦涩的心灵带来一些温馨，一些慰藉。

与北京相比，阜宁书少，好书更是难找。不得已，戴文葆从
王国维《人间词话》抄读五代词，聊以开怀。然而，作者在《唐
五代词抄序》一文中，对自己抄读五代词多有自责之语：

> 噫！孰谓文章无关于气运哉？兹编之所录也，于社稷宗
> 邦何赖？于苍生黎庶何补？嗟乎！直以有涯之生命，为此无
> 益之嬉戏，殊可慨也！（337 页）

读五代词，为何自责为"无益之嬉戏"？原因盖在，五代词
多浓艳香软之语，倚翠偎红之作，故而说："于社稷宗邦何赖？
于苍生黎庶何补？"早已做了右派分子，又是劳改过的人，对
"社稷"、"苍生"仍旧牢记心间，不敢忘却。孟浩然本是他喜欢

的诗人之一。他在《孟襄阳诗抄跋》却说：

> 蛰处海隅，原著难求，仅此数页，殊可憾也！流连吟诵，亦且自警自振，知我者岂复谓予寄情闲散而已哉！（335 页）

孟诗为盛唐佳作，当然可读。不过，在儒家学者看来，君子遨游山林，并非长久之计。故而他读孟诗，怕旁人误解为"寄情闲散"，忘记了国家大事，忘记了民生乐苦。从上面两例，可知戴文葆蛰居阜宁时期的主要精神支柱为儒家学说。像"进德修业"，"明察知耻，尽所当为"等，无不来自儒家。"修、齐、治、平"以及"兼济""独善"之类，都是他头脑里根深蒂固的观念。

长期身处逆境，苦难看不见尽头，戴文葆害怕自己一蹶不振，意志消沉。1974 年 4 月为本书十一卷写《跋》说：

> 世态叵测，不求无谤，但须引谤为助，谤烈而吾修益谨。坚忍伉直，守志不移，地裂山崩，不可自乱凝定之志。又当时攻短阙，恭纳善言，修养在己，所争当在吾行之是非。超荣辱，出溺途，毋为胁肩谄笑之腆颜。由是观之，斯集如成，亦足为予遭际之一纪念也。（222 页）

写这段话的时候到阜宁已有 7 年。人们读了"不求无谤，但须引谤为助，谤烈而吾修益谨"这种话，就知戴文葆一介书生，为何如此坚强？他 1978 年复出时已经是 56 岁的老人了，驰骋文坛依旧意气风发，所向披靡。20 年噩运，历经磨难，为何能老当益壮？关键之一就是"谤烈而吾修益谨"。如此坚韧性格，终究是压不倒的，是摧不垮的。

我读《射水纪闻》，注意到两次提及戴夫人。一次是介绍阜宁小吃馄饨。作者宕开一笔，讲与阜宁无关的无锡崇安寺"王兴记馄饨店"，并说："该店女小主人与余妇幼时同窗共砚，余等每登楼座，辄承殷勤款待。一碗当前，清香爽口，……真可谓色香味俱佳矣"（352 页）。另一次是介绍糖芋艿。糖芋艿是江浙地方小吃，以无锡所产最有名。戴夫人是无锡人。戴文葆在此，并没有讲阜宁的糖芋艿，只是介绍无锡糖芋艿，其实是赞美戴夫人制作糖芋之手艺。最后说：

> 曩居北国（按：北国，指北京），菜市出售芋艿时，吾妇辄起早往购。儿女均爱食甜制。吾妻每称道其故乡调制之精美，而忆念梁溪（按：梁溪，即无锡）之风物也。（353 页）

文葆先生家庭分裂之事，有所耳闻。只是读了杨进《风雨飘摇的戴文葆》之后，才知原委。我心酸难抑，不禁悲从中来，久久不能释怀。于是，再次展读《射水纪闻》中记述戴夫人之词，似有所获。从文章写法看，作者两次谈到夫人，都是故意宕开笔墨，有意谈及；从文章逻辑都是可谈可不谈。因此我相信，这两处笔墨是作者对夫人真情实感的自然流露。言为心声，作者内心蕴藏着对夫人难以言状的思念之情。这也是他阜宁流放生活中难以解脱的一个心结。

读者还可以注意《射水纪闻》"自序"第一页，附有一家四口的一帧全家福照片，作者写的说明是"1966 年 4 月摄于帝京东城宅院。"在戴文葆心里，这是他完整的家；或者在他心里，家的概念就是这一帧全家福照片。另外，书中一篇讨论夫妇之道的文章，戴文葆说了这样一些话："恨缘爱生，怨因恩结，能突破此一网罗者亦不多见，"（158 页）"金疮可愈，心创难治，……噫，从来只有情难尽！"（159 页）这些话，我想也适用于他自己。由此看来，情感与理智的矛盾，家庭分裂的痛苦，深深埋在他心里。他的独特个性又是有苦不能诉，有痛不能抚，从而成为一种心结，至死未解，至死难平。

戴文葆何罪？戴夫人何罪？戴家儿女何罪？一位古代哲人说："天地不仁，以万物为刍狗；圣人不仁，以百姓为刍狗。"但愿在天之灵，治愈"心创"，和好如初，以遂未亡友人之望也。

2011 年 7 月写毕于山东大学望云斋

（作者为山东大学教授）

注释：

① 戴文葆著《射水纪闻》，河北教育出版社 2005 年版。

② 详见拙作《怎样理解编辑的概念》，原刊于 1987 年《编辑学刊》，以后收入刘光裕、王华良著《编辑学理论研究》（山东教育出版社 1995 年版）一书。

③ 据《射水纪闻》卷十三《淮浦报刊》："继问天主持《淮滨商报》编务者，乃一年方十六岁之少年，原在外县就读高中，因学校解散返里，以票友身份客串之。每晚收听武汉、福州、西安等处电台广播，记录各线战讯及其他国内外新闻，整理编排，规划版面。并组织稿件，坚持抗战宣传。其人目击乡里死气沉沉，自居世外；当政者颟顸腐败，因循昏聩，根本不知抗日自卫战争为何事。特撰文抨击县动员委员会，谓其只'动

员'几位豪绅、董事充当'委员',无所事事,非但未实现全面之民族抗战方针,即单纯政府抗战亦未做到。此文发表后,颇引起各界之反响。官绅皆侧目于作者;而城厢青年因有'救亡歌剧团'之成立,为吾邑第一个高唱抗日救亡之青年学生团体。《淮滨商报》鼓吹之力,不可没也。"(第 253 页—254 页)曲家源《戴文葆传》云"年方十六岁之少年"乃戴文葆自谓,笔者以为可从。按:戴文葆主持《淮滨商报》编务的时间是 1938 年初,"年方十六岁"是按农历算,以 1922 年为生年;若按阳历算,以 1923 年为生年,1938 年为十五岁。

④ 戴文葆《射水纪闻》,河北教育出版社 2005 年 7 月版,第 1 页。以下凡引本书,只注页码。

⑤《戴文葆传》作者曲家源先生为《射水纪闻》书稿的整理者。为整理书稿,戴文葆通过许多书信向他说明情况,或回答问题,故而《戴文葆传》中保存了有关传主生平的诸多材料。或许因为急于纪念逝者,材料未及查证核实,误记之处甚多。

⑥ 杨进《风雨飘摇中的戴文葆——痛读五十年前的信》,《出版博物馆》2009 年第 3 期。以下引杨进文字皆出于该文,不另注。

⑦ 据《射水纪闻》卷十一《杏仙残稿》记作者与盐城中学老师江重言话别:"庚辰(1940 年)二月某日,予应召往东街其宅午餐。餐后握别,予即离阜往南,跋涉山河,迄未把晤。"(213 页)。

⑧ 戴文葆在重庆事迹据曲家源《戴文葆传》,及《号角与火种》一书所载《〈中国学生导报〉在战斗中发展壮大》(作者杜子

才、戴文葆、李湜）。

⑨ 祖逖，字士稚，西晋人，《晋书》卷 62 有传。"击楫中流"为祖逖带兵北伐平乱事，详见本传。

⑩ 班超，字仲升，东汉人，《后汉书》卷 47 有传。"效命绝域"为班超奉命出使西域事，详见本传。

⑪ 戴文葆之堂兄戴龙宝，字沐华。"谒叟"，意为拜访陈为轩。陈为轩，号野叟。

戴文葆研究的价值认同与路径选择

李　频

　　戴文葆先生去世已经三年了。在他生前已有少量介绍其编辑出版业绩的文章，在他去世后，政府有关部门主持召开追思会，号召全国出版界向他学习。大概学习者均将学习落实到实际工作的缘故，学习和研究戴老先生的文章不见增多。其中原因当然是多方面的。在新兴的编辑出版学科中出现这一现象，我个人以为是值得关注的。不仅愧对戴老，而且于学科发展极为不利。当前戴文葆研究在我看来应该解决两个问题：价值认同和方法路径。这两个问题相互关联：价值认同为研究提供动力源泉和方向指引，是方法路径求索的基础；正确的方法路径又为揭示编辑家戴文葆的价值形态，解释其价值形成提供具体的方法保障。

　　戴文葆研究的价值认同的基础是对戴文葆的价值判断。其价值判断可以也应该有多种途径和多样化的方法。其中之一当简捷而有效，他是首届韬奋出版奖的获得者。他在获奖答谢辞中说："从人民出版社成立的第一年起，我就是该社的政治书籍编辑，不久又是生活·读书·新知三联书店的编辑。"① 他的一生，见证了共和国政治、文化书籍的出版史。就研究对象而言，这构成戴文葆研究的逻辑起点。

戴文葆在家中与朋友交谈

　　从这一逻辑起点出发，可展开出版史和编辑出版学学科史两个维度的思考。就学科史而言，因为政治、文化书籍出版的复杂性，已有的编辑出版学研究徒有热闹乃至繁荣的表象假象，真正导入政治学、文化学学科方法来研究，或深层触及政治、文化出版物本质，以及这种出版活动形态的内在机理的研究很少。这正显示了戴文葆研究显性的在一定意义上又是潜在的价值。这是联系编辑学研究现状而就戴文葆研究展开的价值判断。就当代中国出版史而言，见证共和国政治、文化类图书出版史是编辑家戴文葆的价值领域，一个思想者伴随着共和国政治、文化类图书的出版历程才是编辑家戴文葆核心价值的实质。当然，戴老到底如何以思想者的身姿伴随着共和国政治、文化类图书的出版历程，他为新中国政治、文化类图书出版到底做出了哪些贡献，以及如何做出贡献，还有待通过精细的研究来实证来揭示，但肯定戴文葆为出版界的思想者当无疑义。基于戴文葆为当代中国出版领域的思想者，便可以假定：身居人民出版社和生活·读书·新知三联书店的戴文葆为新中国政治、文化类书籍的出版做出了颇有价值的贡献。

我于上个世纪 90 年代中期开始与戴老交往。除了他逝世前身患重病后的我两次携太太拜访时让我看到的是另一个戴老,在我记忆中永驻的是激情、睿智、重要事情审察周详而又锋芒毕露的戴老。我将戴老类归出版领域的思想者即由此而来。

1988 年 12 月,戴老将新时期所写的有关文章结集为《寻觅与审视》,他在该书《自题敝帚》中说:

> 本来,每个人都拥抱一个梦,经济学家称为欲求,伦理学家称为理想,总之,是个萦绕心头的梦。色彩迷离无常的人生之旅,不就是寻觅再寻觅,审视又审视?大道多歧,达到或失落,是对还是错,流光不容多唠叨,只有随着涌湍的激浪继续去寻觅、去审视。翻检近年部分杂稿,我又看见了自己。在这字字行行间,有我寻觅的足印,审视的目光。又是一长串岁月消逝在背后了,我究竟在哪里?……
>
> 不禁举手问天,云海苍茫,我怎样去找到一个再出发的起点呢?[②]

这是戴老作为思想者的问题。诸多编辑出版学者大概忽略了,或者没想到年近七句的戴老会在自己有关编辑出版工作的文集的卷首提出这样根本性的哲学问题。

戴文葆于抗战后期在重庆复旦大学完成政治学学业。社会科学的严格训练与抗日救亡的社会实践培养了他深刻的社会洞察力,编办《大公报》等报刊多年,又强化了他晓畅、平易的书面表达。因而,他深刻的思想观点总要言不烦、切中肯綮,让人读后击节赞叹:

论待遇，就查看编辑居什么官职；谈责任，就要求编辑能安邦定国。有些长者尊者住在左家庄公馆里独自忧国忧民，不免黯然神伤，因而对编辑责望过殷。乌比诺的维拉斯躺在床上未穿裤子，编辑要去管；达·芬奇画笔下的丽达赤身裸体依偎着大鹅，编辑应该去干涉，各式各样的人道主义（也包括革命人道主义在内么？）为劫机犯所利用，编辑罪该万死……③

这就是戴老作为思想者的话语，一个学贯中西的思想者的话语。

说起出版领域的思想者，当然首推韦君宜及其《思痛录》。但韦君宜只有一个，韦君宜更非评测其余的唯一标准。相比韦君宜，戴文葆作为建国前奋斗在国统区，建国后被打成"右派"的编辑家，其思想方式及其表达更有代表性和典型性。俏皮和隐喻中包裹的犀利正是他明察语境关系后的话语方式。单从语言智慧的角度表象地看，难免看不到内在的戴文葆，正如如果只以新时期公开面世的出版物为视域，看不到一个全面、深刻的戴文葆。更全面深刻的戴文葆目前只存在于与戴老密切交往者的心里，当然也可能多少泄露在戴老致友朋的书札中。

1986 年在三联书店出版了戴老的书评集《新颖的课题》。他在《自序》中说：

这里选存的拙作，是三个时期中所写的书评：解放前在重庆和上海写的；解放后至一九五七年在上海和北京写的；党的十一届三中全会前后回到北京写的。由近及远，分为三辑；各辑之内，仍以时间先后为序。选存的译文，则另立一辑。三个时期中所写的论文、杂文、札记、小品以及资料等等，十数倍于此，大都是遵命之作，又不属于书评，概未录取。④

这语段向戴文葆研究者提示了两点：其一，"十数倍于此"所隐含的著述量。有知情者估计达千万字。这是需要详尽、细致地整理出版的，不整理出版（至少应择要整理出版），难窥戴文葆实践和思想的全貌。其二，戴老一生著述、编辑工作的三个时期所见证中国现代出版史及其出版业态变化与社会变迁的关系。

1998 年我主持北京印刷学院出版系时，曾主办一期北京地区编辑培训班，我曾请他来讲课。他满口答应，并自定题目"我所见、所在、所理想的出版社"。我内心惊喜，但到场演讲时，他自己又换了题目。"所见"指建国前 40 年代的出版社，"所在"指五六十年代的人民出版社、三联书店、文物出版社、中华书局等，"所理想的"呢？那是他以为不该在大会公开场合说给年青的编辑的。我由此深切地感知到，戴老是思想者，更是一个本真的共产党员。我事后多年才领悟戴老给我的治学方法启迪：打通三个时期整体观照当代中国出版业，整体观照中国当代出版史。

戴文葆"文革"中留影

研究戴文葆的基本路径就是，在 20 世纪中国社会变迁中审视 20 世纪的中国出版业态变迁，在 20 世纪中国出版业业态变迁中考察戴文葆的社会认知和编辑出版行为，以及基于其社会认知和出版行为而形成的出版物。社会变迁——出版业变迁——戴文葆，是戴文葆研究过程中逐渐收缩的三个层次，逆向地看，则是以戴文葆为视角而逐渐拓展、深入的"扇面"，在厘清戴文葆编辑认识、实践的基础上，进一步探究其认识、实践的社会根源，其编辑出版实践的传播效果也在出版业态变迁和社会变迁的视域中考察。这样的研究路径选择，或许能更好地保证逻辑的可信性和解释的有效性。

在一个更长的时段中研究戴文葆，在社会转型的视角下研究戴文葆才能理解戴老"我究竟在哪里"的叩问，才能理解戴老年近七旬还苦苦寻觅"去找到一个再出发的起点"的焦虑。

戴老曾告我，"七君子"中，他唯一没有见过的是邹韬奋。但他编选了三卷本《韬奋文集》，此书于新中国知识界影响甚大。戴老将《〈韬奋文集〉编者的几点说明》收入个人文集《新颖的课题》。在收入个人文集时，他加一附注："《韬奋文集》三卷本，长江同志主编。作为导言的《韬奋的思想的发展》即为长江同志所作。我是这个文集的助编。"⑤到底该如何看待戴文葆对《韬奋文集》的编辑贡献呢？戴老在编选该文集的"说明"中说："本文集所选录的散篇文章以及专著，其中某些文句或个别篇章，我们认为现时已无收集及保留的必要，而又无损与整个作品的内容精神的，也有几处做了小小的删节。""本文集的整理工作，主要是改了一些显著的错字和不通用的标点符号，原文发表时偶有错排者，也做了三两处小小的增删。"这些增删的具体情况如何？从一个更长的时段看，这些增删对韬奋真实思想的传播到底产生了什么影响？这是只有导入社会转型的视角才能超越一时一地的是非判断，更透彻清晰地把握戴文葆编辑工作的本质意义的。

从时间维度明确了三个时期，从研究对象的结构层面明确了三个层次，就可以基于层次和时期的矛盾关系提出戴文葆研究的核心问题：戴文葆编辑实践的阶段特征及其变化动因是什么？为解析这一核心问题，可将其分解为三个小问题：起点问题、高点问题和互动关系问题。

起点问题回到前述的逻辑起点，为什么偏偏是戴文葆被选送到人民出版社担任政治编辑？尽管建国初期大批干部潮流般涌入首都，但既然是人物研究就不能不把戴老调京作为问题提出来考量当时的出版业态及其对对出版人的影响。我由此想到的是，戴老患病之前的好几年清楚地告我说，《大公报》1949 年社论是他写的。能在那一时段的《大公报》谋职者，何人？能写那一时点的《大公报》社论者，岂是等闲之辈。戴老出生于 1922 年，写那篇社论时 27 岁。他"调京"是因为有此等才华而受到重用吗？提出起点问题，并非着意放大"调京"的转折意义，更主要地想借此把戴老自述中的第一、二两个时期联系起来，

高点问题指戴文葆的成就问题，具体而言，戴文葆编辑出版的突出贡献是什么，有哪些？或者说，独到成就是什么？党和政府给予了戴老相当高的政治荣誉，这相当高的政治荣誉是以其相当的高的编辑出版成就为依据的，那么，他特有的成就是什么，这就是高点问题的由来。这高点问题如果硬要与起点问题呼应的话，可称为终点问题，因终点问题有一定的模糊性，故称名高点问题。

由高点问题，我首先想到的是一位出版界领导告诉我的一个

情况，上世纪 80 年代初，中国出版界开始编辑系列的职称评定工作。就出版系列是否有必要设立独立的职称系列，文化部和人事部有分歧，人事部的意见是，编辑工作没有创造性，不需要单独设立职称系列。文化部出版局将戴老的自传和几篇审稿意见、与作者通信呈上，国家人事部有关人士看后心悦诚服，设立了编辑出版职称系列。《中国出版》的前身《出版工作》1983 年第 6 期加编者按语发表了戴老的《业务自传》。选戴文葆材料上报而不另选他人，当然难免有一定的偶然性，但如何评估这种偶然性背后的必然性呢，此事如果不足以成为戴文葆成就的高点，也应该说是他个人在出版界中独一无二的亮点吧。

曾有人提出"三联的成绩离不开前总经理范用，也离不开戴文葆"。⑥这观点未必引起了出版界的注意。笔者以为这观点是值得注意更应该讨论的。戴文葆先后任职、谋生于人民出版社、中华书局、文物出版社、三联书店，为何独提三联书店？这里所说的"三联的成绩"是否有时段，是哪一个时段？其次，将戴文葆与范用相提并论的事理逻辑依据是什么？戴文葆对三联产生了影响是无疑的，但影响显然难以与范用等量齐观，岗位不同根本性地铸就了范用、戴文葆对三联书店、人民出版社整体影响的差异及其程度。如此辨析，丝毫无意否定范用与戴文葆相知、互助一生的编坛佳话，而重在思索、求解他俩同为真诚的共产主义战士、同为编辑大家的出版思想、编辑个性差异。

一个编辑出版家的存在价值根本在于编辑出版的作品。确立一个编辑出版家的成就高点当然首先应该锁定其编辑出版的代表作。那么，戴文葆编辑出版的代表作是哪些呢？要回答戴文葆编辑出版的代表作问题，首先要回答像戴文葆这样的政治、文化编辑的代表作的标准问题，只有确定了标准，才能选出相应的代表作。选出代表作后，如何认定其编辑贡献也颇不容易。"文革"前编辑《谭嗣同全集》、《袁世凯演义》、《蒋介石言论集》等属于奉命而为，新时期编选《胡愈之文集》《胡愈之出版文集》《胡愈之译文集》是奉命而为，人民出版社 1992 年出版的《宋庆龄选集》的编辑工作他耗费了诸多心血，但他仅仅在该书后记的"参加具体编辑工作"人员名单中有名字。1999 年人民出版社出版的《宋庆龄书信集》他是位列第一的编委，该书后记中说及他一句："戴文葆为原信做了注释。"该如何解释注释的编辑创造性？这些书能算、该算戴文葆编辑出版的代表作吗？算和不算都应该做出翔实的理论解释。以戴文葆为案例思考、求解这样编辑出版学的基础理论问题，正是编辑家戴文葆研究的挑战性所在，魅力所在。

新时期的戴老还花了相当多的时间和精力研究编辑出版理论问题。《中国大百科全书》第一版的《新闻出版卷》的编辑、编辑学两个条目就是他执笔写就。他后来还选择性地以古代编辑出版人物为单元对编辑史做了他自己的梳理，他史论结合，是中国编辑出版学学科史上开创期的代表人物，如何估量、评价戴老对编辑出版学的理论贡献，也是戴文葆研究不宜回避的。

互动关系问题。这里的互动指戴文葆与社会的相互影响：一方面，戴老生活、工作于其中的社会以某种方式和途径规约、影响了他的编辑出版工作；另一方面，戴老的编辑出版实践又产生一定的传播效果推进了社会的进步、观念的更新、学术的发展。

这当然只能是就普遍而言的一般的理论说明，理想的戴文葆研究
应该以实证的方式将此具体化。结合他某一时期某一出版物的编
辑出版工作做出图书出版与社会发展的实证性说明。有观察者说
"从戴文葆编辑的《谭嗣同全集》、《袁世凯演义》、《蒋介石言论
集》等书籍来看，他偏重于史学。他想从中国历史文化的积淀中
为人们提供更多的值得思考的东西。"[7]说戴老"偏重于史学"未
必全面准确，推测"他想从中国历史文化的积淀中为人们提供更
多的值得思考的东西"当可信可行，他 1980 年以郁进的笔名为文
物出版社编辑摄影集《长城》也可作如是观？对戴文葆的类似观
察不可局限于此。戴老关心学术矢志学术，但并非专门的学术编
辑，他的一生满怀热切的现实关怀。从社会现实出发，借图书知
识传播以推动社会进步是他坚定不移的理念。因此他在上世纪 80
年代极力推进严肃的性学著作的出版。吴阶平带领一批医学专家
编译《性医学》出版后，戴老 1985 年在《读书》撰文《性知识
的传播应受重视》予以评价。并在文章开头明确指出："如果审
视一下 1979 年实现历史的伟大转折以来，我国思想学术界有哪些
重大的变化，打开了哪些禁区，那么吴阶平教授主持编译审校的
《性医学》一书的出版，将会被认为是重要的标志之一。"[8]1988
年三联书店重印胡仲持 20 世纪 20 年代的旧译本《结婚的爱》，戴
老撰文《性爱　旧译　新读——玛丽·斯托泼和她的〈结婚的
爱〉》。三联书店重印潘光旦的《性心理学》，戴老又写了《性
学　杰作　精译——〈性心理学〉潘光旦译注本评介》予以推
荐。于此书的出版，有如下记载：

　　潘光旦翻译的佛洛依德《性心理学》，三联书店再版，

戴文葆做责任编辑。他查原书时发现，爱丽斯序言的后三个自然段，有关爱丽斯对佛洛依德的评价部分，潘光旦没翻译。为了要让中国读者了解佛洛依德在其领域的贡献和局限，不至于产生迷误，他请人重新翻译了序言的后三段。戴文葆不仅关心书籍的学术价值，还尽可能地关心读者分析力的全面提高。⑨

值得说明的是，图书传播效果的研究尚处于摸索过程中，传播效果的考量指标与考量方式均有待从基础理论层面开掘、建构。如在戴文葆研究中开展这方面的积极探索和有效尝试，则有益于编辑出版基础理论建设。当然，更应该关注、清理的是，戴文葆作为出版界的思想者，其编辑实践的行为逻辑是什么？这一问题本身隐含着一个假设、一对矛盾。一个假设是，戴文葆作为出版界的思想者，编辑实践均有他自觉的理性认知。一对矛盾是，思想者特立独行，编辑出版者要遵循出版规范及其相应的意识形态制约，特立独行的思想与出版规范之间的矛盾冲突及其平衡化成为对有思想的编辑出版家智慧的严峻考验。戴文葆诚然是久经考验才成为令人尊敬的戴老的。但戴老是如何一步一步走过来的呢？出版物的个性诚然浇筑作者和编辑共同的创造性，但破译出版个性的重心所在，在于由物及人，由结果反观过程，解析其背后的编辑出版者行为逻辑。

戴文葆编辑实践的行为逻辑实为戴文葆编辑个性的本质，是否存在，权当假定。说戴文葆的编辑实践均有他自觉的理性认知当是不错的。兹举一例。胡乔木 1984 年 1 月 3 日在中共中央党校发表《关于人道主义和异化问题》的重要讲话，最初发表于中央党校主办的《理论月刊》1984 年第 2 期，《人民日报》和《红旗》杂志转载，人民出版社不久将此单篇论文出成专书。戴老在当年 2 月 2 日就该书的编辑问题撰成专文《怎样把书编印得更好些》发表于《出版工作》当年第 7 期，戴老"探讨和磋商"的当然只是"一些纯属业务技术的问题"，但意味深长地留下了他在新时期中国重大思想理论问题讨论中的身影。他在文章中说：

> 我有一个体会，编辑汇编本以及单篇本，是我们在实践中掌握编辑业务技术的一种小百科全书式的训练。

> 把汇编本稿件放在加工整理工作中来看，他涉及的编辑业务和出版技术问题是各种各样的，因而说它是"小百科"式的，具体说来，首先确定主题，选取材料，安排编次，接着加写说明、按语、注释、核校引文、事实、数字，整理文字，厘订标点，最后慎重考虑书名怎么取，前言、后记或出版说明怎么写，以至全部材料的标题、出处的格式，文中人物、事件年代及外文的写法等等，桩桩件件，无一不在编辑脑中反复思虑。因此，做好汇编本以及单篇本的加工整理，对于我们编辑同志的自学是很有帮助的，对于我们的业务工作也有促进作用，有利于提高出版物的质量。

如许因小识大，不能不让人感佩戴老的专业认知。

编辑互动问题研究的本质是编辑社会关系研究。而编辑社会关系研究的焦点是人物关系研究。在戴文葆研究中，戴老与胡愈之、金仲华、巴金、吴晗、季羡林、陈原、王子野、范用等是值得关注的重点。戴老曾回忆：

仲华先生是我老师一辈的人，在他的关注和指导下，那时我成为《世界知识》的经常撰稿人。我常被约到他的办公室内，听他出题目，提要求，还给我一大叠外文报刊资料，限期写出或译出文章来。⑩

收入《新颖的课题》中的译文《斯大林印象记》触摸了斯大林性格的复杂性，就是金仲华交代戴文葆翻译的，并发表在 1946 年 12 月出版的《世界知识》第 14 卷第 16 期。

由于领导的指示，《中学生》编者欧阳文彬同志经常向我约稿，指派我写些国际时事评论。当时文彬同志与我都是年轻人，她的质朴认真的态度，给我印象很深。她打了电话来，我就遵嘱写稿。

戴文葆因此成为《中学生》的作者，戴老晚年回忆说：

记得我写过《伟大胜利的一年间》（第二二八期）、《伟大十月革命三十三周年》（第二二九期），以及关于国际民主青年活动的综述等文。

在如此广泛、纵深的社会交往中考察研究戴文葆，既丰富了戴文葆研究的内涵，也可以促进研究的深化。

戴老患病前，东北有一家出版社有意为戴老出版三卷本文集，戴老欣喜乐道。惜后来没有下文，徒增了戴文葆研究的难度。戴老研究资料，其散逸者不知多少。戴老自己就说：

1947 年 3 月下旬，仲华先生和朱育莲同志编绘的《第二次大战后世界政治参考地图》出版，特意送我一册，要我撰文介绍。我清楚地记得曾发表一文，可是至今尚未查出。

不管怎么说，戴文葆是当代中国出版领域的思想者，在中国社会变迁中审视 20 世纪的中国出版业业态变迁，就绕不开戴文葆。

（原载《盐城师范学院学报》（哲学社会科学版）2012年第 1 期，作者为中国传媒大学编辑出版研究中心常务副主任）

注释：

① 戴文葆著：《寻觅与审视》第 650 页，中国华侨出版公司 1990年出版。

② 戴文葆著：《寻觅与审视》第 1 页，中国华侨出版公司 1990 年出版。

③ 戴文葆著：《新颖的课题》第 XⅥ页，三联书店 1986 年出版。

④ 戴文葆著：《新颖的课题》第Ⅶ页，三联书店 1986 年出版。

⑤ 戴文葆著：《新颖的课题》第 295 页，三联书店 1986 年出版。

⑥ 落瑛著：《漂泊的舟》第 23 页，（香港）华南图书文化中心1993 年版。

⑦ 落瑛著：《漂泊的舟》第 23 页，（香港）华南图书文化中心1993 年版。

⑧ 戴文葆著：《新颖的课题》第 169 页，三联书店 1986 年出版。

⑨ 落瑛著：《漂泊的舟》第 22 页，（香港）华南图书文化中心1993 年版。

⑩ 戴文葆著：《新颖的课题》第Ⅸ页，三联书店 1986 年出版。

戴文葆先生与编辑史研究

章宏伟

戴文葆在编辑学兴起之时，通过对历史与现实的综合考察，在借鉴前人研究的基础上，把张扬传统与顺应学术转型的实践结合了起来，开拓了一个崭新的领域。

1984年9月下旬内蒙古社会科学院在呼和浩特举办编辑学与编辑业务讲习班，戴文葆应邀在讲习班上讲授了《编辑学与编辑史初探》，从编辑史的角度对编辑学进行观照。因为这次讲课，奠定了戴文葆在编辑史、编辑学研究中的方向和地位。

在1984年，关于编辑学、出版学的讨论刚刚兴起，对于编辑、出版，人们几乎没有史的意识和概念。戴文葆凭着对学术的敏感、远见卓识，以及雄厚的史学知识积累，毅然地选择了编辑史这个从未有人涉足的领域方向，开始了拓荒工作，奠定了自己学术上的重要位置。当时编辑学的先行者们表现出了对编辑学学科建设的使命感和责任感，他们率先将自己多年积累的编辑经验经过理性思考和理论升华奉献出来，但多数还侧重于对编辑实务、编辑过程、编辑经验的描述和总结，而戴文葆最早产生了编辑主体意识，因而在编辑学初兴之时，他就选择了编辑史的课题，试图通过探讨历史上和现实中编辑活动产生、发展演变的规律，来揭示编辑活动的本质、特性等深层次问题。

当以后学界讨论编辑学的知识体系时，就很自然地趋同认识到，编辑史、编辑业务知识和编辑理论知识"是编辑学的不同层次的知识"，"编辑史研究编辑活动的发展过程及其规律，反映不同历史时期的编辑思想、编辑理论和编辑实践活动。编辑业务是编辑实践中的应用知识，包括编辑过程中各环节的工作原理、方法和其他有关的知识技能。编辑理论是在编辑史和编辑业务研究的基础上进行抽象、概括所得出的基本范畴、基本原理和基本规律"。编辑史成为学界认知中编辑学范畴内的一个重要组成部分，成为一个编辑工作者须知、应知的知识，戴文葆的首创之功与不懈努力，无疑是重要原因。

戴文葆认为，中国的编辑活动有悠久的历史，历代都有编辑活动。他主要运用历史方法，以历代编辑家的编辑思想和编辑经验为对象，对编辑活动作动态考察，了解其发生、发展的历史过程和规律，并根据历史发展线索来安排理论体系和各个概念、范畴的逻辑顺序。通过具体的编辑家、编辑事实，论证编辑的科学性和理论性，论证编辑科学的深厚基础存在于编辑活动的丰富历史之中。

戴文葆说："我国历史悠久，积累了大量的优秀的文化遗产，这和历代都有大编辑家产生大有关系。正是由于历代大编辑家的努力，经过他们辛勤地整理编订，有卓见地搜集选存，甚至贡献了毕生的精力，我国才成为世界上文化典籍和历史文献最丰富的国家。"戴文葆在《编辑学和编辑史初探》讲稿中，先以"编辑史初探"为题设一节，按历史的顺序纵述中国编辑发展的概括，再以孔子编《春秋》等、吕不韦编《吕氏春秋》、刘向刘歆父子编《七略》、萧统编《昭明文选》、赵崇祚编《花间集》、陈子龙编《明经世文编》、纪昀编《四库全书》、魏源编《海国图志》和《圣武记》为主线，旁征博引，叙述了我国古代典籍编辑的源流及其意义，同时又引述我国古今有关论述这些典籍的篇章来考察和评论古代典籍所赋予的时代特点和学术渊源，实际上已奠定了以后他写《历代编辑列传》的基础。戴文葆在这里还特意讲了"恶劣型的编辑工作，和干这种恶劣编辑工作的个别人"，并举爱新觉罗胤禛、苏舆两人为例。

从 1986 年起，戴文葆进行的专人专题研究"历代编辑列传"，由《出版工作》连载。《历代编辑列传》从编辑出版的视角分别为中国历史上 37 位编辑家立传。他们分别是：孔丘、吕不韦、刘安、刘向、刘歆、班昭、许慎、刘义庆、萧统、徐陵、颜之推、僧佑、欧阳询、房玄龄、刘知几、吴兢、杜佑、赵崇祚、李昉、欧阳修、司马光、李焘、朱熹、袁枢、元好问、欧阳玄、王祯、解缙、徐光启、冯梦龙、陈子龙、顾炎武、黄宗羲、方苞、姚鼐、纪昀、章学诚。这些传主以前的定位是思想家、文学家、史学家、教育家，均在各自的领域取得了瞩目的成就，戴文葆本着批判、继承、古为今用的原则，从他们所处时代的实际情况出发，从编辑出版的角度，描述了他们生平的经历和他们编辑的主要作品，指出他们在编辑工作中所显现的编辑思想，所开创的编辑体例、编辑方法对于中国传统文化连续不断发展的重要作用，以及政治、经济、科学技术对他们编辑活动的影响。通过个案研究的方法，梳理了历代编辑工作的发展与规律，发掘出了我们通常了解的思想家、文学家、史学家、教育家的另一角色——编辑家。戴文葆旁征远引，着力阐述，既博采各家成说，又细心揣摩，抉微发隐，把各家对这些编辑学说的阐释与个人的理解结合起来，全面梳理古代编辑发展的历程，既着眼于各时代的历史背景，强调每个编辑的个性，力图寻绎各家的编辑活动与编辑主张，广泛涉及各家的思想理论，勾勒出了编辑史的发展脉络，发掘出一批湮而不彰的编辑史资料。虽然不以"编辑史"题名，实际上就是一部以人物为主线的中国古代编辑史。《历代编辑列传》是我国最早也是最系统的研究中国古代编辑史的著作。

戴文葆选择的历代编辑显然还是编、著、校合一的编辑，属于著作性质的编辑活动和属于非著作性质的编辑活动尚夹缠不清，编辑史与编纂史也难免混杂在一起，这是编辑史草创时期的问题，直到今天，问题依然存在。林穗芳曾经指出，保持概念一致的研究方法，应当是适应一切现代科学的研究方法。编辑学要研究历史上的编辑活动，如果承认编辑史是编辑学的一部分，编辑学和编辑史中的"编辑"概念就应当一致，编辑学作为现代新兴学科无疑应当建立在现代编辑概念的基础之上。

戴文葆关注编辑成就主要在传世之作。这是他对编辑史认识的起点，也是给现实编辑工作的启迪。精神生产的成果要为社会所享用，为后世所享用，就离不开传播和积累。编辑工作必须重视图书质量，将多出精品作为自己的编辑目标。优秀作品对精神产品生产过程具有重要的示范和影响作用。从编辑工作发展的历程来看，历朝历代都有优秀的典籍问世，推动着社会文化的发展。戴文葆认为，编辑无论身处什么时代，身处什么样的体制之下，都必须把质量放在首位。"我平日不注意什么体制。李世民、赵炅、朱棣、弘历也搞出版，还编出几部传世的书来，他们有怎样的体制框架呢？我关心的是质量问题，任何体制都应该把出好书放在第一位。质量代表国家的形象，体制的改革必须围绕着保证质量、提高质量转。"这不仅是戴文葆对编辑史的洞见。改革开

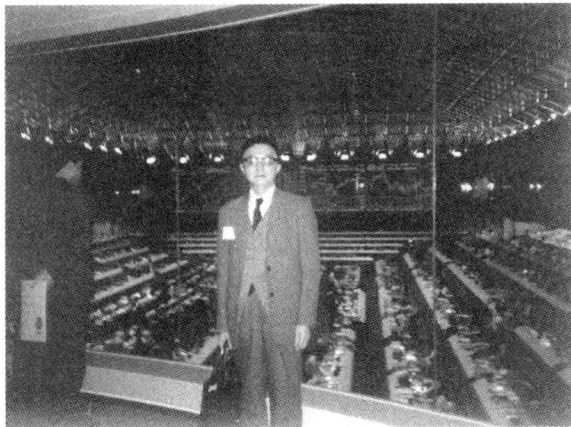

戴文葆出访日本时留影

放后，戴文葆敏锐地看到在计划经济向市场经济转变的过程中，一些"黑色"、"黄色"不健康的书籍开始大量在社会上出现，所以他及时的提出"质量第一"是编辑工作中永远不变的主题。当时的出版工作，强调的是把社会效益放在首位，实现社会效益与经济效益的结合。戴文葆编辑史研究始终贯串着这个基本思想，把文化提到编辑工作灵魂的高度，对图书质量提到无比重要的地位。他选择介绍的历代编辑，都以编辑精品佳作造福人类，编辑传世珍宝光耀千秋。

《历代编辑列传》时间跨度长，从先秦的孔子到清代的章学

诚，如果不是对中国历史有通识，并且极为熟稔，是断断不可能写出这么通贯的编辑史的。时间跨度上下几千年，展现出中国古代编辑的发展历程。戴文葆重视史料的搜集、整理与考证，从戴文葆的文章中，常常可见他深厚的考证功力和突出的成绩。他所用的材料，有些是经过辨析借助他人的研究成果，更多的是由自己搜集、整理和考证过的。

《历代编辑列传》在史识上的探索和实践。中国古代编辑有客观的源流演进的历程，戴文葆的探求，有助于认识编辑自身的历史，进而总结某些规律，为当代编辑事业提供某些借鉴。阐释编辑事业的演进离不开编辑演进的背景，联系当时社会的经济的、文化的、艺术的一般状况，在论述某些编辑现象产生的原因时，开始注意从背景上加以探讨。把编辑赖以产生的背景看成是贯彻历史唯物主义的重要内容。《列传》给了传主恰当的历史定位，并对其编辑实践与编辑思想作了独到的评述。

戴文葆认为："编辑工作在人类文明史上所起的作用是不可低估的。最古的文献，最初的书籍，之所以能够集成和保存下来，是靠着编辑工作。近代文明的发展，科学化程度愈高愈离不开编辑。"在这之前，编辑出版界对自己的定位是自甘隐匿，为人作嫁。而戴文葆的编辑史研究，揭示、唤醒了中国编辑的主体意识，这是一次具有历史意义的编辑意识的升华。当时人们可能意识不到，二三十年后的今天，才为我们所认识。思想者的先觉，总是在后来者那里得到追认。

（作者为故宫博物院故宫学研究所所长）

与岳父一起生活的日子

付清远

　　岳父戴文葆先生离开我们已经 4 年了，我和老人住在一起生活的日子虽然仅仅 5 年，但老人给我的印象却很深、很深。他虽然早已离休在家，但他每天绝大多数的时间都是在他的书桌前看东西，写东西。尽管晚年由于小脑萎缩，他仍然还在利用头脑清醒的时间想他编辑工作和为同仁特别是年轻的同仁写东西，即使在他头脑不清楚的时刻，他仍然下意识用他的笔和纸忙碌着。他是一个在文字工作中闲不住的老人。

　　岳父对我这个女婿还有着另外一种感情。他喜欢从事专业工作的人。我和杨新的结合，罗哲文先生是红媒。罗老是岳父的挚友，是罗老亲自登门向他介绍我这个八旗子弟后裔，包括我的家庭，我的工作和我的为人。因为罗老和我的忘年之交已经三十余年，从我由承德文物局到国家文物局和中国文化遗产研究院担任总工程师工作都给予我长辈和师长的关心和支持。就是因为罗老的介绍，岳父对我这个在承德长大的孩子可以说十分喜欢。从我第一次见老人，第一次与全家见面，第一次为全家做菜、做饭以及我曾经在河北日报短暂的记者工作和"文革"中家庭的不幸等，老人似乎觉得我比他的儿女更是他生活情感交流的知音。

左罗哲文，右戴文葆

　　岳父爱书到了痴迷的状态，家里到处都是书，当年他从东单搬到和平里的时候，什麽家具都没带，却装满了三卡车书籍到新宅。他十分珍爱朋友送给他的书，他把常用的书放到十几个大书柜里，那些出版社送给他的书刊只好堆放在地上。我有一次让他有些不高兴，就是因为我把厅里东南角沙发处的书籍整理了一下。后来我才知道，他在查找资料时，由于挪动了放书的位置，成了他不好查找的原因。从那时开始，他的书我可以随时翻阅，但看过后必须放回原处。

　　岳父去世后，我一个人用了三个月的时间清理老人的书籍，信件，手稿和照片。他来往信件多达上千封，当然这是他特意留下的。他的文章、书籍、手稿可能由于晚年的病因，放在好几个柜子里，我把这些能保留下来的手稿细心整理了一遍，单独放到一个柜子里。他的手稿十分工整，尽管是在八开或十六开稿纸上用圆珠笔或钢笔书写，但都是正笔楷书，透着他的严谨和秀气。在他受到不公正待遇时期，他曾经抄写了鲁迅先生的著作并自制成线装书，这本手抄本已被鲁迅博物馆收藏了。

他有两样几乎每天都要使用的东西，就是笔和纸。他的剪报多得不计其数，大到整版的文章，小到火柴盒的片语，这些剪报大多数是他认可和研究的学术观点，这也是他知识丰富的来源之一吧。

他写东西著述廉明、不思索取。他为同仁写书评或文章毫不保留自己的观点，真诚、真实、从不做违心的评述。而且对他评述和介绍的对象是经过深思熟虑，他认为一些不妥当或不认同的，他也是毫不掩饰他的观点。包括他在来往信件中所表现的不赞同态度的文字。他在编辑工作中，为了能够准确的把一些事情搞清楚，有时不惜花美元到香港和国外购买资料。有时为了一些历史情况，他给许多老同事写信，确认当时的情况。

他为别人作序、写书评很多很多，但他对自己的著作却很少向我提及。只是在帮他清理他最后的方志著作《射水纪闻》的手稿时才告诉我，这是他在浩劫年代蛰居老家阜宁十年，但没有提及"文革"任何文字的歌颂和怀念家乡的著作。《号角与火种》、《寻觅与审视》、《月是故乡明》、《新颖的课题》、《射水纪闻》等是我见到著作。早年出版的书籍已不见在书柜之中。这几部书中我最喜欢的就是《月是故乡明》，书中都是短小的文章，清新、静雅、平凡的语言中透出老人的才气和秀气。

在我清理他的书籍中，发现了几十本好友、同仁及他的长者送给他的著作，老人保存的十分完好，这其中有冰心老人、季羡林、萧乾、曾彦修、罗飞、李锐、李纯青、符家钦、王芸生、李光羲、韩国出版家尹炯斗等多人的著作，年轻作者送给老人的书更是很多。许多书中都夹着老人给作者写的信件底稿。可能是老人留在书中的纪念。最可贵的是冰心老人送给他书后，老人留下了赠书的小记。"昨承冰老枉顾寄廬，谈藝论文，并以此书及其他数种见赠。予舊藏散书，今不蓄書，婉却不獲允，姑暂存之，以誌长者厚意焉！壬子仲春識"

岳父的藏书多达万卷，为了让老人的藏书尽可能服务于全社会，我和妻子及兄嫂商定，除了老人的手稿和书信、照片捐赠上海出版博物馆外，其余全部书籍捐赠给北京东城图书馆。因为这些人文类书籍也正是东城图书馆缺少的书型。

岳父在日常生活中尽管对自己的儿女较为严肃，尤其是在工作上要求较高，寄以希望，同时也从内心深处疼爱他们。儿女的文化知识和文化品味都受到了老人的影响。他对我这个女婿也是备爱有加。我因工作匆忙，经常外出，但每次回来都要和老人共同谈论我外出地方的人文历史及文物保护的情况，老人总能与我畅谈，让我深深感受到一位资深编辑所具有的广泛情趣和深厚的文化功底。在他被解放初期曾被借调到文物出版社工作，他以郁进的笔名为罗哲文先生编辑出版了第一部长城的著作，而就是这部图文并茂的《长城》被美国翻译成英文出版，使我国的长城在国际上获得了更多人的了解。

我和妻子与岳父在一起生活时，注意到老人的生活习惯。每天早上他按时吃饭，但大多食物都是头一天晚上的剩饭或头天买来的烧饼，放到锅里一蒸就行了，这是老人的习惯，也体现了他生活节俭的一面。他对有困难的亲友从不吝啬，他经常给这些亲友寄钱、寄东西。这些事情我们作子女的大多不知晓，但我在清理他的书柜和抽屉时发现很多他寄钱寄东西的邮局存据。

我爱人工作很忙，自我进入老人家门后，总想替她多尽点孝心。考虑到老人年纪大了，我经常在早上给他煮牛奶和鸡蛋。有一次我起床稍晚一点，老人已把牛奶和鸡蛋煮好了。我实觉不安，但老人却说："快吃吧，早点上班。"

老人常常晚饭时喝一点白酒或药酒，五香花生米是他最喜欢的下酒菜。我不喝酒，但看到老人高兴的样子，我有时也陪老人喝一点。喝酒的过程，也是我和岳父感情交流的时刻。好多他早年生活和工作的细节，都是在这个时候知道的。他讲他小时候的家庭，大伯对他学习和生活的关照，他们分家的情景，他还未步入社会时短暂的不明不白的工作经历，他考入复旦大学入学的坎坷历程，他在复旦大学主编《中国学生导报》和抗日工作，他和妻子参加革命的档案能有幸留存至今并能够证明他在复旦大学就参加地下工作不平凡的传奇故事。他在大公报、人民出版社、三联书店、中华书局、文物出版社工作的经历。讲与季羡林、曾彦修等老同事的交往，尤其是经常讲曾彦修老人对他的关照。61年他在农场病重奄奄一息时，是农场用平板车把他拉到了火车站，是范用同志从茶淀车站把他接回北京。讲他"文革"时期虽然返回阜宁老家一个小工厂，但他仍然是被地方保护的"自由劳改

从左到右：杨新，戴文葆，付清远

犯"，完成了他最后的著作《射水纪闻》。在他兴奋之时还谈到他小时候外婆为他定亲的情景，谈他曾在上海大公报公开发表与外婆给他定下农村"媳妇"脱离关系的声明。我当时还风趣的和他讲，老太太还健在，您是不是去看望您小时候的"媳妇"，他很不好意思的说，那可不好……。他同时还讲述了他在复旦大学时选择爱人的条件和他对妻子一生的眷爱，他在《大公报》作编辑时，总编辑为他主持婚礼，全社人都参加的情景，至今令他难忘。讲他在建国初期放弃了去香港《大公报》工作的机会，接受了去北京、人民出版社工作的组织安排，他即被迫离婚后仍然用微薄的生活费供养子女等等情景。这一切使我更加感怀和敬佩老人的一生。

在老人离世的前几个月里，他住进了三零五医院，我们夫妻和哥哥嫂嫂轮流和小阿姨一起日夜守护他。他的晚年尽管病情不断加重，后来心跳长期在 120 次以上，但在医院的精心治疗下，老人没有受到痛苦的折磨。就在老人过世的前三天，医院下发了病危通知，当时哥哥杨进出差去印度，爱人在青海塔尔寺工地指导文物维修工程，我因已经退休，就一直守在老人身边。在他去世的当天，哥哥杨进回到北京，当即来到医院，看到老人比较安详，没有什么危险，我就让他回家休息一下，明天再来。那天下午 3 点，老人让我给他做一碗他喜欢吃的馄饨，还让加一点黑芝麻糊，他吃了半碗时和我说："不吃了，一会再吃"。我给老人喂了点水，老人睡了。就在两小时后的 5 点 55 分，我和护办室的护士同时发现老人的心脏监控器上的心跳急剧下降，慢慢变成了直线，他在平静的睡觉中走进了另一个世界。岳父走了，走的那样安详，结束了他坎坷、多难但胸怀坦荡、受人尊敬的一生，也使我失去了一位可以感情交流的前辈和忘年挚友。

（作者为中国文化遗产研究院原总工程师）

与父亲的三次离别

杨　进

一

20 世纪 50 年代中期，就是 1955、1956 年左右，我家住在南小街后拐棒胡同的出版社宿舍。

父亲 50 年代初到北京，是出版社遵照上级的意见调他来的，以前他在上海《大公报》工作。到出版社后他先后在政治编辑室和世界知识图书编辑室参与领导。他中等偏低的个子，皮肤白皙，戴眼镜。我印象里总是一贯整洁，衣服笔挺，皮鞋锃亮。他烟抽的很凶，酒量小，喝一点但不贪杯，一喝脸就通红。他的同事都说，无论在报社还是出版社，他都是个能干的人，阅历广，眼光敏锐，判断力强，善于处理疑难稿件。他的审读文字动辄几千字，谈起稿子滔滔不绝，能说、也爱说。

我是 1953 年才和母亲从上海到北京来的，童年的我无忧无

1955 年左右，在北海公园九龙壁前。工作虽忙，但看得出身心是愉快的，全然不知厄运将临。

虑，父母团聚，全家都十分快乐。周末，他们常常带我外出游玩，中山公园、北海、苏联展览馆……像册里有很多那时候的照片。出版社也经常组织游乐活动，留下很多在长城、颐和园的合影，大家脸上露着笑容，孩子们更是欢乐……

后来我知道，那段时间，父亲和出版社编辑部的同事一起，奉命组织或说是重新恢复了一个编辑室，邀约大批知识分子的学术著作稿件，组织出版。父亲"承担了日常编辑行政工作，内外联系，以及一部分书稿复审，直到安排计划、签发稿件等等。一时书稿审读工作颇为繁重，特别是退稿意见要审慎考虑，与老作者的通信文字要仔细注意"。频繁的开会、讨论、出差、饭局……那时，领导对编辑部虽然抓的很紧，但关心人，较为生动活泼，工作虽然繁忙但精神充实。

1958 年，那时我 8 岁，是小学生。妹妹两岁，上幼儿园。

2 月的一天，和往常一样，中午放学回家。刚到门口，保姆周秀英阿姨一把将我拉进厨房，不让我进屋。偷眼看去，屋里有几个人，或站或坐，母亲在匆忙地收拾东西，气氛凝重。一会儿，那几个人拿了母亲收拾的东西，走了。母亲拉着我说，你爸爸也走了。

出版社组织郊游时的合影。右二是父亲，左一是母亲和我。

从此家里没了爸爸，与别人家有很大不同。从小受娇惯的我根本不懂出了什么事，问母亲，她的回答我也不明白。母亲本来就是个话不多的人，这以后话更少了，有时还发脾气。更多的印象已经模糊了，但一直感觉到家里有些压抑的气氛。

过了两三年，从其他同学歧视的话里，我才知道，父亲被"戴了帽子"，成了十恶不赦的"坏人"。

又过了半个世纪，听一位和父亲同一天"加冕"的老人讲，他至今也弄不明白为何被归入"另册"，这种荒唐为何会出现，为何轮到他们的头上。他说，亲眼所见，和其他人不同，父亲是戴着手铐，从出版社被警车载走的。

我还知道了，在此之前，父亲曾被找去谈话。对方说，他的错误"组织上理解，将恰当处理"。说完拿出一张十六开白纸，让他签名。他"相信组织"，未加考虑就签了字，还写了"同意组织意见"几个字。不久，又被谈话，说"如果接受劳动教养处分，以后一概由组织负责；如若不接受，组织上一概不管了，流落到社会上去吧"。那个时候，组织是何等神圣，何人可以违抗。于是，填写了"申请自愿劳动教养"的申请书。接下来，先送至第一模范监狱寄住，再押送"西荒地583分场"。

时至今日，我对近半个世纪的历史已经有了一定的认识和了解，甚至觉得这些曾经的悲剧，历史也给与了一定的评价。但是，当初次知道这些真相的时候，我仍然极其震惊。

这是我与父亲之间一次没有告别的离别。

二

50年代末、60年代初，天灾配合人祸，大地饥馑。城里的好人尚且还要勒紧腰带，遑论"罪人"。父亲在农场参加大田劳动，兼做收发，以后又做图书管理员等，身体情况每况愈下，渐渐浮肿，又发展为下肢萎缩，进而胃溃疡，终至卧床，不能行走。

1961年底，农场通知出版社把濒临死亡的父亲领回。当时出版社仅有一位领导愿去做这件事。这位领导，是父亲大学时代就认识的好友，是个耿直的共产党员。父亲被贬至遍地蛇虫的京津之隅后，他数次借周末无人知晓，换上儿子的棉大衣，口袋里塞满罐头食品，悄然前往探望。这个时候他挺身而出，是极其难得的举动。父亲认为，他的到来，"党是知道的"。于是，一架平板，拖至车站。

父亲在一个月黑风高的夜里回来了。

我也到大门口迎接。夜色里，昏黄的路灯下，眼见个极其消瘦的人影，棉大衣裹得紧紧地，头戴棉帽，在母亲的搀架下缓慢蹭上台阶，步子几乎是在拖，他喘息不止地倒坐在门槛上。三年未见，对几乎在生活中避免被提起的父亲，我已有极大的陌生感，我叫不出"爸爸"二字，口中喃喃（之后的四十余年，每当我与他打招呼时仍然别扭）。

一家人终于又团聚了。

起初，父亲不能行走，只能躺在床上休养。出版社和部里的有关同志都先后来看过，表示要他安心，"组织上会安排工作"。他1958年"自愿签字"后，就失去了公职，也没有了收入。现在说要安排，他认为这是党的态度，相信组织不会抛弃他。四五个月后，得到公安局解除教养的通知，并送回原单位。

父亲的生命很顽强，他的身体慢慢地恢复了；渐渐地他可以外出，走一走了。他住的小屋，很快又堆满了书。和院子里的邻居也渐渐有了来往。最谈得来的是住在西偏院、在社科院工作的老侯和办公厅的老朱，以及群文局的王爷爷和木偶剧团团长。他还愿意和那位参加过西藏平叛的解放军聊天，还开玩笑地把他——王立章叫"王立早"——"立早章"。把团长的爱人景光阿姨叫"光景"。每到这时，母亲总是责怪他不记教训。

大约一两年后，他上班了，种种带有中国特色的原因，"编制问题"并没有解决，只作为出版社的临时工身份。他并不清楚编制的重要，"只是信任组织不会抛弃。反正有工作做，有饭吃，还说什么呢？"不久，被中华书局借调，参加编辑有关蒋介石言论内容的专项工作。这项任务极其繁复，且指示的立意高远。父亲说"看了平常不易看到的许多材料，倒也一饱眼福，苦中有乐"。

从农场回来后的初期，父亲有较多时间和我们在一起。和母亲的教育方法有所不同，他常让我看一些课外书，比如《中华活页文选》和《中国历史知识小丛书》，就是那时看的；他让我用稿纸练小楷字；他带我去十三陵，是我第一次看到古代帝王的陵墓。1963 年春节，他带我去了厂甸，从和平门往南，穿过熙来攘往的人群，在各种叫卖声中边看边讲地溜达；走向琉璃厂东口，记得有一家铺子新开张，门口鞭炮齐鸣，好不热闹。我第一次知道这个有趣的地方，但这也是最后一次了，那以后，厂甸庙会便"破旧立新"破掉了。

那时候，一般家里都没有洗澡的条件，父亲就常带我到澡堂去。他总是要"盆堂"——那种两人的、有浴盆的单间，比较讲究。洗完了有床可以休息、看书、有人来给沏茶，甚至可以叫一笼包子吃。我知道了生活原来可以是舒适的、让人愉悦的，生活中还存在着另一种与粗陋的现实完全不同的情境和氛围。

1958 年父亲离去后，出版社要求母亲一周内搬离宿舍。所幸母亲的单位，那个后来被称为"牛鬼蛇神部"的机关，分配我家

父亲极难得的留影。摄于劳改农场。应当是刚去不久。

搬到东四四条东头的部宿舍院。就是后来父亲回来时的"新家"。这个大院子里住着约30户人家，有大、小孩子二十个多个。后院中心是个花池子，中间种了迎春花，每年花开季节黄灿灿的。冬天，孩子们往花池里浇水冻冰，用小板凳和铁丝做冰橇，划着玩；我们还用铺板搭球台打乒乓球；在三个套院里跑跳着捉迷藏，孩童时的乐趣让我们好不开心。每周六，在群文局工作的"王爷爷"带回许多幻灯片，我们帮王爷爷用玻璃片写解说词，父亲有时也在后面指指点点，晚上架起白床单放映，全院人济济一堂，共度周末。

父亲恢复工作的这段时间，做了一些他认为颇有意义的工作。比如担任吴晗《朝鲜李朝实录中的中国史料》最后的责任编辑；重编与校勘增订了《谭嗣同全集》；拟订中国思想家文集选题计划；筹备编辑《严复集》等著作，并联系访问了许多作者……等等。

生活似乎慢慢在走向正常。

1966年6月，狂飙再次席卷中国大地。这次彻底，似乎很少有人不被波及。这个住满文化单位干部的院子里的许多人都陆续在各自的单位受到冲击，人人自危，家家紧张。父亲看情况不对头了，就先行把经手的稿件收拾整理，编出目次，妥为存放。

7月，单位的工作组通知父亲放假一周，后又继续两周，接着没有了下文。父亲去要工资——更是去讨说法，他的习惯性思维是："即使进劳改队，总要有人管啊。"不幸不予理会。

又是从学校回到家，同院的小伙伴把我拉到别人家，说我家有不请自来的"客人"，比在自家还随意地翻开地砖找东西、烧

1963 年的全家照。在东四四条宿舍后院的花坛前。阴霾刚刚散去，父亲的表情仍很凝重。

书、割破沙发、祸害无辜的小金鱼……

父亲因为在两个出版社都是临时身份，故而两社的"斗士"都没顾及到他。然而却逃不过街道的"铁扫帚"。我家这次终于垮掉了。

父母考虑要保护儿女，采取他们当时可以想到的无奈的措施……。父亲想起顾炎武《日知录》中总结历朝动乱自保的一条："小乱居城，大乱居乡"。采取自我流放，想回到曾经的"西荒地"，请求收容。农场称不合法律，坚决拒绝接纳，他只得再回京。出走不得，回家又要牵连家人，他几乎无路，露宿东单公园、火车站、街头……几天后只好再回家里。中间的苦难与曲折，后来母亲都不愿再回忆提起了。"水晶化"处理的京城，根本不容父亲这样的人。又没有地方让他藏身——留不得，走亦无路，这样的情况捱了约一年，父亲终于获准可以回苏北故乡，等待运动的处理，路费自理。

大约在十月底的一个晚上，母亲帮父亲收拾了两包简单的行李卷，我陪他到了永定门火车站。晚上行动是为了避免可能的不必要的麻烦，也是为了赶上一早的车。在车站外的广场找了个角落坐下，要等一夜。深秋的夜是清冷的，广场上没有了喧嚣。父子俩相对而坐，现在已记不得说过什么。狂乱惊惶之际，家庭怎么办？父母儿女将各自走向何方？人人自顾不暇，前途在哪里？说什么呢？说什么有用呢？或许根本没什么可说的了……凌晨，朦胧中觉得越来越冷，父亲打开行李，把棉衣给我穿上……

天亮了，父亲要我先到进站口，说有一个"坏分子"要解送出京。他穿好打了很多补丁的外衣，居然背上还缝了块白布，上写"坏分子×××"。他将两件行李前后一背，走进站去，我在外面看着他渐渐走远，背上那块白布一晃一晃的，拐了弯，看不见了。

他一直没有回头，也没有和我说一句告别的话……

三

父亲回到阔别多年的家乡——江苏阜宁。家乡父老并没有嫌弃他，虽然他是"戴罪之身"。开始并不安排他干什么，反倒是他不同意，一定要有个归宿，"下定决心，接受这种新生活的考验"。他到清洁管理所当清洁工，负责打扫两个厕所，扫地担水，冲刷两次，由清洁所发生活费十二元，寄住妹妹家。这段生活，由于有了较为"自由"的空间及时间，比较在京城旋涡中心安定一些。日后他自我回忆说：

> 于抑塞摧折之余，收敛驰骤激越之情，迸发感慨奋赴之气，竖起脊梁，潜心道理，躬执勤劳，不辞劳辱，以磨练志行，砥砺吾耻。粪壤虽秽，其气味尚佳于恬不知耻者之心田，

其有利于稼穑，真不逊于太阳、空气、雨露，其价值高强于寡廉鲜耻之徒不知千百万倍也。吾得此胜境以居住，胡为郁郁不自得而萦情于流俗人之意识也乎？

"文革"当采购员时在大连老虎滩。他腰板挺得很直。

稍后，形势稍定，地方上也觉得他也不是什么危险分子，就叫他到机械厂做个采购员，其实是认为他见过世面，可以帮助通通路子。

利用出差的机会，他又可以到处走动了。"四处奔波，拎包送土特产，找销路……同时沿途苦中作乐，顺便观览祖国壮丽而横遭作践的河山"。这段生活有照片为证，南京、上海、大连、徐州…都留下他的身影。他不是在旅游，他是借机观察，他在等待，"内心充满说不出的滋味……"

虽然夫妻分手，儿女分离，但他始终是惦记着，不知道会有什么情况。他又有机会到北京了。他蹲在母亲单位的街对面，希望能在下班的人里看到母亲；他悄悄潜进母亲机关后院看大字报，想找到些蛛丝马迹；他在东四大街一带转悠，多么希望会与家人碰面。他不知道母亲已去了干校，我去了农村，妹妹去上海舅舅家借读。找不到结果的他在天安门前留了影，脸上没什么表情。

上海的舅舅，是母亲唯一的哥哥，他们始终有联系。通过他，父亲终于得到家人的消息。大约在1977年，我已辗转离开农村，在太原市当工人。收到一封陌生人的来信，称他从江苏来，要我某日晚上到某宾馆，有东西转交。父亲让人捎来家乡的两种特产，并有一张字条：无抬头，仅说"情况可问来人"。还附有照片：就是在天安门广场的那张。这样我又和父亲接上了头，中间隔了近10年。

始建于金代的北京西城的弘慈广济寺，是内城里著名的"八大刹"之一，身居闹市却不近尘嚣。以广大佛法庇护信众的古老庙宇，如今又成了父亲的栖身之地。得高人相助，他终于在1977年回到北京。

79年夏天，我到北京探亲。按照事先的约定，我去看父亲。踏进"禅房"，一个人影从地上站起，慌乱中

1975年冬天，他路过北京，得不到家人的讯息，在天安门广场照了张像。脸上没有表情。

几乎把手里的东西打翻，是一叠书。他和我对视片刻辨认出后，让座、端水，忙了好一阵才安定。这是寺内后院大雄宝殿对面院角的一间屋子，大约有二十多平米，半间是书桌、书架，半间是床。他和我交谈很久，问我的生活情况、母亲的情况。说要和母亲商量，是否有政策允许把我调回北京。他已经去信给有关机关咨询。他带我到西四路口的"同和居"吃饭，很有兴趣地看到一位老者质问服务员，为何"宫保鸡丁"不放核桃放花生米。父亲

告诉我这个菜的来历，说这位老者是内行的老吃客。他和我又到天安门广场照了一张照片。

尽管他对我极其亲热，但望着离别了 10 年的父亲，我却有种挥不去的陌生感……

父亲此时在文物出版社工作，借住在寺里。在那里"挂单"的日子，他和主持巨赞法师结下很深的友谊。僧俗二人极谈得来，他钦佩法师的佛学造诣，常向他请教，在一起谈书论经。法师还曾要我把女儿带到寺里玩，他给女儿"摸顶"。女儿不明就里，号啕大哭，逗得法师大笑。农历四月初八，是"佛诞日"。那时寺院尚未开放，法师同意父亲叫我来寺里观看。寺内法器列陈，号鼓齐鸣，僧众身着簇新袈裟，庄严肃穆，顶礼膜拜。随后父亲

"文革"后重回北京，暂住在广济寺。神态轻松。

还特意带我参观了大雄宝殿后壁悬挂的《胜果妙因图》，他告诉我，这是清乾隆年间的著名画师傅雯用手指所画。大革文化命时此画被撕成千余碎片，寺内僧人将碎片一一收入麻袋隐藏，日后一块块拼凑完整，重新裱装。画面上，和俗界的人们经历了共同苦难的、可以明显地看的出遍体鳞伤的释迦牟尼端坐在莲花座上，依旧慈容可掬地向信徒讲经说法，那些曾被撕裂、又重新团聚的一百多位弟子在周围洗耳恭听。有趣的是，听众中，还有中

土人物关羽、关平及布袋和尚等。

父亲日后还担任《巨赞法师文集》的名誉主编，帮圆寂的法师做了最后的事。

父亲这次回到北京，不再有那些厄运，平反、纠错、改正，从借住庙宇到两次调整住房，几家出版单位都欢迎他去工作，并表现出特别的热情和重视。他重新投入工作，全然不像终止了十几年公职的人。说他是在尽力抢回逝去的黄金时光，不如说他骨子里就是个报人、编辑的料，血管里流的就是对国家大事、文化命运无论如何不能停止关注的血。驱使他完成他觉得应当承担的工作和应当承担的责任的，是他自身的一种近乎本能的动力。这三十多年他处理了许多稿件，帮助了很多稿子可以出版成书，还出版了自己的几部著作。

他多次应邀参加国家图书评奖，他还担任高级职称的评审委员。对他，这是荣誉，也更是责任。他说他要公正、负责地对待，要对出版社和被评审人有正确、客观的意见，不受干扰。在当今社会，这很难。有几次见到他结束工作后对有的书和人欲言又止，感叹不已，而且说下次再不参加了。可是，转年他又去了，他说无法拒绝，也不忍

1979 年与父亲重聚后合影

拒绝。

　　他不拒绝的是更多的是年轻同行的求教和要求。一位现在已经担任一家出版社社长的朋友和我说："有人找他，只要你父亲认为是做的对的、是努力要做的事，不论是谁一定会去帮忙。他累了。"他的确是这样的，对编辑专业各地、各级、各类培训、学习班，他不计报酬地付出自己的知识和经验。有人说他不用稿子也讲得精彩。别人不知道的是，为了每次都有新意，他十分费心思，列出提纲，再根据不同的听众、不同的地点，临场发挥。平时写东西也一样，为构思，他经常茶饭不思，日夜琢磨，反复打腹稿。有个杂志约他写一篇人物的稿子，觉得他是最合适的人选，他自己也认同这个意见。但是，几个月里，他接连撕掉七、八稿，几经斟酌，最终决定放弃。因为许多真实的想法并非都宜于表达，而他又不愿违心地写作。

1979 年父亲与我的妹妹杨新留影

　　他关心和他有相同命运的人，许多年里，为帮助别人解决平反、党籍、公职、工龄、返京等种种问题，他帮人写了大量的申诉、证明、信件的文字材料。但是，岁月流逝，渐渐地他处理不了自己的问题了。

　　最近几年，他的老年精神方面的疾病症状愈来愈明显，间歇性的反复，使他的脾气变坏了。一辈子记者编辑的职业让他始终关注国家命运和文化问题，但这时他时常有好像脱离时代现实的议论，时而愤怒、时而因不解而困惑而烦恼，转为动气……常情绪不稳，波动很大，话出奇得多，时有恐惧和对抗心态，还有种种变了个人似的令人不安的情状在增长——执拗、固执使他的生活和就医都很难安排。他的精神状态有时让人不可忍耐，而又无可奈何。……

父母分离后，父亲一直独自生活。他晚年的生活内容就是看书、写稿，以及自愿、或不那么自愿却不好推辞的各种出版方面的活动。生活单调也不够健康。我们只能不顾他的反对帮他请保姆，下班后时常去看看他，陪他吃饭或听他说话，在他难得同意的情况下带他和我们外出。他固执地坚持他的生活方式，宁可听别人好意却不一定妥当的建议，也不接受儿女为他做的安排，他大声地说"我不能没有自由吧"。不够妥帖的生活方式又反过来影响他的健康。他迅速地衰弱，几乎一天一个样。

每天他的一项重要的事就是看来信、写回信。逐渐连信都不能写了，一贯字迹工整的他，不能自己控制手指的无力，书写时常常凌乱地向上或下倾斜，有时朋友们看不清他的字，也看不懂他在写什么了。再往后他连书报也不看了，要么不定时地昏睡，要么在房间里无目的地摩挲摆弄着。……

今年6月里，他连续两天发烧，住进医院。检查后认为肺部有炎症，肾指标极不正常。注射、输液。报病危，定危急时抢救方案，签字。经过连续的输液，抽血化验，留尿查量等检查治疗。症状逐渐消失，新的问题也没有发现。但令人担心的是父亲已经基本不认识人了。领导、同事来看望他，他不是含糊地建议"召开列宁问题的讨论会"，要么就是说"朝鲜问题很严重""新疆不能放弃"……有一次还拉着来人的手说"你的《大明遗恨》写的很好……"。接下来，更多的是白天大多时间昏睡，晚上反而清醒些，黑白在他身上再次颠倒。来看望他的人都无法与他对话，即使叫醒，他也认不得，哪怕是他最尊敬的领导、朋友。病床上的父亲，插着输液管，往日的生气、活跃已离他而去。

父亲晚年在家中书柜前

看着他的样子，我依然是又亲切又陌生。我自问，对他究竟有多少了解，我理解他吗？历史常被人因为需要就任意粉饰、修改，但对人的"历史问题"会彻底纠正忘却吗？坎坷艰难的一生，他得到社会的接受和抚慰吗？他的伤疤不再疼痛了？他曾说要总结自己的工作和思想，这别人做不了，是他觉得与别人有无法言传的思想隔阂？他还有问题要和朋友深入探讨；那些在他最后的时刻还缠绕在脑际看似零乱的思绪，是不是其实既反映了他们这一代人的特质，又传达出父亲更深层的忧思呢？——我该把这些都当作病人的狂乱吗？他还有倾注了多年心血的书稿想要出版，却担心太专门不能赚钱拖累出版社而搁置……。他无力掌握命运但热爱并渴望生命……，望着垂危的父亲，我不得不伤心地感叹，终其一生，他得到的温暖太少太少了……

父亲在各地讲学时留影之一

　　9 月 7 日 17 点 50 分，发现液体滴得很慢，几乎要停。急唤医生，说不好，但强心针已打不进了。

　　此时是 17 点 55 分。

　　他平静、突然地走了，永远走了，不会再回来，和前两次离别一样，他仍然没有说一句话……

写于 2008 年 11 月

（原载 2009 年 1 月《北京青年报》，

作者为三联书店原工作人员）

"戴文葆事件" 真相

曾彦修

海上生明月　　阜里戴先生
若得廿年静　　何如粤饮冰

以上是我在 2008 年 9 月 8 日得到戴文葆先生去世消息后，随即吟成的几句小诗。一位非常难得而又认真的人才在郁郁中谢世了！戴，苏北阜宁人，县境东接东海，故有"海上生明月"之引用。此处之"粤饮冰"自是指梁启超先生。梁，广东新会人，在北居时，自号其居室曰"饮冰室"。戴多才，又极用功，若假以二三十年安静的工作和读书条件，其成就未必不会超过梁启超。此处特指梁启超者，是因为梁是个大通才，又富有见识。

戴在图书编辑上确是个万能的、无私的、认真到底的人。例如，戴的审稿意见，一般较长，但从头到底是钢笔楷书，一笔不苟。写错了字，不是涂改，而是另纸写一字，剪下贴在错字上，尤为特别。我曾劝过他，何必花时间在这方面呢？戴说，习惯了，改不掉。又如，编《宋庆龄文集》，戴是要从外国人、特别是美国人的书中去找宋与外国人的通信，很难，戴甘任其事。再如，现出的王芸生编《六十年来中国与日本》名著，其最后一本根本上是戴一个人重新搞的。此事经过，只有我全部清楚。时间大致在1981年前后，我回到人民出版社工作一个时期了，戴把王芸生最后一册原稿的一些问题写在审稿意见上，我觉此稿不是出自芸老之手，无修订基础，充满错误与笑话。即找戴来商量。我说修修改改不行，恐要全部重来。戴说，要"照顾芸老的面子"（指王芸生）。我说，正因为如此，更要重来。他从什么资料室找了几个水平很不够的人来凑成这书，笑话百出。编稿人连对当时那些通讯社代表哪个国家都不知道，一视同仁，有时是在替日本侵略者说话，他们也照样采用，我们不是成汉奸了吗？王芸老大概根本没有看过。抗日战争前，在中国发新闻稿的，有几个通讯社：中央社（中国政府），同盟社、电通社（日本），路透社（英国），哈瓦斯社（法国），美联社、合众社（美国），海通社（德国），各通讯社大致上是代表本国政府说话的，其中尤其以同盟社立场最为鲜明：完全站在日本侵略者的立场。我说，资料收集者连这个都不晓得，还谈什么呢？戴说，我要尊重芸老呀！我说，要尊重他就得彻底重来，不然，芸老信誉倒矣！戴说，那我自己来吧。就这样，戴就自己动手重编，很快、不列名。

二

我此文主要不是谈这些问题的，这方面的事情只就我知道的几件事，也是谈不完的，这里不过举一例而已。

最近我偶然看到一个报刊资料，说戴参加过国民党复兴社的外围组织，不作历史反革命论。但这事我不大知道，不知是我们审查不周，还是传说纷纭之故。我是审查戴文葆历史的主要负责人，也是戴文葆历史审查结论的撰写人。我知道戴的一点历史，结论是把对他的一些传说与怀疑完全弄清楚了，取消了，他根本不算历史反革命。人民出版社（当时还包括三联书店与世界知识出版社）1955 年后半年在反胡风运动的高潮中，由上级指定成立了一个内部的"五人领导小组"，任务是领导反胡风运动（已变成一个清查国民党特务及其他反革命分子的运动）。五人为王子野、陈原、谭士、周保昌、曾彦修，以曾为组长，我无论如何推不掉。在 1956 年后，即演变为内部的全面政治、历史审查。又称肃反运动。单位的人全要重新摸底审查。人社单位要认真审查的，大概有十几个人，五人小组中除周保昌外（周要管理全部日常社务工作），其余四人各分工负责三四个人或四五个人。我负责审查的是三四个人，记得是戴文葆、应德田、李延栋三位。

大约是 1954 年后，忽然在北京传开了，说戴曾是什么军统特务。一次，中央一负责同志还在反胡风运动以前，在一次政协的什么小会上，把王子野叫起来问，王子野，听说你们那里有个军统特务叫什么什么的，你们为什么按兵不动？王回答说，近来有此传说，我们要对他展开严格审查。回来后，王子野告诉了我。这是突然来的，我们什么也不知道。王说，你看怎么办？我说，这确是凭空起来的，我们只能加紧调查，仍只能一切如常，以免扰乱人心。过了一个时期，我本人又在中宣部的定期干部会议上（实即后来常说的"内部吹风会"），负责人又把我叫起来说，你们那里有个军统的，叫个什么什么的人，你们怎么按兵不动？我回答说，近年有此传说，但至今还无任何证据，我们正在努力审查此事，现在还一点头绪都没有。

大约 1956 年夏秋，人民出版社五人小组奉命全部转入"内部肃反"工作。但我们仍是静悄悄的、没有动员。大报告号召"大坦白"（即"自首"）、"大检举"之类、一切如常，而且这一年的业务显现了大开门的形势。因此，单位内并未呈现出任何"大肃反"的紧张气氛。

我找戴文葆直接谈过两三次。当然不是正面追查他的历史问题。我先还是开玩笑性的，说，你怎么复旦一毕业，就能到精益中学去教书呢（长期在重庆列名第一），我连考也不敢去考呀！然后又问如何一下子以一个复旦大学毕业生的身份进入《大公报》的，这可是块金字招牌，鱼跳龙门呀！到他们那里要硬功夫的。你之前有范长江、萧乾等人为证。这么谈下去就顺利了。我得知了他 1940 年离开家乡阜宁，前往重庆入北碚复旦大学的经过。在这些谈话中，初步得知了几个要点。

三

第一，苏北阜宁县当时的环境是敌伪尚未去，新四军也尚未去。当时当地的政权，就是原来国民党江苏省政府的老政权。

第二，中学毕业后，他进入了当时江苏省政府开办的一个大规模的青训班（或者即是现在说的高中毕业后的集中军训三个月）。抗日战争后，各个半沦陷区（或接敌占区）的原国民政府的省政府，大都开办过各种大规模的青训班，一方面是为了与敌寇争取青年，一方面是为了安抚社会秩序。现在多说成是与延安争夺青年，根本不确。那时要去延安的青年，只是青年中的精华中的精华，根本不是谁都想去延安的。要去延安的青年，也不是国民党政府能"争取"过去的。戴参加的这个江苏省青训班或高中军训，规模很大，大概上千人。毕业后，他分配在阜宁县政府当时设立的一个科，叫情报科或情报室之类。戴进去大约半年多后，发现这是一个很坏的机构。当时日军未到，新四军也未到，环境还是相对安静的，所以那个情报室之类的组织，实际上无所事事，几个职员就利用职权，专门敲诈老百姓，像一帮官方的、合法黑帮。戴处此境，觉十分危险，力谋早日脱身。于是，大约在 1940 年秋，他即暗中雇了一只小船，顺流而下，到达长江边。这些都是秘密进行的。然后，即步行往重庆跑，希图考大学。沿途自然很艰苦，戴曾对我说，路过浙西某县时，去找了在当地教书的同乡某君，还得到了几元钱资助。但戴却未告诉我，他临走之前，还给他的堂兄留下了一封长信，述说他为何要一个人潜离家乡之故。我想，原因是说也白说，没有证据不如不说。哪晓得，这事太离奇了，1956 年秋我们第二次派人到阜宁调查时，却极偶然地得到了这封信的原件（至今尚存），证明：戴说的全是真话，他是冒险地、主动脱离苦海，逃到大后方去读书的（此事详后）。

我问戴，北京这两年对你的一些传说是怎么一回事，你能说一下么？戴说，能。很长，我只能记几个要点。1950年，戴在上海任解放后的大公报管委会委员。1948年，大公报在解放前的言论究竟要怎么才合适：那就是既要顺应历史进步潮流，又不要被蒋方封掉，而且还要保持：大公。时大公报地下党员李纯青、杨刚（女）两个都是老党员，意见颇不大相同。李纯青偏稳，杨刚较冲。戴是站在李纯青一面的。

1949年5月上海解放。1950年，各单位均号召"五类分子"要自动前往公安局登记。戴不懂那个阜宁县政府情报室是个什么东西，总之是国民党政府机关，就自动前往登记。当时公安分局（黄浦区？）说，你这不属于登记范围，回去向党组织"坦白"就行了。戴回来照办了。于是，李、杨两位老同志都知道这件事了。到了1954年夏天，中宣部调了4位老党员国际问题专家到中宣部工作。杨刚被调去了，（人民出版社的副总编辑冯宾符也被调去了）。于是，陆定一知道了戴文葆的事情。陆时任中央肃反"十人领导小组"组长（罗瑞卿还是副组长），故对此事十分注意。从此我们被逼得很紧，似有限期攻下戴文葆堡垒之势。1956年秋，文化部副部长陈克寒亲自到人社来责问：为什么你们放着戴文葆这只死老虎不打？

经戴一说此事经过，我就知道是怎么一回事了：这是戴文葆事件的唯一材料！我把这些都在人社的五人小组会议上汇报了。这下我们才清楚一点戴文葆事情的来历。事情的由来很简单：只要查清1939年前后有半年时间，戴在苏北阜宁县政府情报室的问题。当时，知道戴这事情的，在人社除五人小组外，还有人事科副科长李西克（现尚健在）。

　　这样，我们就决定请李西克到阜宁去调查一趟，交代他要详细一点。李去调查了几天，相当细致，回来汇报，这个问题无材料，因无人知道二十六七年前一个无地位的小青年的事情。我听后觉得，调查还有薄弱方面，似少了老教育界、老地方名人，他们或许能提供这些方面的材料。我决定请李西克再去一次。向老名人、老绅士等调查，并特别指明要向县公安局调查。我说，我们一进城，公安局就要接管旧政府的各种档案的。李这次去，不久就向县公安局调查了。县公安局干部说，你说的这些事我们全不知道，不过，我们这里有一大堆书面资料，是历届政府留下的，是些什么，我们也没有看过，你有兴趣就翻翻吧。李西克一翻，翻来翻去，就翻见一封长信的抄件，是戴文葆年轻时致其兄长的。李高兴已极，说，准我抄一份带回去吗？得到了允许后，李西克就全文照抄了一份，并经加盖公章后，带回了北京。这信的全部内容，就是向他哥哥说，他很苦恼，这些人专做坏事，专门敲诈老百姓，他无论如何要离开，但又不敢公开辞职，怕受到他们的暗害，因此只能偷偷逃离，等等。

　　这是一件铁的证据，证明戴即使因生活出路，而在中学毕业后入了旧县政府的所谓情报室工作过，这是为了生活。但一旦知道他们只会鱼肉人民后，立即毅然冒险逃走。这是戴的一件很光荣的事情，而不是什么政治问题。因此，我提出结论上不要写上什么"一般历史问题"之类。因为，一写上"问题"二字，就永远是个"问题"了。我记得五人小组是同意我这意见的。戴的结论是我起草的，五人小组反复讨论通过同意我的说法，即不要写上戴有过"一般历史问题"。我现在想起，其实对戴的这封长家信，应将一复印件给其子女做凭证（当时只能照相）。此件原件现应还在戴的档案中，但这事似乎始终未告诉过戴本人，这是我们过去始终未完全走出对此类事情的神秘主义之故。此事的具体情节，现在就只有两个人，即我和基本上始终参与其事的原人社人事科副科长李西克二人了。李西克对此事做了很重要的具体贡献。李西克还到上海复旦大学，对某教授做过调查，证明该教授即是1940年时浙西某县的中小学教师，确曾援助过戴数元路费。此件恐仍在戴的档案中。

因此，调查结果，大小事情均符合戴的自述：证明戴历史清楚，觉悟较高，主动脱离国民党政权，对党忠诚已无可再怀疑之处。

戴临终前数年，又屡担心起此事。我在医院中得悉此事，深知此事难办。又赶写了一封长信给他，说明他的历史已完全弄清，并无什么再怀疑之处，请他无论如何放心，并说明此信同时交人民出版社党委备案。据说，也无甚效果。其时戴已患了小脑萎缩，不大能控制自己了。

其实，戴已于1984年正式加入中共，当然表明了已对他本人的历史不存在什么怀疑了。

这里，要分析一下，这件事情是怎么来的。首先是最早的种因，是戴自己因不了解具体情况而自动到上海市某公安局去登记。其次是时间久远之后，被严重扩大了事态。因此，才一下子就严重起来了的。其实，什么根据也没有。

当然，得到他这封致堂兄的长信是无意中的。如此巧事，纯属偶然。写结论的根本内容，我们是在得到这封信件之前，就已定了的，即：戴的历史已查清，曾短时期在国民党政府工作过，目的是谋生。未曾查得戴本人有何劣迹，在当地无民怨，即行取消对戴的历史怀疑，相信他本人的历史自述，戴本人已不存在政治历史问题等。这封老信件是意外的收获，当年也并不是凭这封老信件定案的。但这封信是铁的无罪或免于追究的铁证。

四

这里我还要最后说说戴在 1966 年—1976 年"文化大革命"中，是如何用自我流放回乡的办法来达到生命的保存的。1966 年"文化大革命"爆发时，他在北京，算是从劳改农场放回北京了，之前，范用曾拼死去劳改农场接出戴，治疗危疾。工作单位究竟是否已明确回到了人民出版社，我不清楚，总之，户口回北京了。"文革"爆发后，北京打成一片，文化、新闻、出版界的一些头头脑脑，以及稍微有点名声的人，都是追打迫害的对象。戴只好长时间躲到各大公园中度日。但时间久了，如被发现，也是生命难保。他想出一法，自我流放到家乡去，找个劳动苦力干或到穷乡僻壤去做小学老师，或可逃出此劫。但要自我流放，谈何容易。户口管理制度，人人要有户口簿。不然，就是流窜犯，即"坏分子"，如此就会成了"现行犯"，更惨。戴就去找××区公安局请求自我流放。公安局说，你要走自己走了就是，公安局管不了。但戴反复要户口迁移证，后终于得到，就一个人堂哉皇哉而又合法地自我流亡回家乡了。回去就找公安局报到，奉命清扫城内公

1993年作为中组部被邀知识分子专家在北戴河休养时留影

共厕所。后来又转为一工厂采购员，跑遍全国。戴告诉我，他在阜宁城内十年以上，把《史记》读了十遍。

五

我开始时那首五绝末句说"若得廿年静，何如粤饮冰"。戴若得二十年安定，也不会走梁启超的老路了。成就在梁之上是可能的。因为戴确具有更多的条件。因此，这句话并不是什么盲目的推崇。戴虽是一个具有天才而又用功的人，但他却没有得到安静，一个大才人就这样在二十多年的剧烈斗争中损失掉了，真是可叹可惜。还好，在戴去世的十多年前，政府在多个方面都完全为戴恢复了名誉，并以戴为当代出版界的杰出人物的主要代表之一，几次参加过北戴河暑期专家休养的荣誉性活动，戴也成为全国得"韬奋奖"的第一名。这些，当然只是小事，但也表示对戴早已全面恢复名誉了。

戴的真正感兴趣与所长的学问，据我所知，是国际政治，国际关系。此点在解放后他很难得到什么发挥，不为人所注意。但我能体会出来，观察出来。此点，证之戴之子杨进先生长篇祭父文中说的，戴在临终前昏迷状态中的呓语，要召开列宁问题讨论会，朝鲜问题很重要，新疆不能失，便可窥之。

（作者为人民出版社原社长、总编辑）

附：戴文葆 1940 年给堂兄戴沐华的信

沐华哥：

别矣，大哥，匆匆的分别，没有见面，怎不依依然，而此次出走，纯为前途打算，又何必效儿女柔情诉苦别呢，不过在我脱离家乡之时，将十月来所做的事，所处的环境，所遇见的人，以及所有的计划及一切情形尽可能的详细告诉你，以表明你的弟弟不是弱者，不是糊涂虫，他每天每天在为他的前途忧虑着，并不如一切不明瞭他的人所说的，这也是我的供状，也算是我的争辩。

……

哥哥，今日的命运，早已注定了，同船的一个同学在路上又唱起勾起人乡愁的流亡曲，这一天从早到晚，我没有吃东西，吃下去又呕出来，晚上到兴化，我找到半夜才找到，以后便住下来了。

在兴化住在一个破庙里，一天下雪，外面大下，里面小下，我们睡觉都用被单把全身盖好，早上起来，摸摸上面积了一寸的雪，总之，这些生活都是艰苦的。

回来以后，……我想革除一切的不法行为，然而我又同流合污，这是谁的罪恶，谁的过失，我自始至终地信任这是社会环境造成的，我是被社会同化，我是被社会吞噬，不过有人问那你不会自持吗，明哲保身吗？这样可以，那请你卷行李向后转，所以我的朋友在一个政治部里服务的人，来信说："不是年青人咒诅社会，而是社会有被年青人咒诅的地方"，诚然社会有被年青人咒诅的地方，让我慢慢地告诉你，很坦白地把过去的一切黑暗以及一切功罪在你的面前，我不隐瞒地说，像一个犯人求生的供状，我也是求你们对我的谅解。

……我曾经和一个区长在公园八角亭上吃饭，他在我面前卖老说：民国元年郭知县怎样在亭上请客赏菊，这是暗地里告诉我，你们是后辈，对老前辈的事要少问，后来席间又说，以后我们常聚会，聚会的事心照不宣，唉，这种处境我又怎么过得来，而我仍然是反抗，暗中继续工作，可是他们是有权势的，有后台的，结果我失败，这失败是得到人家反感，不是别的，本来做事想在阜宁交些人，反而恼些人，心中又怎不恨气恼呢？

又如三朋四友在一起，人家"三缺"要你看牌，如果不看是"半吊子""不够朋友"的，以后还在"迷"呢，看罢赌，又来了，人家请你吃晚饭，你要请人家吃中饭，天天如此的呵，"吃"又来了，比方到东坝，人家请你吃过晚饭，叫了两个"条子"，喝啊，喊啊，你请人家吃晚饭也要如此，这样"嫖"又犯上了，以后每天三五成群，成天乱跑，"摇"不是吗，……这样何曾是我自己心意呢？……

　　这样一个年青人，环境又如此恶劣，而我的内部弊端百出，全向罪恶的路上走，拉不回头，所以我失望了，厌心了，在寄给一个要好的朋友说：我踏出塔院的大门，快到半年多，这半年多中，我得到些什么，只有到处遇见冷的眼白的脸，碰钉子，只有黎明的忧思，黄昏的叹息，我现在瘦得和鬼一样，照一照镜子，真怪，怕人的夜莺歌里曾有"笑口不曾全开，愁颜又回来了"的话，正是我真切"素描"。

　　这是社会给我的烦恼，给我的打击，我是年青人，需要同情，需要安慰，而家乡不能谅解我，误会我，更加深我的烦恼，更大的给我打击，向家庭得不到一点的安慰，得不到一点的同情，所以曾经不常回去，就连上街也不走家门口，这样隔膜更大，而我的烦恼亦愈多，这时才打定我要十一月离开阜宁的心，我要找寻光明的地方和光明的前途，所以这时奠定了决心的基础，晓得这意思的人只有数的几个比较接近的。

　　……谁人愿意自己的前途埋葬在鬼浑的生活里，所以我毅然的去了。记得诗人王独青曾有一段诗，或许他是为我写的：

　　我才发见了我的罪恶，才发现了我懒惰的罪恶，自私的罪恶——这儿不是我应久留的地方，唉，去罢！

　　去罢，还在这么迷恋什么情妇。

　　去罢，还在这儿沉湎什么芳烈的醇酒，

　　去罢，还在这儿居住什么华丽的房屋，

　　去罢，还在这儿侈谈什么诚意的朋友，

　　怪可怜的，怪可怜的是我在这儿滥用了感情，

怪可怜的，怪可怜的是我在这儿浪费了的聪明，

怪可怜的，怪可怜的是我在这儿丢弃了的青春，

怪可怜的，怪可怜的是我在这儿失掉了的真心。

大哥，我是去了，我是要为所有爱我的人而奋斗。

到上海去，本来是空头交易，要三舅汇钱来，我才有办法，空头，我做过多少了！只是天不曾为难过我一回，所以大姊给我路费，到上海还有朋友的，虽然两眼生疏，尤其是洋场十里的海上，可是为了前途有什么办法。

写这封信的目的，一是为了告别，一是为了请你了解我，因为你对我有相当希望，一是大姊过几天要回去，她如果听了他们的话，不是要叹气吗？恨我吗？她在我身上花了多少钱，望我好，她不是对我没有希望了吗？所以请你把这封信给她看一下，让她知道我，她所希望的小弟弟不是糊涂虫，虽然她坐在离我不远的小桌上写信，我不敢直接同她说，请你她如问我的情形就把她看。所以写信给你，因为虽然你们和我隔了时代，但你是开明些，定会仔细看过了解我的一切的。

家庭里生活困难，你如能在可能范围内贴他们一些，我的意思如此，请自酌量。还有顾大爹爹，我在解散所际之时，借他十元，请你代还这十元，算你给我的旅费。小镜送给他罢，或你拿过来用也可以，以后我常写信。这信费三小时完成，是我十月来一切情形的根据，遗漏也多，不补写了，如果，你以为有保存的价值，那就请你收藏着它，也可算为一部分史料。

小弟　文葆叩

十一月六日上午十一时写成。

沉冤终于昭雪
——记我参加查证戴文葆同志的两段经历

殷国秀

我于 1953 年初由上海人民出版社调到人民出版社编辑部，对这一属于国家政治书籍出版社、也是我国首要的社会科学出版机构，心中怀着深深的景仰。

1954 年，曾彦修同志（下文均称曾公）从华南调来人民出版社主持工作。一次编辑会议上，曾公说，他读到一份审稿意见，犹如读到一篇散文诗。几十年过去了，形形色色的记忆都渐渐淡忘、远去，这句话言犹在耳，留存在我的记忆储存卡上，我逐渐知道人民出版社编辑人才济济，并知道编辑高才戴文葆同志就是曾公赞赏的同事，当时任三联编辑部副主任。

(一)

很偶然，我有幸参加了戴文葆同志所谓"新账老账一起算"

的查证工作。

1979年初，人民出版社党委根据中共中央和国务院改正右派的决定，抽调朱中文、沈昌文、杨柏如和我四人负责这项工作，指定我和朱为正副组长，由范用同志领导。

反右派的由头来自1957年4月中央发布的《关于整风运动的指示》，内容为反对官僚主义、宗派主义和主观主义，鼓励人民大众帮助党整风。特别是文化知识界，积极响应党的号召，热心集会进言，没有机会在会上发言的或其他原因，就贴出大字报，大字报从此兴起。真是党的一声号召，大鸣大放；有些单位的大字报引起人们的注意，参观者络绎不绝。岂知，这就是后人所称的"阳谋"和引蛇出洞，到了该年6月8日，《人民日报》发表社论，题为《这是为什么?》，于是，声势浩大的反右派运动轰轰烈烈地开始了。许许多多同志被"打"成了"右派分子"。所谓右派分子，就是反党反社会主义的资产阶级反动派。从此，地、富、反、坏、右就凑成了五类分子。

人民出版社的"反右派运动"，由文化部两位副部长直接掌握，一再提出反温情主义、反右倾思想，结果划了二十多个右派，当时，人民出版社人员约二百余人。人民出版社反右派领导小组组长曾公首当其冲，被第一个划为右派，并且登在《人民日报》头版，副标题为"党内也有右派"。写到这里，不由我联想那个"文化大革命"中的名句："资产阶级就在党内"，调门竟是一脉相承，只是大大地升了级，涉及面就更广了。

我们四人为了搞好改正右派的工作，首先认真学习有关文件，把二十余份案件分了工，并把曾公的事例作解剖，因为他是人社第一名，又是第一位登在党报上的，影响大。我们原以为难度也大，杨柏如同志负责"研究"，他很快就写出了初稿，没有想到曾公的问题很简单，划为右派的唯一依据就是登载在社内黑板报上的本社黑板报答记者问，我们仔细用划分右派的六条标准一一对照，哪条都不沾边，一致同意改正。

头案顺利通过，我们摸索到了一些经验，四人根据分工，先写出初稿，再集体认真推敲，结果全部属于错划。凡是错划的几乎都是对他们的言论择其一点，加以引伸夸大，或断章取义。……我们向社领导交上了改正决定初稿，经批准后，理所当然地加以改正（包括已经调到外单位或外地的同志）。对那些戴着屈辱沉重的帽子度过二十多年悲惨艰辛岁月的同志（还涉及其亲友），我们代表不了组织，但内心深表同情。对这些同志，千言万语，归结为郑重的一句话：你们受苦了。

我们除了向人民出版社党委报告外，并由范用同志向全社同志作了右派改正工作的报告。三十多年过去了，我已记不清多少同志得到改正，也记不得范用同志报告在 1979 年的具体日期。

戴文葆同志的右派问题也是在 1979 年改正的。但是我们在他的材料里看到，戴于 1958 年 1 月划为右派分子，于 1958 年 2 月 4 日，经文化部批准，定为右派分子和反革命分子，新老账一起算，以反革命论处，开除公职，送劳动教养。1961 年因病保外就医，1962 年摘掉右派分子帽子，解除劳动教养，现无公职。也就是说，戴在 1979 年复查改正时，一直无公职。据说，他本人自称"员外郎"。有时帮助文物出版社工作，有时为人民出版社和中华书局打工。他的悲惨坎坷遭遇，许多老同志都是目击者，本文不拟复述。

1979 年 3 月 19 日，人民出版社党委《关于戴文葆同志划右派分子的改正决定》指出：……根据中央（1978 年）55 号文件精神，经国家出版事业管理局批准，决定对戴文葆同志划为右派分子的结论予以改正。撤销 1958 年 1 月《右派分子戴文葆处理结论》，恢复公职，恢复原工资级别，分配适当工作，关于戴的历史问题已另作结论。至此，"新账"已清，开始清理"老账"。

（二）

根据当时中央有关精神，凡冤假错案，均可实事求是予以审查核实。当时，我社右派改正工作已经结束，经社领导批准，对戴的历史问题和另外几个同志的问题，进行调查核实，在这里，我只叙述戴文葆同志的所谓"老账"。

1955 年开展肃反运动时，社里成立了五人领导小组，曾公任组长，中宣部和文化部领导一再告诫人民出版社负责人，说戴有严重问题。五人小组经过认真调查，社人事科副科长李西克在江苏省阜宁县公安局找到了戴文葆逃离阜宁县情报室后寄给他家人的一封长信，诉说逃离的原委，真情大白，作出了结论，认为是一般经历，并向上级作了汇报。仅仅相隔一年，戴被错划为右派，于是猛浪来袭，来了一个新老账一起算。

下面记述我们调查的一些实况。

戴文葆，1922 年 1 月 23 日出生，江苏阜宁县人。1934 年 7 月—1938 年 1 月，在盐城高中学习，在石湖中学、第三临时中学等处读书，时年 14 岁到 16 岁左右。由于日寇进犯，多次辍学转移。1940 年 2 月，由表姑夫嵇某（1941 年去世）介绍，在兴化江苏省特务处（后并入保安处）受训 1 个月。

1940 年 3 月中，调阜宁县情报室任办事员，5 月中旬后任代理主任，连受训 1 个月，共计 7 个月。戴感到情报室人员假借惩治伪保甲人员、清查鸦片等等为名敲诈勒索，前主任就因为事发被撤职，戴被任为代理主任，还得被迫请吃及应酬等等。戴觉得这种场所实在呆不下去了。9 月初，戴于深夜雇了一条小船，逃到了南通，……直到 11 月 16 日，才写信给其兄戴沐华，详告逃离的原委。以上这些情况，都是本人到职时主动说明的。

戴这段经历，肃反时找到了戴的原信，澄清了问题，作出了结论，为什么又说是"老账"了呢？据说，当时公安部门有个内部规定，凡是在国民党和汪伪情报特务机构工作过的，不论职务大小，时间长短，一律都是特务分子，也就是历史反革命。原来如此！

为了查清事实，我们把戴文葆的有关详细情况向北京市公安局副局长闵步瀛请教查证，我和安若同志一起前往。根据 1940 年左右江苏省的情况，日寇侵占了江苏一带，阜宁县处于东海之滨、江苏省北部的小县城，交通闭塞，经济落后。当时尚无新四军八路军活动，根据戴所述及情报室人员敲诈勒索行为，闵步瀛局长认为 1940 年阜宁的情报室不是特务机关。并说，如果真是对付共产党的特务机关，不可能明目张胆地把招牌贴在县政府的大门上。再说，有戴的原信作证，戴这些历史无问题（我记得他的原话是可以一风吹）。就是说，这个老账在 1955 年肃反时已经查清，1979 年再次查清，并查证了 1940 年时阜宁情报室并非针对我党的特务机关。我和安若联名向社领导作了书面报告。

1979 年 7 月 28 日，人民出版社党委上报《建议北京市人民政府撤销批准收容戴文葆实行劳动教养的决定》及附件 1.《关于戴文葆同志划为右派分子的改正决定》及出版局批件各一份。2.《关于戴文葆同志历史问题的审查结论》及出版局的批件各一份。3. 劳动教养档案一本。

虽然事情的上述经过我记得很清楚，我还是试试联系和我同去调查的安若同志。她的记忆力一贯很好，以前长年不断记日记。两个半聋的老人依靠家人帮助沟通，安若记得我们去找的是闵步瀛，我只记得是公安局副局长，已忘其姓名。幸亏有安若为证，我的叙述不是孤证。

戴文葆同志和我是在一个单位工作，因业务上没有联系，几十年来几乎没有正式交谈过，正面相遇，彼此微笑点头互相致意而已。但我钦佩他的才华和对出版文化界的卓越奉献，他的坎坷遭遇像恶魔似地牢牢缠绕着他二十多年，但他挺过来了，证明他意志坚强；同时知道自己的历史是清楚的，并且以辉煌的业绩贡献给党和社会，现在成为他留下的宝贵财富。我要告诉他，他的新账老账已经算清，他的历史一直是清楚的。

他留下的宝贵财富，将在我们和子孙后代的心中永存。

2012 年 9 月 6 日夜

（作者为人民出版社原社党委委员，社级领导人员）

附录一　关于编辑学的一些构想

戴文葆

讨论的意义

建立编辑学的讨论热烈展开，各家论见多姿多彩。我们得读不少含有启发性的文章，已足够说明编辑工作不能被认为是什么"简单的重复劳动"，这实在是十分令人欣慰的事。现在有越来越多的同志走上论坛来抒发己见。这种讨论，是实现历史的伟大转折以来，党的文化科学政策唤起的编辑自我意识的觉醒，是编辑工作性质、内容和价值观念的再认识。编辑工作的实践，社会效益与经济效益的考虑，出版事业的改革，后继力量的培训，都需要理论研究来开路。而这种理论研究，又是全国规模的解放思想的浪潮在出版界的澎湃奔流。

许多年来，我只是在编辑具体业务之间流转奔走。工作紧逼之时，无暇思索编辑学问题；萧闲负手之日，无从考虑编辑学问题。因此，有关这方面的知识和判断是十分浅陋的。近四五年来，对建立编辑学问题的认识，才逐步有所变化。长话短说，归结两点：（一）学生时代有过"新闻无学"的影响，进而盲目延伸为"编辑无学"的模糊印象；（二）由于面对一次偶然的机会，被逼思考编辑学问题，形成认识转变的契机。几年之间，认识过程是渐进的，先以为编辑学似属应用科学范围内的学问，进而日益体会其深刻丰富的内容，认为应有其理论科学体系，将随着编辑实践的发展，工作经验的总结，而不断趋于完善。

这种讨论，反转来对我们编辑工作者又成为一种督促，要求我们突破习以为常的思维框架，克服墨守成规的习惯势力，探讨编辑工作的本质特征与内在属性，对现在流行的主观意念、结构形式、公共关系及活动程序等方面，进行深刻的反思与再认识，力求符合《党中央，国务院关于加强出版工作的决定》中的新论断："社会主义现代化建设的新形势，把出版工作推到我党我国历史上前所未有的重要地位。"

学科新根柢久

我们现在都说，编辑学是一门新兴学科。因为把编辑工作当作一门学问来研究，是近四五年间被提出来的。一经倡议，四方响应，足见人心蕴涵已深，渴望已久。

说学科新，是一句话；我希望说两句话，学科虽新，根柢久远。

我国是世界上文明发达最早的国家之一，历史文化典籍非常丰富。大致可以认为，在西周和春秋时代之间，已有正式书籍诞生。在这以前，已有大量文字记录，就是地下出土的甲骨和青铜器上契刻与铸造的铭文。接着便是简册的产生，《尚书》上记载着"惟殷先人，有册有典"。简册初为历史档案，《尚书》中的《金縢》，据传为武王生病，周公愿自身代死，向祖宗神祷告，或载见序言、释名、辨伪、答问、文论、诗话、校勘记、人物论中。又如章学诚为生计所困，就食四方，他的《文史通义》缺乏严密的义例，明确的中心，但这部纵论文史、评价学术的著作，却有许多关于编辑学的重要见解。鲁迅对于编辑工作、古籍整理，翻译校点等，都有精到的见解，更为人们时常提及。这都是我国编辑学上的重要文献。有关这门学科的探索，由来久矣，成绩俱在，可惜未经系统整理，未予适当评价罢了。

当我们阅读目录学前辈的著作，看到某些甲骨上刻着的数码，便断为一定与另外简单的单据或目录相适应；又将《周礼》外史"掌达书名于四方"，便认为已有通过目录宣传图书的意义，那末，我们应该怎样看待编辑学呢？

我们应该说：编辑学虽是新兴学科，却是根柢久远，源远流长。这并不是推论。

为什么这样说呢？

任何一门科学的历史都是它的自我认识的必要组成部分。编辑学当然也不例外。

编辑学的涵义

讨论编辑学的涵义之前，先观察"编辑"两字的解释。《现代汉语词典》认为有两种涵义：一指对资料或现成的作品进行整理、加工；另一指做编辑工作的人。《辞海》的说明更周到些，关于前一涵义这样说："指新闻出版机构从事组织、审读、编选、加工整理稿件等工作，是定稿付印前的重要环节。"（页 1188）《辞源》对于"编辑"二字，迳释为"收集材料，整理成书"。（页 2450）《辞海》还引《唐大昭令集》卷 82 仪凤元年《颁行新令制》："然以万机事广，恐听览之或遗；四海务殷，虑编辑之多缺。"又引颜真卿《颜鲁公文集》补遗《干禄字书序》。"若总据《说文》，使下笔多碍，当去泰去甚。使轻重合宜，不搀庸虚，久思编辑"。

有一位论者引用《南史·刘苞传》所云："〔苞〕少好学，能属文，家有旧书，例皆残蠹，手自编辑，筐箧盈满。"这里的"手自编辑"，看来并非通常所理解的编辑工作，大约是抄补、装订的整理残书罢了。

我们试就"编"、"辑"两字的本义来看。"编"谓串联竹简的皮筋或绳子。《汉书·儒林传序》云：孔子"晚而好《易》，读之韦编三绝。"颜师古注："编，所以联次简也。"后代谓一部书或书的一部分叫编。编字也有顺次排列的意思。《谷梁传》桓公元年："《春秋》编年，四时具而后为年。"编字也有编派、胡编、捏造的意思。《红楼梦》第十九回，贾宝玉编了个故事来调笑林黛玉，"黛玉听了，翻身爬起来，按着宝玉笑道：'我把你这个烂了嘴的！我就知道你是编派我呢。'说着便拧"。编字也含制作的意思在内。"辑"涵义甚多，原来谓车厢，用为泛指车子。但亦有聚集、搜集之意。《汉书·艺文志》的《六艺略》中对《论语》的解释说："《论语》者，孔子应答弟子时人及弟子相与言而接闻于夫子之语也。当时弟子各有所记。夫子既卒，门人相与辑而论纂，故谓之《论语》。"颜师古注："辑，与集同。纂，与撰同。"综合起来，我们可以看出，编辑是集合简册，排列次第，编联成书的意思。从事这项工作的人，故称编辑。最初的编辑工作，就是编联竹简木牍。

简策的编联方法，有的是先写后编，也有先编后写的。为了便于保存，经过缮写编联的简策，以最后一简为轴心，有字的一面在内，由左至右卷好，称为收卷。这批简中有两枚正面背面都未写字的空白简，古称"赘简"，或"首简"，大致相当今日图书的封面，扉页。最初的书籍，就是这个形态；执行这种简策制度的人便是编辑。以后便有帛书与卷轴，出现了新的装治方法，这里略而不论。篆籀古文的"编"字，既有丝绳、又有简册之形。

古代具有编辑职责的人员，都是封建王朝的官吏，大多为秘书监、著作郎、史官或编修、修撰，有时也调登朝官兼任编辑工作。宋、明间封建社会内部商品经济发达，手工业城镇兴起，书坊、书铺出现，开始有了受店主聘请或雇用的编辑人员，如《儒林外史》中的马纯上、匡超人等即是。现代意义的编辑，是戊戌维新运动兴起时才正式出现于文化领域。梁启超出任《时务报》主笔，以其笔锋常带感情的鸿文震动海内，才改变了社会流俗先此对通商口岸的小报编辑的轻蔑看法。此后，中国每次发生的要求进步与改革的社会政治运动，都有编辑站在斗争的最前列。编辑是干什么的？叶圣陶有个非常谦逊的提法，他在 1934 年 4 月所编《十三经索引》的《自序》里说：

> [民国]十二年春，余始业编辑。编辑者，采录注释耳，其事至委琐，大雅所不屑道。然以余临之，殊非便易。

编辑工作的内容，随社会的发展而发展，当然不限于采录、注释之类。编辑人员（含期刊编辑）的主要任务，是组织、编辑、审读、加工稿件，如有需要，也应负担一定的采访、写作任务。当社会经济取得突破性进展，在增强企业活力的要求下，编辑将以知识产业的组织者、事业家的面貌开展活动了。

再说"学"字。学与常识不同，常识是普通平常的知识。学是研讨一门学科的本质特性和内在的固有规律，以及它在与外部事物相联系中所具有的特征、地位与作用，经专业工作者在反复实践中所发现、所证明，并有意识加以总结、提高，上升到理论，形成了一种比较完备的思想体系。一种学的形成和被承认，要经过许多学者若干岁月的探讨，由粗糙而至于逐步完整和深化。

编辑学是社会科学的一个部门，研究和阐明促进学术文化发展的编辑工作的性质、过程及其规律性的学科。编辑工作是多种多样的，无论就稿件内容所涉及的学科、专业而言，或是就其最后公诸于世的形式、形态而言，都是十分复杂、千差万别的。这是由编辑工作的多样性所决定的。但在编辑工作的基本原则和技术性处理的主要精神方面，却又是共同的，一致注意的。不论稿件如何千差万别，编辑在组织、处理稿件方面都有许多共同点。编辑工作的原则、方针，图书的性质、构成，选题、定题，组稿、审稿、加工、定稿、发稿、看样等等，就是各类图书编辑工作的共同点，从中研讨探索一些带有规律性的东西，组合为系统的理论，从实践经验中总结出菁华，就为编辑学的建立奠定了基础。

几个具体问题

在讨论编辑学的涵义时，有些具体问题要置于考虑之列。编辑工作与社会大势、读者需求、印刷发行的物质条件等外部因素，具有密切关系，它总是随着社会的发展而有所发展。这些外部因素，往往是它得以存在的前提，彼此之间具有依存关系。

我们知道，社会的存在决定社会意识，生产的发展决定科学的进程。当然，两者都有反作用的发生。任何一门科学，自然科学也罢，社会科学也罢，都是和社会的需要密切联系的，都是同社会生产力的发展相适应的。由于人类社会生活的需要，人们的社会实践，才有种种自然科学和社会科学的产生。在自然科学方面，首先是数学、天文历法；社会科学中，首先是史学，政治学，还有占卜和巫术。思想交流的需要，才有语言，文学、艺术，教育等。最早的极其简单的编辑工作，也是由于社会统治的需要而产生和发展的。

编辑工作和最高政治力量的支持与要求始终密切相关。它的工作气候、物质环境和经济条件，与社会政治关系极大。编辑学理论的探讨，不能脱离社会政治和一代风尚。北齐鲜卑族政权，后主高纬奢侈昏暴，民众怨苦，无法生活，但接受了祖珽的建议，着祖珽与魏收、徐之才、阳休之、颜之推、萧放、萧慤、刘逖等多人，组织修文殿编辑部，编辑类书《修文殿御览》。《北齐书·文苑传》说："当时操笔之徒，搜求略尽。"五代时战乱频仍，黄河流域接连存在过五个短命的王朝。后梁帝朱瑱时，史馆注意搜集唐代史料；后唐时搜访唐列朝实录，下令保护各地碑碣；后晋高祖石敬瑭在政治上为人所不齿，但他还重视修史，天福六年（941 年）二月，正式下令派张昭、贾纬、赵熙、郑受益，李为先等纂修《唐书》（即《旧唐书》），由宰相赵莹监修。从这里我们都可看出编辑工作与社会政治的微妙关系，研究编辑学原则时不可忽视这一情况。

编辑工作受一代政治的制约，同样，也受学术文化发展的制约。这都是我们看得出的，不过同时有一现象也不能无视：任何学科都具有不以人的意志为转移的客观规律性。这种自身的规律性，决定它的本质的属性，使它具有区别于其他学科的独立性，具有自身的价值观念和行为规范。违背编辑工作的客观规律，践踏编辑工作的应有标准，颠倒黑白，指鹿为马，煽惑人心，罗织人罪的恶劣书籍，不论如何以势怵人，终将化为灰烬，或回炉造卫生纸了。编辑工作中的这一规律，最值得在编辑学研究中发掘其精髓，归纳为原理。

编辑工作是以个人思维活动为主的一种脑力劳动，具有分散劳动的特点。近代社会生产的规模扩大，社会生活的纷繁复杂，使编辑工作日趋集体化。特别是科学技术的发展，通讯卫星、电子计算机应用于新闻出版事业，从采访、搜集资料、编辑加工、排字、印刷到发行，发生了一系列的变革。编辑学在计算机的终端下，应有新的思维。

编辑工作是宣传教育手段和传播文化媒介的综合，既是精神生产，又是物质生产。这种两重性是研究编辑学原则时所应记取的。而且，在当代，新的技术革命对经济增长、科学发展和社会文明进步产生深刻的影响。编辑工作的社会效果和经济效益的统一考虑，使编辑的任务和编辑学研究的任务更为繁重了。

编辑工作毕竟首先是一种精神劳动，整个编辑工作过程很难像机械产品或其他同类产品那样，规定出一道道不可逾越的工序。我们以通常所见的阀门为例，一根阀杆，在部颁的标准中规定了十多道工序，有些小厂家还省略为两三道工序。在我们编辑工作中，从通常形式上看，从选题、组稿、审稿、加工，校对等项工作，被认为技术方法，称之为"工艺流程"，其实并不恰当的。这不但把精神劳动简单化为一种工艺，而且也并不适合有活力的编辑部的工作实况。一个觉悟高、开拓型的编辑，主动精神强，在选题之前，他做了不少不为人知的先期审读工作，从报刊书籍中搜集了有关作者能力、专长的信息资料，然后他才考虑提出什么样的选题来。一个积极参加社会活动、对外广泛接触的编辑，往往在得知有条件的作者写作意向，或是阅读了他写下的某些篇章之后，才补提选题。如果认定必须从选题开步走的思想，对工作的活跃不可能是很有利的。而总是强调"工艺流程"会导致忽视编辑工作的思想性学术性，而将编辑工作视为一些简单的技术。等而下之，无怪乎有些管理意识形态工作的人，称编辑、记者的工作是"简单的重复劳动"。这不能完全归咎于极少数说这话的人文化素质低下，还表现编辑的复杂劳动情况在出版社内部也不是被所有的人了解。编辑学不能局限于阐述"工艺流程"，既要讨论应用科学问题，也要探索其科学体系。

应该重视编辑工作实际经验，要加紧总结往日可贵的经验，包括失败的教训。然而，我们不应只限于将这些经验平面的铺开，而应努力向理论思维跃进，加以生发和充实，使它在社会科学众多的家族中形成一个新的支脉。这当然是艰辛的工作，不能一蹴即就，有待于编辑同志们共同的持久的努力。

至于编辑史的研讨，可以丰富编辑学的研究。史和论，都不能代替一种科学体系的"学"。还有编辑主体的研究，他的知识结构、政治素养、职业道德等等，也在研究之列。特别是编辑、作者与读者之间的三角结构，是任何出版社都应密切重视的，我称之为出版社的"金三角"。搞不好这个三角关系，编辑部就不能搞活。编辑学研究中，处处要注意研究这一关系。

研究对象

编辑学的研究对象是什么？

概括地说，编辑学审视、思考与处理的客体是作品。这些作品按门类分，包括社会科学与自然科学两大类。按这种作品的原始形态而言，它们就是原稿，或称稿件、书稿；经过加工整理和设计印制，成为图书、期刊、报纸和其他各类出版物。

按其劳动特点而言，编辑学研究的对象是精神生产的产品，是思想、理念，是形象思维和逻辑思维的结果，是现实生活体察的升华。既是劳动者个人劳动的结晶，也是它得以成型的特定社会的产物。它受经济的、政治的、思想文化的社会诸条件的制约，经过编辑的寻觅、发现和中介，经过整理印制，成为物化的精神产品。它就是编辑学研究的对象。

作品的物化过程，从精神变为物质，为社会经济、政治条件所决定，受科学技术发展程度的影响，经过编辑之手（即使自费出版，也不能排除编辑的作用），最终将形成图书、期刊、报纸、图谱、册页、影印本、音像制品（视听磁带）等出版物；其中最主要的出版物则是图书。我们这里所要探讨的编辑学，也可以认为首先是图书编辑学。

由于科学技术的空前进步，在编辑工作的领域里，一个新时代业已降临。这是一个需要适应计算机、录音机、日益普及的广播电视网络，以及存储，交换信息的新系统的时代。最突出的计算机、通讯卫星和微型电子仪器，极大地增强了信息和知识传播的力量和流量。编辑学借助于传播技术又将获得巨大的发展，编辑的行列也随之扩大。图书、期刊，报纸编辑，都以文字为手段，而配合适当数量的图片和速写，来说明事实，传播知识与真理。图书编辑所处理的对象是非连续性的。报纸、期刊编辑着重以版面语言表示其意向，都具有连续性。广播编辑以口语为特征，电视编辑以视觉形象为特征，音像制品编辑须兼有广播电视的特长。每项编辑工作，都有各自的个性和要求，都有其特长和特点，但是，职能、任务则有其普遍性，其研究对象都是千姿百态、内容繁多的各种作品。作品，唯有作品，才是他们的研究对象，观察和追求的对象。由于运用的手段不同，图书编辑和其他编辑所研究的对象存在着明显的差异，然而并不存在本质的不同。新技术革命浪潮带来了计算机激光编排系统，图书编辑处理对象的作品，将以磁盘的形态出现在编辑部里了。

若将编辑学与政治经济学相较，后者的研究对象是社会生产关系。进行物质资料的生产，应具备的要素有三，即人的劳动，劳动资料和劳动对象，劳动对象就是被劳动加工的东西。生产三要素结合在一起发生作用的过程，就是生产过程。政治经济学在马克思主义理论体系中占有极其重要的地位。编辑学相对而言，是个狭窄的部门，它是研究精神产品的物化现象，反映和传播各种观念形态的方式和手段。精神生产的产品具有社会性，而其劳动则为个体性。编辑在精神生产过程中发挥特殊作用，研究对象也就是劳动对象，将作家思想、观念外化的稿件、书稿，也就是作品，审视详究，整理加工，再经设计印制，改造制作为物化的精神的社会的产品。编辑处理研究对象和劳动对象的过程，也就是参与精神产品的生产过程。把编辑在精神生产进程中所起的作用，看作是"简单的重复劳动"，是对精神生产的特点与运行状况认识低下的表现。

精神是"世界上最丰富的东西"（马克思：《评普鲁士最近的书报检查令》），精神产品不但给人以知识，帮助人们认识世界，还要给人以鼓舞和教育，去追求真理，革新生活。这种鼓舞和教育作用，不是抽象的说教，而是浸透在作品之中。编辑是主体，编辑的追求不能外于作品而是在作品这个客体中去创造价值，发挥编辑思想，体现编辑方法，开拓编辑工作的新局面。编辑学所要探讨和阐明的正是这一系列问题。

对象属性

编辑学研究的对象是精神产品，是原稿、稿件、书稿和其他形式的作品。因此，作家要作，编辑要编，正像演员要演，各级干部要干，为人民干好事。作家以其作品，编辑以其所编图书，与广大社会人士相见。这是作家、编辑精神力量之所在，也是个职业道德问题。作家如不写出好作品，编辑不编出好书，心不在焉，那必然舍本逐末，一无是处。当然，如果作家、编辑改了行，那将又当别论。

作为编辑学研究对象的作品，即从原稿到成书，它自身应具的属性，试略述如下：

杂　人类创造的一切物质文化和精神文化的成果，社会科学和自然科学两大门类的问题，人类世界和无人世界的状况，都可以成为作品。范围至大至广，无远弗届，无所不包。《汉书·艺文志》的《诸子略》之八"杂家"的解说，《四库全书总目》卷117"杂家类"说明，所分杂学、杂考、杂说、杂品、杂纂、杂编，均不足以尽其内容。姑名之为社会性。

实　一切作品都要尊重客观事实，尊重科学成果；可以驰骋幻想，提供艺术欣赏享受。"按照美的规律来建造"（马克思：《1844年的经济学哲学手稿》）。但是颠倒黑白，淆乱是非，专制独断，蓄意害人的作品，纵有权势卫护，终究会被抛入垃圾堆。这可称为科学性。

积　精神劳动的产品离不开物质手段。物质生产要有积累，文化更要长年累月的积累，文化积累主要靠图书文化资料的编辑出版和保存使用。荀况很注重"积"字："积土成山"，"积善成德"，"积之而后高"，"故圣人也者，人之所积也"。文明的民族懂得保护文化积累。破坏摧残文化积累不齿于人类。这是讲继承性。

公　学术为天下之公器，文化艺术为世界人类共同的财富。无论是物质文明或精神文明，都以满足人民的物质和精神需要为目的。知识的王国没有国界，科学技术与一切文化知识，都用来满足广大读者的需要，促进社会的进步。这可称之为服务性。

新　稿件作品要反映传播最新的科学文化成就。编辑应站在时代的最前列，通过编辑工作，回答当代读者最关心的问题，发现新人，培养新苗，注意反映在荧光屏上的智慧的闪光。"继往圣，开来学"。这可称之为启迪性。

传　藏之名山之作，也还是要传之其人。黄宗羲把他的批判君主专制的著作题名为《明夷待访录》，希望有"箕子之见访"。顾炎武的《日知录》，自谓"有王者起，将以见诸行事"；又说："一生所著之书，颇有足以启后王而垂来学者。"无不渴望传之其人，薪尽火传，付诸实践。愈是好作品，愈无法禁锢，更具传播力，传得快，传得远，传得久。殊方异域，重金购求，传之海外，为人共钦。一切作品都不可能秘不示人，不是鬼祟的东西，具有开放性。

优　各个层次作品，应力求质量高，有特色，第一流。像恩格斯所说，把最好的东西呈献出来，满足各个层次的读者的需要。这是指可读性。

美　一切作品，从内容到形式，要追求美，表现美，内在美与外观美。编辑的精神劳动，致力于追求作者著作撰述之美，编者审读加工之美，物化中达到印制装帧之美。三美具备，这是艺术性。

以上列举研究对象本身应具八性，一部作品所含可以不等，但都是客观所应具有的属性。论述可能不尽妥善，悬的于此，心向往之。

在阐述对象属性之后，附带说及，有些同志说到稿件时，特加修饰词，谓为"他人的稿件"。我建议：去掉"他人的"三字，符合历史的和现实的情况。篇幅所限，容后另论。

研究范围

编辑学的研究范围，以围绕书刊编辑的理论与实践活动为宜。章学诚《报孙渊如书》称："盈天地间，凡涉著作之林，皆是史学。"若将"史学"改为"编辑学"，亦未尝不可。《汉书·司马迁传》之末"赞曰：自古书契之作有史官，其载籍博矣。"编辑工作向有广博的传统，范围比较恢廓，以我们编辑界的现状而论，今人实践经验，犹待妥加总结；编辑学创建之始，视野若过于放阔，反易流于空疏。按目前需要与可能而言，编辑学研究范围大致可包含以下几项：

一、编辑理论 这是编辑学研究的中心，着重探讨编辑工作的性质、特点及其内部活动的普遍规律。研究对待各类原稿的特殊工作规律。书籍的编著，体裁与体例，编次和标题，议论与命意，空间时间与文辞记载，引书与注释，各项附件的编制，以及政策方针的考虑，两种效益的结合，文化积累，观念更新，中外比较，等等基本问题，都在研讨之列。

二、编辑工作发展史 这是编辑学研究的纵观，整理总结前人所做工作，从中汲取经验教训，引出规律性的则例，为创建编辑学铺底，以供继承和借鉴。我国历史悠久，文献典籍与史迹遗存均极丰富，以正确态度对待，十分迫切需要发掘遗产，吸取其精华。

三、编辑业务　这是编辑学研究的落实，研究编辑实践的各个环节，全部过程，探讨各种专门业务的进行；编务活动，版权保护，以及特别是设计、规划的开拓，都要放在改革陈规旧例、增强单位活力的背景下考虑，大有文章可做。当然，这中间要论及作为编辑主体的人的素质与思想修养。

四、版本、校勘、目录、辑佚等学问的研讨　这是编辑学研究的伸延，也是提高编辑人员文化素质的手段之一。这些门类的学问，本应是从编辑学中派生出来的分支；研讨这些学问又可丰富编辑学的内容，尤其要结合具体编辑活动进行探讨，对理论建立和人才培育关系甚大。

五、作者、读者、编者三角结构　这是编辑学研究的横观。编者要发现和联系作者，要理解和服务于读者。艺术的创造，不仅"为主体生产对象，而且也为对象生产主体。"（马克思：《〈政治经济学批判〉导言》）同理可知，任何作品如果不能和读者相见，不能为有关读者所接受、所欢迎，那末，这种作品的生命力便衰竭萎谢。阅读主体与阅读对象之间的关系，是相互依存的，而编辑是中介，是桥梁，编辑的介入构成有活力的三角。编辑学从理论和运用诸方面研究这个三角，使之活跃，紧密、沟通和相互促进。这中间，既有学（即"道"），也有术；道与术相得而益彰。领导要把这个三角看作"金三角"，善于领导，抓紧领导。编辑学从中可以找出许多研究课题，扩大理论活动。

六、宣传、评论与推广

这是编辑学研究的继续。稿件付排之后，编辑工作进入了一个新起点，宣传、评论与推广，是编辑前一段工作的延长，也将是一种检验。审读、加工、整理，是为了将作品公之于世。后一段工作就要实现公之于世，使编者处理的原稿成为社会的精神产品，成为商品，通过发行网进入市场，在广大读者中间活动，实现经济效益，发挥社会效益。这一段工作将提供评论学、管理学、

戴文葆参加国际会议时留影

心理学等方面的研究题目，体现精神生产与物质生产的密切关系。涉及这段工作的研究题目，也是出版体制改革所要解决的问题。

编辑学的研究范围，将随着改革的需要和实践的活跃而日益明确，当然不致局限在上述的领域之内。它将随着编辑实践活动的发展而发展。

赘　语

很切实地开展编辑学的研究工作，的确具有理论与实践的意义。无奈象我们这些从事具体业务工作的人，难以集中心力思考。

加之我们编辑活动的场地狭窄，土壤贫瘠，限制了自己的眼界。这里所讲的构想，只是对编辑学研究的一些初步看法，提出来供进一步思考和钻研。这新的学科是一片广阔的天地，希望与同道者共同来努力探索。

倘若拙见与同道或有出入，请允许我引用一位政治学教授亨利·戴维·索罗的话说："如果一个人不能跟他的同伴齐步前进，可能是因为他听到了另一种不同的鼓声。"请多多批评！

（原载《编辑理论与实践》，黑龙江教育出版社 1988 年12 月出版）

附录二　我的业务自传

戴文葆

我于 1945 年 6 月毕业于重庆复旦大学法学院，按历年考试分数累计，被宣布为该届毕业生第一名。虽经张志让院长、张明养教授等老师提名留校担任助教，因不见容于反动当局，未能留校工作。

从业务上说，我与新闻事业渊源较早。1937 年"八·一三"上海抗战后，我刚读高中化工科高二上学期，江苏全省学校因战事一度解散，在家乡阜宁《淮滨商报》做过三个月义务的编辑工作，每晚收听南京、洛阳、福州三座广播电台的纪录新闻，誊录编排，自己送到排字房。有时也学写一点短文，填补版面。这是我从事编辑工作的学徒生活的开始。这家报纸的主人何冰生是书法家，后来拥护抗日民主政权，解放后担任江苏省文史馆馆员。

当时我并不认识社会，思想糊涂，认识不清，以至在 1940 年初高中毕业后的半年间形成一个历史问题。1940 年秋到上海后，投考大学，接触到新书报，开始学习各科新知识。41 年春天由上海到重庆后，得力于现实生活的启示，师友的激励，随后在党的直接教育下，开始学习和接受马克思列宁主义思想，学习党的文件、哲学社会科学基本知识，参加校内外青年学生运动，决定了我后来的人生道路和社会职业。

在大学生时代，是几个进步墙报的主编。张明养教授看到我发表在墙报上的政治论文，蒙他推荐，有一篇发表在商务的《东方杂志》第四十卷第二十二号上。

1944 年，适应西南人民民主运动的需要，在南方局青委的直接领导和资助下，团结二十几个大专院校和中专等学校学生，得到各民主社团和民主人士的支持，创办了《中国学生导报》，八开铅印一张，周刊。我被派为《导报》总编辑。白天上课，课余编报写稿。《导报》出刊到 1946 年夏天。详情见《重庆文史资料选辑》第九辑 60—90 页。

在大学毕业前后，我还在党报《新华日报》、党刊《群众》杂志，以及新知书店出版、重庆青年争取民主联盟主办的《青年知识》杂志发表文章。在昆明教授们办的《自由论坛》、在成都《华西晚报》（黎澍同志等主编）也发表过文章。开始翻译一点短文发表。又译了英国出版的一本从卢梭到马克思的西方政治思想两种传统的简史，五万多字，初稿在复员途中遗失，未能另译出版。

离开大学后，短期教了两次高中文史，后来接受党的指示，到上海参加《新华日报》工作。党报虽已在朱葆三路设立了门市部，可是国民党不准发刊，沈钧儒老先生叫我到《世界晨报》去编报。该报由冯亦代同志担任总经理，在党的支持下，夏衍同志写"蚯蚓眼"专栏。约半年被迫停刊。

1946年中秋节后,由于我在《大公报》发表评论五权宪法、国民大会及总统制内阁制的几篇论文,又蒙章靳以教授(通过肖乾教授)的推荐,王芸生、胡政之先生找我到《大公报》编国际版。到《大公报》后,担任过国际版主编、社评委员会委员、副编辑主任,解放后还担任大公报管理委员会委员。

46年间,先后在生活书店的《理论与现实》、《读书与出版》杂志发表过论文;当时胡绳同志主持编务,有时出题叫我作文。生活书店还出版了《国际形势读本》,我与宾符同志等为作者,我写了论美国一章。同时在《民主》、《文萃》、《世界知识》和《文汇报》上发表了一些论文。在陈翰伯主编的《联合晚报》上写每周时事讨论提纲和在其副刊《夕拾》上发表杂文。在上海杂志公司出版的文艺杂志上发表散文。

46年后,除主要在《大公报》发表国际论文和社评外,成为《世界知识》杂志的经常撰稿人。在《大公报》写的社评中,反对国民党政府释放日本战犯冈村宁次、反对美国驻沪总领事干涉中国内政和青年学生运动,反对美国武装日本,以及反对美国组织北大西洋联盟的评论,驻沪英美等国记者和联合国机构都作为《大公报》主张而发了专电,这也是后来党考虑给予《大公报》新生机会的根据之一。47年和一位友人翻译美英报刊的专论,编译出版了《华莱士与美国第三党》一书,我另写了长篇论文编在一起,由上海利群书报社发行。

这时,我还主编了地下油印刊物《火种》,传播新华社的解放战争战讯、香港《群众》杂志政策性论文;有一期专印毛主席的《目前形势与我们的任务》。我也写点杂感补白。这地下油印刊物印六、七百份发行到北平和广州。当时世界知识社出版的小册子中，多次收录我的一些论文。

48 年《新路》在北平出版，所谓"第三条道路"之论甚嚣尘上。我编选了正反两方面文章、而以批判为主的论文集，请李纯青同志作序，我写了详细说明原委的后记。这部约 30 万字文集，由于形势的紧张，北新书局付了编辑费而不敢付印。

从离开大学后，写作和编辑逐渐转化为社会职业。形势和生活的要求，推动我去学习社会科学论著和文史著作。社会职业和职业外的社会政治活动，继续成为我的大学。

解放后《大公报》得到新生，我担任管理委员会委员和副编辑主任，还任社评委员。并在上海圣约翰大学兼课，为 Visiting professor，给新闻系政治系讲国际政治课。

1951 年我到了北京，正式参加出版工作，赶上吃小米的生活。从 51 年到 66 年，按所经过的单位名目，有人民出版社，世界知识社、三联书店和中华书局等，其间兼做过一些编辑行政工作。

解放后，我编辑过宣传人民政协共同纲领的论文集《人民的大宪章》，我写了对外政策一章。为适应时事学习需要，编了《中国走在前面》，又出了一本传记《刽子手麦克阿瑟》，揭露侵朝美军统帅麦克阿瑟的反动生平，约十万余字。当时我年轻，原稿有些章节字迹潦草，巴金亲自为我细心校对。当校样送到我面前时，背汗立下。1978 年 12 月 16 日有人在香港《大公报》发表《怀念巴金》长文时，特意提到替我这样的青年看校样，说明巴老关心和奖掖后辈。这件事当年对我教育很深，后来我在编辑工作中对原稿不敢潦草。

上海展望杂志社出版过我写的《联合国是美帝国主义的工具》小册子。在人民出版社时，因政治任务，与彭世桢等三同志写过《欧洲社会党真相》一书，内部发行；我写了第一部分。

总理准备出席日内瓦国际会议时，由人民日报社主持，约同新华社、世界知识社，三单位分三段写战后亚洲太平洋问题大事记。张明养同志与我代表世界知识社。我执笔写了第一部分。全文在《人民日报》发表，又由人民出版社辑印成小册子。

这时，还在《人民日报》、《人民中国》、《新建设》、《世界知识》、《北京日报》、《时事手册》等报刊，发表过论文和译稿。

这几年，审读了一些书稿。有几次，参加《世界知识年鉴》的设计与定稿。协助长江同志编辑《韬奋文集》，长江写了序言，我写了《编者的几点说明》。组织和翻译尼赫鲁的《印度的发现》，我译出尼赫鲁专为中文本而写的序言。

为中华书局做了中国近代思想家文集的计划。重编和校勘了《谭嗣同全集》增订本。准备和搜集了《严复集》、《樊锥集》材料，并对编辑梁启超文集提出意见。为吴晗整理了《朝鲜李朝实录中的中国史料》的最后部分。在消灭"四人帮"后又说明情况，协同编出目录，终于全部出版。

从 1964 年起，参加编辑《蒋介石言论集》，这是毛主席指示编辑的一部重要反面材料，原定由周总理最后审核定稿。其内容从 1911 年到 1965 年。我编了四分之一强，包括若干重要年份。其时，并为宋庆龄文集查阅了全部《密勒氏评论报》，译出未用中文发表过的论著和声明。

"十年动乱"期间,蛰居海隅,从事体力劳动。劳动之余,闭门谢客,焚香读书。有时访问耆老故旧,搜求桑梓轶闻,写了文言文约二十余万字,皆为地方历史掌故,沿革地理。当时不过用之以遣永日,来日拟增补删订为《射水纪闻》,或可供吾邑方志之抉择。

1979 年参加《文物》杂志编辑工作。后经国家文物事业管理局批准为文物出版社编审。

《人民日报》为悼念周总理举办丙辰清明纪事征文,我写了在家乡所见情景《压不碎的民心》一文,署名郁进。后被辑集在征文选集《丙辰清明纪事》书中,于 1980 年 1 月出版。

参加国家文物局长城保护和研究工作座谈会后,为文物出版社组织和编辑了《中国古长城遗迹调查》一书,主要发表踏勘报告及有关实地观察材料。长城研究工作第一次摆脱了从书本到书本的方法。这是它的新成果。

编辑了《鉴真》历史文物图录,署名吾闻,附有日文说明,由日本书籍贩卖会社发行日本各城市。

编辑了彩色印制的、中英文对照的《长城》图录,署名郁进,为我国第一次较为全面地介绍万里长城历代状况的中型图集,经《人民日报》、新华社及中央人民广播电台全国联播节目的介绍,颇引起中外人士的注意,初版发刊五万册。

1981 年春,在文物出版社领导下,协助美国 McGraw–Hill–Hiee Book Company 编辑《The Great Wall》大型历史文物图录,我应约写了三篇署名文章:《Why the wall was built》、《Neighbors of the wall》、《Trade across the wall》；还写了三分之一以上的其他说明文字，提供和审查了全部图片，回答各项编辑工作中的问题。该书于1981年9月出版，售价美金29.95元。在国际上宣传了我国的古代文明。

近三年来，在《人民日报》及其《战地》、《大地》杂志，新华社的《半月谈》，故宫博物院在香港出版的《紫禁城》，《文物》杂志、《中国财贸报》以及《读书》杂志等刊物，发表过杂文、散文和论文等。

一度协助中国青年出版社复刊《旅行家》，挂名为编委；为中华书局审查并整理了陶菊隐的《袁世凯演义》；为科学普及出版社整理了《傅连暲传略》。为文物出版社计划和协同处理一批图文并重的文物古迹小册子；为中国戏剧出版社宝文堂部分议订和审阅了一些古典与通俗文学出版设想及书稿。

回首往路，从事新闻出版工作凡四十年，虽说做了一点具体工作，实际杂乱无章，不成系统，只是做什么学什么而已。主观上也想与时俱进，但由于自身情况的限制，没有进行过切实的系统的研究工作，有时甚至连一般的学习也未能持续，真正观察社会、思考问题的机会极少，平白地浪费了不少宝贵时光。荒疏失学，徒斑两鬓，愧无成果可言，辜负了师友们的期望。

如果必得总结一点个人在编辑业务中的体会，那末，我觉得以下三点可记：

首先而主要的，必须有党组织以及前辈、师友们的诱导启发，熏陶提携；这一条也是培育人的关键。

其次，持续不懈地提高文化素养，不断向书本和社会学习，反复思考，时时心中要有一些问题；

再次，要经常锻炼鉴别能力，努力使自己的眼界（比一般作者）开阔些。

自我鉴定：

（一）肯利用一切可能的条件，注意学习理论和社会科学知识，经常思考问题，提高文化修养；

（二）关心思想学术状况，比较熟悉编辑出版业务，能就政治和社会科学专业方面提出书稿中的问题和解决的办法；

（三）有工作热情，对领导分配的任务认真努力完成；

但是，由于自身思想觉悟的限制，也有缺点：

1. 比较急躁，有时不利于工作；

2. 毕竟还缺乏对专业的深入研究，学识与年龄不相称。

（原载《出版研究》1983 年第 6 期）

戴文葆同志生平

中国共产党党员、中国民主同盟盟员，著名编辑家、出版家、著作家，国务院特殊津贴获得者、首届"韬奋出版奖"获得者，人民出版社司局级离休干部、资深编审戴文葆同志，因患小脑萎缩导致多脏器功能衰竭，经抢救无效，不幸于 2008 年 9 月 7 日 17 时 55 分在中国人民解放军第 305 医院逝世，享年 86 岁。

戴文葆，曾用名戴文宝，笔名：慕松、郁进、丁闻葆。男，汉族，1922 年生，江苏阜宁人。早年在家乡江苏上小学、中学。1940 年 9 月考入重庆复旦大学政治学系。1942 年春，参加中共中央南方局青委领导下的"据点"，从事党的地下革命工作，1944 年曾任《中国学生导报》主编。1945 年 8 月复旦大学毕业，到重庆广益中学任教。1946 年 12 月至 1951 年 8 月，在上海《大公报》工作，任评委、副编辑主任、管委会委员。

1951 年 9 月至 1979 年先后在人民出版社、三联书店、中华书局工作。在"反右"、"文革"期间受到冲击和不公正对待，1979年予以平反改正。1979年至1981年，在文物出版社工作。1981年7月至1995年6月，先后在人民出版社和三联书店工作，于1994年1月回到人民出版社。1983年3月评为编审。1987年9月，获首届"韬奋出版奖"。1994年1月，享受国务院特殊津贴。1995年6月离休。

戴文葆同志早年在党的指导下给《理论与现实》、《读书与出版》、《文萃》、《民主》、《世界知识》、《文汇报》等进步报刊撰稿。解放后为宣传人民政协共同纲领，他负责编辑出版了《人民的大宪章》并撰写了对外政策一章。创作散文集《中国走在前面》、传记《刽子手麦克阿瑟》等书，以宣传新中国，揭露帝国主义的本质，鼓舞人民保家卫国。1954年，参与编写《战后太平洋问题大事记》，为周恩来总理带领中国代表团出席日内瓦会议，提供了有价值的参考资料。1976年"天安门事件"发生后，创作《压不碎的民心》，被收入《丙辰清明纪事》一书中。

戴文葆同志具有较高的马列主义理论水平和政策水平。他用功读书，学识渊博，在国际问题、政治、历史、编辑学诸方面均有较深的造诣。他具有较高的中文和英文水平，从四十年代开始写作和翻译。敬业、认真、执著，编辑经验丰富，能在社会科学范围内系统地考虑和提出有重大价值的选题，擅长编辑难度甚大、涉及范围广的书稿。参加过制定译介哲学、社会科学著作的长期规划。参加了《世界知识年鉴》的设计与定稿，是内部参考用书《右翼社会党》（中央急件）的主要作者之一；组织翻译了尼赫鲁著《印度的发现》；全力选编《宋庆龄文集》、《宋庆龄书信集》、

《胡愈之译文集》；协助范长江同志编辑《韬奋文集》；具体拟定
了中国近代思想家文集的编辑出版规划并重编和校刊了《谭嗣同
全集》；重新编校《六十年来中国与日本》并新编其中第八集，
为吴晗同志整理了《朝鲜李朝实录中的中国史料》的最后部分；
参加编辑了《蒋介石言论集》、《中国古长城遗址调查》、《鉴
真》、《长城》等有较大影响的重点图书。他勇于冲破思想禁区，
重新编辑出版《性心理学》一书，为《吴宓日记》等许多著述的
出版提出重要意见。整理、核对、审读了徐铸成著《报人张季鸾
先生传》。戴文葆同志求知不辍，"文革"时期在家乡曾精读司马
迁《史记》十遍。

　　编务之余，戴文葆同志勤于写作，撰写了许多书评文章，并
数次为他人著作作序。他自己也有多种编著出版，其中包括《国
际形势读本》、《新颖的课题》、《月是故乡明》、《号角与火种》、
《寻觅与审视》、《射水纪闻》等。

　　戴文葆同志热情地、不厌其烦地扶持青年编辑同志，为帮助
他们提高编辑工作能力，他言传身教，多次在各地、各类编辑专
业学习班授课。他主编的《编辑工作基础教程》，是我国编辑学
的首批教材之一，在教学和培训中发挥了重要作用。他热心于出
版公益事业，倡议成立中国编辑学会，并担任中国编辑学会第一、
二、三、四届顾问，多次参加国家级出版规划的制定，多次参加
国家级图书奖项的评审。他还积极参与开展对外出版工作，参加
国际编辑专业会议，对人民出版社和三联书店的对外出版工作有
积极帮助。

　　戴文葆同志坚持原则，正派正直；谦虚谨慎，与人为善；待

人宽容，严于律己；勤劳节俭，公而忘私；只求奉献，不思索取，终生心系并奉献于新闻出版事业，享有崇高的声誉，深受新闻出版界人士爱戴。2007 年春节，中共中央政治局常委李长春同志亲自登门慰问。戴文葆同志住院期间，中共中央宣传部、新闻出版总署、人民出版社、三联书店的领导曾到医院看望。

戴文葆同志的逝世，既是其家人和朋友的损失，也是人民出版社的重大损失，更是党和国家出版事业的重大损失。他对革命事业、对编辑出版兢兢业业、追求卓越、甘于奉献、鞠躬尽瘁的品德，永远激励后人奋进！

戴文葆同志永垂不朽！

人民出版社戴文葆同志治丧小组

2008 年 9 月 7 日